형성(形聲) 중심

중국 명언으로 익히는 한자

논어 論語

맹자 孟子

상서 尙書

노자 老子

장자 莊子

순자 荀子

사기 史記

오세준 지음

신아사

오세준(吳世晙)

明知大學校 中語中文學科 졸업(文學士)
臺灣 私立東吳大學 中國文學硏究所 碩士課程 졸업(文學碩士)
臺灣 私立東吳大學 中國文學硏究所 博士課程 졸업(文學博士)
현재 한서대학교 글로벌언어협력학과 중국전공 교수

<著作>

- 박사논문 : ≪說文聲訓所見的複聲母≫(1995)
- <≪說文≫ "可聲"系所見的 "漢-阿準同源詞">(2014) 등 論著 40여 편.

형성(形聲) 중심
중국 명언으로 익히는 한자

초판 1쇄 발행 _ 2022년 10월 30일
2판 1쇄 발행 _ 2023년 10월 30일

저　　자 · 오 세 준
발 행 인 · 정 현 걸
발　　행 · 신 아 사
인　　쇄 · 대명프린팅
출판등록 · 1956년 1월 5일 (제9-52호)
주　　소 · 서울시 은평구 통일로 59길 4(2F)
전　　화 · 02)382-6411 · 팩스 02)382-6401
홈페이지 · www.shinasa.co.kr
E-MAIL · shinasa@daum.net

ISBN 979-11-92428-36-9 (93820)

정가 17,000원

책을 내면서

현재 21C 대한민국에 있어 한자(漢字)의 의미는 무엇인가? 가장 보수적인 신문이라 할 수 있는 조선·동아·중앙일보 등에서조차 이제는 한자가 퇴출되고 있는 중이며, 초중고 학교에서는 공식적으로 한자를 거의 가르치지도 않고 있다. 전공 서적뿐 아니라 공식 문서에서도 한자를 찾아보기가 힘들게 되었다.

이런 한글 전용 국면에서 과연 요즘 국민들의 단어 해득력은 어떻게 변했을까? 다섯 살만 되어도 누구나 한글을 읽고 쓸 수 있지만 과연 전문서적의 단어들은 차치(且置)하고서라도 일반 문장에 나오는 단어들의 정확한 뜻은 알고 사용하고 있을까? 현실적인 결론은 거의 반문맹 수준이 아닐까 한다.

모두가 알다시피, 한국어 어휘의 70%, 과학용어의 85%가 한자어인데도 한자를 기반으로 한 단어의 이해는 구조적으로 기피하고 있는 실정이다. 왜냐하면, 초등학교 4학년 정도에 등장하는 '만유인력(萬有引力)의 법칙'을 대학생들에게 물어보면 정확히 그 의미를 아는 학생은 겨우 열명 중 한둘에 불과하다. 약봉지에 적혀 있는 '상온(常溫) 보관'의 '상온(常溫)'의 의미를 모르는 것은 일반이며, 수영에서 '접영(蝶泳)'이라는 단어, 체조에서 '도마(跳馬)', 의학의 '당뇨병(糖尿病)', 물리에서 '절연체(絶緣體)', 천문학에서 '항성(恒星)'과

'행성(行星)'의 차이 등을 아는 대학생이 매우 드물다. 이런 상황에서 고교 윤리 과목에서 성리학(性理學)의 '氣發而理乘之(기발이이승지)'를 설명하고 배운다는 것은 고차방정식을 배우는 것만큼이나 어렵게 되었다.

우리가 한자를 학습해야 하는 이유는 바로 우리말과 글을 제대로 이해하고 사용하기 위함인 것이다. 이 책은 이런 취지에서 우선 한자교육의 필요성부터 다시 논하고자 했다.

이렇게 국어 생활에서 한자의 학습이 필요한 것이기에 일전에 역대 교육부장관들이 모여 초중고에서의 한자교육 추진을 건의했었던 것이다. 그러나 현재까지 여전히 한자교육은 등한시되고 있는데, 그 이유는 바로 우리 안에 자리 잡고 있는 '한자 콤플렉스', 즉 한자는 중국 문자라는 생각 때문일 것이다.

본인은 십수 년간 한자가 고대 한민족(韓民族)의 조상인 고대 동이족이 만든 우리 문자라는 학설을 수십 편의 논문을 통해 밝힌 바 있다.

한자가 한국인의 조상이 만든 문자라는 사실이 밝혀지게 되면, 이는 우리 민족의 상고사(上古史) 복원 문제에 일조할 수 있을 뿐만 아니라 한자 기피증을 극복하고 자랑스럽게 한자를 학습하고 사용할 수 있는 획기적인 계기가 될 것이라 확신한다.

본서에서는 이 부분에서 상당량의 편폭을 할애하여 본인 학설의 요점을 설명해 보고자 한다.

아울러 한자가 만들어지는 과정, 즉 육서에 관한 토론과 부수와 형성의 중요성에 대해 설명해 나갈 것이다.

한자를 배운다고 무작정 쓰고 외울 수도 있겠지만, 이러한 방법은 과정 자체가 지루하고 무미건조하지 않을 수 없으며, 동기부여가 쉽지 않다.

따라서 이 책은 중국의 고대 명언을 통해 한자 학습과 더불어 고대인들의 지혜도 배울 수 있는 방법을 생각해 보았다. 같은 한자라도 고대인들의 지혜가 결집되어 있는 명언 명구를 통해 한자를 배운다면 우리의 건실한 가치관 형성과 삶의 지혜를 배울 수 있는 매우 유익한 과정이 될 수 있을 것이다. 즉 한자 학습과 인격도야라는 일석이조(一石二鳥)의 효과를 얻을 수 있지 않을까 하여 시도해 보았다.

중국 고문헌에 나오는 명언 명구는 아무리 적게 잡아도 수천 개에 이른다. 그 많은 명구들을 제한된 편폭의 책에서 다 다룰 수는 없는 관계로 필자 개인적인 취향에 따라 대표적인 명언 90여 개만 골라 책으로 엮게 되었다. 특히 중국 계선린이 뽑은 명언 중에서 한(漢)나라 이전의 고전에서 주로 선택했다.

이 책을 통해 독자에게 드러내 보이고 싶은 부분은 크게 아래 세 가지라 하겠다.

첫째, 한자가 한국인의 조상이 만든 우리 문자라는 새로운 인식을 정립한다.

둘째, 부수(部首)도 중요하지만, 한자를 형성(形聲)의 방법으로 바라볼 수 있는 안목을 기른다.

셋째, 90여 조의 명언 명구를 통해 기본 한자의 학습 뿐 아니라, 고대인들의 지혜를 음미해 볼 수 있길 희망한다.

목 차

제1부
한자학 개론

제2부
중국 명언·명구(名言·名句)로 익히는 한자

제1부

한자학 개론

1. 한자 학습의 필요성

한자(漢字)는 '한나라 한(漢)'과 '글자 자(字)'로 표면상 그 의미는 이른바 '한나라의 문자' 즉, '중국 문자'인 것이다. 그렇다면 이미 거의 한글 전용의 시대를 살고 있는 오늘날, 세종대왕께서 창제하신 세계적으로 그 우수성을 인정받는 우리 글인 한글을 애용하지 않고 어려운 중국 문자인 한자를 공부해야 하는 이유는 무엇인가? 다소 비약한다면, 한자를 배우는 것이 혹시 우리 글인 한글을 천대시하고 중국 문자를 숭배하는 모화(慕華)사상의 발로는 아니며 반민족적인 행위이거나 사대주의적 발상은 아닌가?

만약 그렇다면 모든 한자를 노출해서 쓰고 있는 일본은 우리보다 덜 민족적이며 사대주의에 빠진 민족인가? 그것이 아니면 한글을 놔두고 굳이 한자를 배우고 사용하는 것이 혹시 학자연하거나 잘난 척하고자 함은 또 아닌가? 이것도 아니면 혹시 시대에 뒤떨어지고 고리타분한 행위는 아닌가?

한자를 배우는 것이 본인의 이름 석 자를 한자로 멋들어지게 쓰기 위해서, 또는 상가집 문상(問喪)용 봉투에 유식하게 '賻儀(부의)'라 적기 위해서일까? 필자는 '賻儀'라 쓰지 않고 한글로 "삼가 고인의 명복을 빕니다"라고 쓰는 것이 더 알기 쉽고 적절한 언어사용이라 생각한다.

또, 한자를 학습하는 것이 전통 문화유산의 이해나 동북아 시대의 경쟁력 확보(한자문화권 국가에 대한 무역 의존도는 약 50%, 관광

객 의존도는 75%)나 교양증대에 매우 유익한 것은 사실이지만 그것이 한자 학습의 가장 중요한 이유는 될 수 없다. 그렇다면 우리가 한자를 반드시 배워야 하는 이유는 무엇일까? 그것은 바로..

'우리 글과 말을 정확히 제대로 잘 표현하고 이해하기 위해서'

이다. 즉, 국어생활의 정상화와 진정한 의미의 '문맹 퇴치'에 한자의 학습이 반드시 필요하기 때문이다.

5~6살이면 한글을 다 익히는 오늘날 '문맹'이란 단어는 매우 낯선 단어일지는 모르겠으나 사실 우리는 한글로 읽을 줄만 알지 뜻을 모르는 반 문맹에 처한 현실은 애써 외면하고 있다.

매 학기 필자가 강의하는 대학의 교양 한자 강의에서 대학생에게 무작위로 그 유명한 뉴턴의 '만유인력(萬有引力)의 법칙'에 대해 그 의미를 물어보면 정확하게 대답하는 학생이 10명 중 2~3명에 불과하다. '수소는 상온(常溫)에서 기체다'라는 말에서 '상온'이 무슨 의미인지 정확하게 아는 학생 역시 20~30%에 불과하다. 앵무새처럼 읽을 줄만 알고 뜻을 모른다면 이것은 반 문맹이 아닐 수 없는 것이다. 더 심각한 문제는 모르는 데서 그치지 않고 정반대 의미로 단어를 이해한다는 것이다. 예컨대, '상온(常溫)'을 '평상시 온도'가 아닌 전혀 상반된 의미인 '높은 온도'로 이해한다는 점이다. 정확과 정밀을 생명으로 하는 화학 물리 등 자연과학에서 개념을 정반대로 파악한다는 것은 매우 위험한 일이 아닐 수 없다. 예컨대, '절연체(絶緣體)'를 반대의미인 '전기를 통하게 해주는 물질'로 이해하는 학생이 대다수가 되는 경우가 그것인데, 이런 잘못된 개념은 산업현장에서 대형 사고로 이어질 수 있는 것으로 결코 혼동될 수 없는 개념인 것이다.

이러한 모든 개념에 대한 무지와 오류는 한자 학습의 결여가 초래한 커다란 문제인 것이다.

즉, 한자 학습의 목적과 이유는 단연코 "우리 말과 글을 제대로 잘 표현하고 이해하기 위해서다"라고 말할 수 있을 것이다. 왜냐하면, 우리 한국어 어휘 중, 순수 고유어가 약 30%라면, 한자어는 무려 70%에 달하기 때문이다. 이 70%에 달하는 한자어는 표의문자인 한자를 이용해 수천 년간 우리 조상들이 갈고 닦아 사용해온 우리 말이고 우리 글인 것이다. 이러한 방대한 한자어는 한자 학습 없이는 결코 제대로 이해할 수도 사용할 수도 없는 것이다. 더 심각한 문제는 과학용어의 85%가 한자어라는 사실인데, 명확한 개념 파악은 반드시 올바른 한자 학습을 통해 가능한 것이기에 국민의 과학교육과 경쟁력 확보 차원에서 시급히 해결되어야 할 문제인 것이다.

그러나 우리가 한자 학습을 비록 적극 장려한다고 해서 순수 한글로 표시되는 한국 고유어의 우수성을 결코 잊어서는 안 될 것이다. 한국 고유어의 정감적 문학적 형용적 표현은 세계에서 으뜸이 아닐 수 없다. 따라서 우리 한국은 세계에서 가장 위대한 한글과 가장 위대한 뜻글자인 한자를 병용해 사용할 수 있는 문자 최(最) 이상국인 것이다. 다시 말하면 순수 한글 고유어와 한자어가 지닌 각각의 장점을 취해 세계에서 가장 이상적인 언어생활을 구현하자는 주장인 것이다. 한글 고유어가 가진 문학적 표현에 한자가 가진 뛰어난 조어력을 합칠 경우 우리의 언어 생활은 세계에서 으뜸일 것으로 이는 마치 새가 두 날개로 나는 것과 같은 것이다.

우리가 간과할 수 없는 우리 한글 고유어의 장점을 여기서 한 번 살펴보자. 한글만의 우수한 감성적 표현은 사실 한자어가 따라올 수 없는 우리 고유어만의 최대 장점일 것이다.

예컨대, 붉은 색(紅色)을 나타내는 말에 있어서 아래와 같은 표현은 한자어로는 도저히 표현 불가능한 부분이다. 즉,

발갛다, 벌겋다, 붉다, 빨갛다, 뻘겋다, 새빨갛다, 시뻘겋다, 뻘거뻘겋다, 빨가우리하다, 뻘거우리하다, 발그스레하다, 벌그스레하다, 불그스레하다, 빨그스레하다, 발그스름하다, 벌그스름하다, 불그스름하다, 빨그스름하다, 벌깃벌깃하다, 빨긋하다, 빨깃하다, 발그댕댕하다, 벌그뎅뎅하다, 불그뎅뎅하다, 빨그댕댕하다, 벌그데데하다, 불그데데하다, 빨그대대하다, 발그레하다, 불그레하다, 벌그레하다, 빨그레하다, 빨긋빨긋하다, 발긋발긋하다, 불그름하다, 발그름하다,벌그름하다, 불그무레하다, 발그므레하다, 벌그무레하다, 불그미미하다, 발그족족하다, 불그숙숙하다, 불그죽죽하다, 벌그죽죽하다, 벌그숙숙하다, 빨그족족하다,[1]

이런 종류의 감각적 다양한 어휘는 한자어보다 우리의 고유어가 월등히 우수하다 하겠다.

---

1 국립국어연구원, ≪표준국어대사전≫(중), 두산동아, 1999, 2488,2634,2900쪽.

그러나 한자어만이 가지고 있는 과학적이고 탁월한 조어력은 우리 한국 고유어가 도저히 구현할 수 없는 부분이다. 특히 우수한 조어력은 85%에 이르는 과학용 한자어에서 극명하게 나타난다.

어느 현직 과학교사(?)의 <한글전용이 과학교육을 亡쳤다>[2] 블로그 글에는 한자 교육이 선행되지 않은 과학교육이 얼마나 허무한 현실인지를 잘 말해주고 있다.

위 교사는 고등학교 1학년 255명을 대상으로 40개의 과학용어에 대한 이해도 설문 조사를 실시했다. 측정 결과, 음(音)과 훈(訓)이 달린 한자로 표기할 경우 평균 75.0점의 이해도를 보인 반면, 한글음 표기 단어에서는 평균 36.2점, 순 우리말(일부 과학자들과 교수들이 노력해서 새로 만든 순 우리말 과학용어)로 기록된 용어의 경우 평균 8.2점이라는 이해도를 보였다고 설명하고 있다.

그의 블로그 2,3편에 각각 소개된 웃지 못할 현상을 몇 가지만 소개하고자 한다.

(1) 방전(放電: 놓을 방, 번개 전)이란 "전기를 띤 물체에서 전기가 외부로 흘러나오는 현상"인데, 학생들은 '전기'나 '감전'이라 대답.
(2) 경적(警笛: 경계할 경, 피리 적)은 "위험을 알릴 때 울리는 경고음"인데, 학생들은 '빵빵이' '소리' '자동차 소리' '시끄러운 소리' '땅의 넓이'라고 대답.
(3) 당뇨병(糖尿病: 엿 당, 오줌 뇨, 병 병)은 "오줌에 당이 섞여 나오는 병"인데 학생들은 "단 것을 먹으면 안되는 병" "뚱뚱해지면 걸리는 병"이라 대답.

---

2 http://blog.naver.com/PostView.nhn?blogId=eegukja&logNo=110011923351 [2022.1.16.검색]

(4) 가시광선(可視光線: 가히 가, 볼 시, 빛 광, 줄 선)은 "볼 수 있는 빛"이란 뜻인데, 학생들은 "볼 수 없는 빛"이라 반대로 대답.
(5) 절연체(絶緣體: 끊을 절, 인연 연, 몸 체)는 "전기를 흐르지 못하도록 하는 물체"란 뜻인데, 반대로 "전기가 잘 통하는 물체"라고 대답.
(6) 사암(砂巖: 모래 사. 바위 암)은 "모래로 만들어진 돌"인데, '죽은 돌(死岩)' '부드러운 돌' '화석'이라 답.
(7) 다공성(多孔性: 많을 다, 구멍 공, 성질 성)은 "구멍이 많이 뚫린 물체"라는 뜻인데, 학생 대다수가 "공기가 많이 포함된 성질"이라고 대답.

심각한 것은 과학용어인데도 비과학적인 용어로 해석한다는 점이다. 예컨대

(8) 해산(海山: 바다 해, 뫼 산)은 '바다 속의 산'인데, "모여 있던 사람들이 흩어진다(解散)"로 답.
(9) 입사(入射: 들 입, 쏠 사)는 "빛이나 파동이 쏘여 들어오는 것"인데, "회사에 들어온다(入社)"로 대답.
(10) 輻射(輻射: 바퀴살 복, 쏠 사)는 "열이나 전자기파가 바퀴살처럼 사방으로 쏘아 방출되는 것"을 의미하는데 "같은 것을 베낌(複寫)"로 해석.
(11) 애자(礙子: 거리낄 애, 접니사 자)는 "사기로 만든 절연기구"인데, '사랑하는 사람' '사랑하는 아들' '장애자의 준말' '사람 이름'이라고 답.

이런 학습상의 난맥은 모두 한자 학습의 부재로 인해 초래된 결과인 것이다.

한국 고유어가 가진 장점이 감성적 표현에 있다면 한자의 우수성은 과학적 조어력이라 하겠다. 예컨대, 한자의 '星(별 성)'자 하나만 알면, 아래와 같이 '星'자로 만들어내는 수많은 과학 용어들의

절반은 이해할 수 있게 되며 동음이의어(同音異義語)와의 차이도 자연 유추할 수 있게 된다.

< 星 >

성간물질(星間)

성광(星光) ↔ 聖光

성군(星群) ↔ 成群,聖君

성단(星團-모일단) ↔ 聖壇

성도(星圖) ↔ 聖道,成道,聖都,聖徒

성변(星變)

성상(星狀) ↔ 聖上,聖像

성상(星霜)

성신(星辰) ↔ 誠信,聖神,誠臣

성야(星夜) ↔ 聖夜

성운(星雲) ↔ 盛運

성위(星位) ↔ 聲威

성조기(星條旗)

성좌(星座) ↔ 聖座

성채(星彩) ↔ 城砦(울타리채)

성하(星河) ↔ 城下,盛夏,聖下

성형(星形) ↔ 成形,

성화(星火) ↔ 별이 떨어질 때의 불빛-聖化,聖畫,聖火

유성(流星) ↔ 油性

행성(行星) ↔ 行城(군사 주둔지에 쌓은 성)

항성(恒星) ↔ 恒性

거성(巨星)

금성(金星) - 水星,木星,土星,火星,北斗七星,北極星

장성(將星) ↔ 長城,長成

혜성(彗星)

백색왜성(白色矮星)

위 단어들은 모두 '星(별 성)'자로 만들어진 단어들로 뛰어난 조어력을 한눈에 알아볼 수 있을 것이다. 한자어가 갖는 이런 뛰어난 조어력을 우리는 각 분야 각 학문 영역에서 자유자재로 활용할 수 있다면 이는 커다란 교육적 학문적 효과를 거둘 수 있는 것이다. 오랫동안 우리말에서 사용해 왔던 이러한 한자어를 모두 순수 한국어로 고쳐 쓸 수도 없을 것이고 설혹 고친다 해도 교육적 혼란만 가중될 것이다. 예컨대, '항성(恒星)'을 '늘 별'이라 해야 할지 아니면 '언제나 빛나는 별'이라 해야 할지, 또 '행성(行星)'은 '돌아다니는 별'이라 해야 할지 '다니는 별'로 이름지어야 할지 혼란스럽게 된다.

현재 학교의 교과서에서는 '항성 · 행성'이라 쓰지, 한자를 노출해서 '恒星 · 行星'이라 쓰지도 않으며, '恒 · 星 · 行'의 한자도 가르치지 않는다. '恒'은 '늘 항(또는 '항상 항'), '行'은 '다닐 행'이라는 것을 가르친 후에 '항성'과 '행성'의 의미를 설명하면 쉽게 가르치고 이해할 수 있음에도 의미 피악의 핵심인 한자는 빼고 설명하자니 교사도 학생도 어려운 것이다. 그렇다면 왜 이렇게 된 것일까? 그 근본 이유는 "한자가 중국 문자이기에 외국문자인 한자를 배우는 것은 떳떳하지도 애국적이지도 않다."라는 잘못된 관념에 사로잡혀 있기 때문이다. 그렇다면, 여기서 두 가지 문제점을 얘기해보자.

첫째, '항성·행성'이란 단어는 우리말인가 중국말인가? 또 이것을 바꿔서 '恒星(항성)·行星(행성)'이라 쓰면 이것은 우리말일까 중국어일까? 한글의 '항성·행성'이란 단어는 '恒星·行星'이란 한자어의 한국음 표기고 그 뜻은 해당 한자에서 온 것이다. 두 단어는 오래전 중국에서 차용한 한자 '恒·星·行'에서 온 낱말이지만 이미 수천 년간 우리말에서 써온 우리 말이지 중국어가 아닌 것이다. 즉, '恒星·行星'을 중국어 문장에서 중국식으로 'héng xīng, xíng xīng'으로 읽으면 그것은 중국어가 되는 것이고, 한국어 문장에서 '항성·행성'으로 읽으면 우리말이 되는 것이다.

우리는 우리말의 표현과 이해력 조어력에 유익한 것이라면 한국어의 정체성을 파괴하지 않는 범위 안에서 최대한 우리말의 깊이를 더해 가야 한다. 위에서도 언급했다시피 우리 한국어는 세계 최고의 표음문자인 한글과 표의문자인 한자를 함께 쓸 수 있는 몇 안 되는 언어다.

조어력이 뛰어난 한자어를 우리말에서 폐기할 수 없는 이유가 여기에 있는 것이며 수천 년간 써온 한자어가 중국어가 아닌 한국어의 일부인 까닭이다.

우리가 한글과 한국어를 사랑한다해서 '지구(地球)'와 '목성(木星)'을 각각 '땅 공' '나무 별'이라 불러야 할까? 헌법 제1조인 "대한민국(大韓民國)은 민주공화국(民主共和國)이다"를 순수 우리말로 "큰 한 사람들 우리나라는 사람들 하나하나가 임자인 여럿이 더불어 함께 잘 사는 나라다"로 바꿔야 할까?

'이화여자대학교(梨花女子大學校)'는 '배꽃 계집 큰 배움터'로, 병원에서의 '수술(手術)'은 '손기술'로, '병원(病院)'은 '몸이 아프면 고치는 집'이라고 고쳐 부를까?

이런 작업은 불가능하며 또 불필요하다는 것쯤은 다 알 수 있을 것이다. 즉 우리말 속의 한자어는 폐기할 수 없는 우리 말의 일부라는 것을 인정할 수 있을 것이다.

그럼 이들 한자어는 어떻게 해야 제대로 이해하고 학습해야 할까요?

고등학교 윤리 과목에서 퇴계 이황의 성리학을 설명하면서 '氣發而理乘之(기발이이승지)'라는 단어의 개념을 설명하면서 한자는 쑥 빼버리고, 한글만으로 '기발이이승지'라 가르치고 있는 현실이다. 어짜피 배우질 않아 한자를 모르니 한자를 통한 개념 이해는 불가능한 현실이라 마치 암호의 답을 외우듯 무조건 암기할 수 밖에 없게 되는 것이다. 이런 교육으로 어떻게 창의를 논할 수 있겠는가? 참으로 안타까운 현실이 아닐 수 없다.

우리말 어휘의 70%, 과학 용어의 85%가 한자어다. 우리가 한자 학습 없이 과연 아래 각 분야의 한자 용어를 어떻게 이해할 수 있겠는가? 용어의 개념을 모르고 어떻게 심도 있는 전문지식을 취득할 수 있겠는가?

ⓐ 농업: '도장지(徒長枝: 헛될 도, 자랄 장, 가지 지)'와 '혐기성(嫌氣性: 싫어할 혐, 공기 기) 퇴비' 등.

ⓑ 치과: '제1대구치(大臼齒: 큰 대, 절구 구)' '보철(補綴: 기울 보, 꿰맬 철)' 등.

ⓒ **체육**: '안마(鞍馬: 안장 안, 말 마)'와 '도마(跳馬: 뛸 도)' '접영(蝶泳: 나비 접, 헤엄칠 영)' 등.

ⓓ **지리**: 대류권(對流圈: 대할 대, 흐를 류, 범위 권), 성층권(成層圈: 이룰 성, 층 층), 간석지(干潟地: 막을 간, 개펄 석, 땅 지), 감조하천(感潮河川: 느낄 감, 바닷물 조, 물 하, 내 천), 분지(盆地: 동이 분, 땅 지), 용식작용(溶蝕: 녹을 용, 갉아먹을 식), 역암(礫巖: 조약돌 력, 바위 암), 해산(海山)

ⓔ **경제**: 미시경제(微視: 작을 미, 볼 시), 거시(巨視: 클 거), 금리(金利: 돈 금, 이로울 리), 담보(擔保: 멜 담, 지킬 보), 매도(賣渡: 팔 매, 건넬 도), 저당(抵當: 맞설 저, 맡을 당), 압류(押留: 붙잡을 압, 머무를 류), '악화(惡貨)가 양화(良貨)를 구축(驅逐)'

ⓕ **문화재**: 수혈식(竪穴式:세울 수, 구멍 혈) 석굴, 마애석불(磨崖石佛), 의궤(儀軌: 의식 의, 바퀴자국 궤), 향교(鄕校)

ⓖ **생물**: 미세포(微세포)와 미세포(味세포), 유기물(有機物: 있을 유, 틀 기, 만물 물), 수뇨관(輸尿管: 나를 수, 오줌 뇨, 대롱 관), 자화수분(自花受粉: 스스로 자, 꽃 화, 받을 수, 가루 분), 설치류(齧齒類: 물 설, 이 치)

ⓗ **물리**: 만유인력(萬有引力), 불용성(不溶性), 절연체(絶緣體), 애자(礙子-거리낄 애), 항력(抗力), 척력(斥力), 전해질(電解質), 복사(輻射: 바퀴살 복, 쏠 사), 밀(密)한 매질(媒質)과 소(疏)한 매질.

ⓘ **의학**: 당뇨병(糖尿病: 엿 당, 오줌 뇨, 병 병), 투석(透析: 뚫을 투, 가를 석), 조현병(調絃病: 고를 조, 악기줄 현, 병 병), 혈전(血栓: 피 혈, 마개 전), 뇌경색(腦梗塞: 막힐 경,막힐 색), 뇌졸중(腦卒中: 갑자기 졸, 맞을 중), 정맥(靜脈: 고요할 정, 맥 맥), 항원(抗原: 막을 항, 본디 원), 섬망(譫妄: 헛소리 섬, 헛될 망)

ⓙ **법률**: 선정적(煽情的: 부채질할 선, 마음 정, 것 적), 배임수뢰죄(背任受賂罪: 등질 배, 맡길 임, 받을 수, 뇌물 뢰, 허물 죄), 무고(誣告: 꾸밀 모, 알릴 고), 사권(私權: 사사로울 사, 권리 권), 사행심(射倖心: 쏠 사, 요행 행, 마음 심)

ⓚ **역사**: 편년체(編年體: 엮을 편, 해 년, 모양 체), 순수비(巡狩碑: 돌 순, 조련할 수, 비석 비), 과전법(科田法: 조목 과, 밭 전, 법 법), 균역법(均役法: 고를 균, 부릴 역), 관수관급제(官收官給制: 벼슬 관, 걷을 수, 줄 급, 정할 제), 경술국치(庚戌國恥: 나라 국, 부끄러울 치), 사대주의(事大: 섬길 사, 큰 대), 안중근 의사(義士: 옳을 의, 선비 사), 척화비(斥和碑: 물리칠 척, 어울릴 화, 비석 비), 양이(攘夷: 물리칠 양, 오랑캐 이)

ⓛ **철학**: 형이상학(形而上學), 이기론(理氣論), 무위자연(無爲自然), 명제(命題: 명할 명, 제목 제), 순수통각(純粹統覺: 생사 순, 생쌀 수, 묶을 통, 깨달을 각), 제자백가(諸子百家: 모두 제, 아들 자, 일백 백, 사람 가), 변증(辨證: 가릴 변, 증명할 증)

ⓜ **종교**: 구약(舊約: 오래 구, 묶을 약), 성령(聖靈: 거룩할 성, 신령 령), 인과(因果: 까닭 인, 열매 과), 윤회(輪廻: 바퀴 륜, 돌 회), 지방(紙榜: 종이 지, 패 방), 영가(靈駕: 혼령 령, 수레 가), 정령(精靈: 쓿을 정, 혼령 령)

ⓝ **수학**: 함수(函數: 넣을 함, 셀 수), 소인수(素因數: 본디 소, 인할 인, 셀 수), 부등식(不等式: 아닐 부, 같을 등, 법 식), 상수(常數: 늘 상, 셀 수)

ⓞ **화학**: 일산화탄소(一酸化炭素), 비금속(非金屬), 유화제(乳化劑), 요소(尿素), 산화(酸化), 염기(鹽基: 소금 염, 터 기), 수용성(水溶性: 물 수, 녹을 용, 성질 성)

ⓟ 사회학: 확률(確率: 굳을 확, 비율 률), 표집(標集: 표본 표, 모을 집), 확증(確證: 굳을 확, 증거 증)

ⓠ 경영학: 노무사(勞務士), 계정(計定), 변제(辨濟: 가릴 변, 그칠 제), 후생(厚生), 여신(與信: 줄 여, 믿을 신), 공매도(空賣渡: 빌 공, 팔 매, 넘길 도)

ⓡ 군사: 구축함(驅逐艦: 몰 구, 쫓을 축, 싸움배 함), 기함(旗艦: 깃발 기), 초계기(哨戒機: 망볼 초, 경계할 계, 틀 기), 자주포(自走砲: 스스로 자, 달리 주, 대포 포)

ⓢ 축산: 급이기(給餌機: 줄 급, 먹이 이, 틀 기), 구제역(口蹄疫: 입 구, 발굽 제, 돌림병 역), 사양(飼養: 먹일 사, 기를 양), 反芻(되돌릴 반, 꼴 추)

ⓣ 심리학: 透射(뚫을 투, 쏠 사), 초자아(超自我), 우원(迂遠: 에돌 우, 멀 원), 증후군(症候群: 증세 증, 조짐 후, 무리 군), 변인(變因: 바뀔 변, 까닭 인), 명상(冥想: 눈 감을 명, 생각 상), 기제(機制), 무아(無我)

ⓤ 법률: 피의자(被疑者: 당할 피, 의심할 의, 사람 자), 구형(求刑: 구할 구, 형벌 형), 채무자(債務者: 빚 채, 일 무, 사람 자), 존속(尊屬: 높을 존, 무리 속), 비속(卑屬: 낮을 비), 살인미수(未遂: 아닐 미, 이룰 수)

ⓥ 약학: 경구복약(經口服藥: 지날 경, 입 구, 먹을 복, 약 약), 위약(僞藥: 거짓 위), 宿主(묵을 숙, 주인 주), 유기약학(有機藥學), 대사(代謝:대신할 대, 물러날 사)

이와 같이 한자의 학습은 모든 영역의 전문용어를 이해하는데 절대적인 역할을 한다는 점을 알 수 있을 것이다.

2. 한자 학습과 사용을 기피하는 이유

위에 언급한 대로 한국어 어휘의 70%가 한자어인 점에서 한자 학습은 우리말을 정확히 이해하고 사용하기 위해 반드시 필요한 실정이다. 그러나 최근 몇 십년 동안 거국적으로 한자 학습은 기피되어왔고 한자를 노출해 사용하는 빈도는 갈수록 적어지게 되었고 그에 비례하여 학생들의 학습 능력은 급전직하하고 있다. 그렇다면 한자 학습이 우리말 이해와 사용에 매우 중요하다는 사실을 알면서도 이토록 한자 학습을 꺼리게 된 이유는 무엇인가? 필자는 이것이 우리의 '한자 콤플렉스'때문이라 정의한다. 바꿔말하면 거의 대부분의 한국인들은 마치 당연한듯 한자를 우리 문자가 아닌 중국 문자라고 생각하고 있는 것이다. 그리고 현재 우리가 쓰고 있는 중국 문자 한자는 수천 년전 고조선 시기 이래로 선진 중국 문명과의 교류를 통해 수입 차용한 것이라 생각하며 학계에서도 이를 정설로 받아들이고 있는 실정이다. 즉, 몇천 년간 중국 대륙 세력의 침략을 받아왔을 뿐 아니라 문화적으로도 열세였던 반도의 한국인으로서 어쩌면 대륙 문화와 세력의 핵심 키워드인 중국인의 한자를 21C 현재에도 한국어에 섞어 쓰는 것은 자존심 상하는 일이기에 지금 와서 한자를 배우고 노출해 사용하는 것은 민족적 자긍심을 상하게 하는 부적절한 일이라 생각하는 것이다. 그러니 한자를 몰라 손해 보는 어휘 이해력 저하쯤은 충분히 감수해야 할 당위성이 있는 것이다. 이 점은 일본의 경우에 비추어 보면 일면 수긍되는 바이다. 일본은 한국처럼 한자 사용을 기피하지도 않고 일본어 문장 안에 거리낌 없이 한자를 노출해 사용하고 있다. 한국인의 입장에서 보면 일본인은 중국 문자를 쓰고 있는 일본인들이 자존심도 주체성도 없는 민족이라 무시할 법도 하다. 그러나 과연 일본인들이 한국인 보다 덜 애국적이고 민족적 자긍심이 없겠는가? 아마 절대 그렇지 않을 것이다. 그렇다면 왜 일본은 자존심을 구겨가며 중국 문자인 한자를 거리낌 없이 사용할 수 있는 것일까? 그 이유는 일본인에게는 '한자 콤플렉스'가 없으며, 한자가 중국 문자라 해도 일본인들은 자존심이 상할 까닭이 없기 때문이다. 즉, 일본인들이 한자 앞에 당당할 수 있는 것은 그들이 중국이나 한자에 대해 어떤 일말의 열등감도 느끼지 않기 때문이다.

주지하다시피 일본어는 한국어와 비슷한 교착어로 '히라가나 가다가나'라는 표음문자를 사용하고 있고, 또 우리처럼 많은 차용 한자어를 사용하는 점에서 언어적 환경이 우리와 매우 흡사하다. 비록 한자에 대한 음독(音讀) 훈독(訓讀)이 있다는 점이 우리와 다소 다르지만 일본어도 우리처럼 한자를 모두 없애고 '히라가나'만으로도 충분히 일본어를 표기해 쓸 수 있는 것이다. 그러나 그들은 그렇게 하지 않고 한자를 그대로 문장 안에 노출해 쓰고 있으며 우리처럼 한자사용을 자존심 상해하지도 않는데, 이것은 일본인들이 우리와 달리 단 한번도 대륙 세력에 침략당해 본 적 없는 그들만의 자신감에서 나온 일인지도 모른다.

그렇다면 과연 한자가 중국인이 만든 중국 문자인가?

결론적으로 말해서 한자는 우리 민족의 조상이라 할 수 있는 고대 동이족이 창제에 참여한 우리 문자라 할 수 있겠다.

물론 그 고대 동이족이 현재 우리 한(韓)민족만의 직접적 조상이라 주장할 수도 없고 또 전체 한자를 모두 그 고대 동이족이 창제한 것이라 주장하는 것은 아니다. 그러나 중국의 이른바 한족(漢族: 물론 잡다하게 혼혈된 종족이지만)이 만든 중국인만의 문자는 절대 아니라는 점이다. 중요한 것은 아래에 토론이 이루어지겠지만 한자가 한족만의 중국 문자가 아니라는 점, 그리고 고대 한국 민족의 먼 조상인 고대 동이족이 만든 우리 문자라는 사실을 우리가 바로 인식할 수 있다면 한자 학습과 사용을 터부시하는 한자 컴플렉스를 일거에 무너뜨리고 한자에 대한 민족적 자긍심과 자존감 및 주인 의식을 갖게 될 수 있을 뿐만 아니라 자랑스럽게 한자를 사용할 수 있는 개념의 일대 전환을 가져올 수 있게 될 것이다.

3. 고대 동이족(東夷族)의 한자 창제론

한자는 누가 만들었는가? 그동안 마치 정설처럼 회자(膾炙)되었던 한자창제의 주인공은 '창힐(蒼頡)'이지만 이러한 주장은 전설에 불과할 뿐 학문적 증거는 없다고 본다.

결론부터 말한다면 필자는 한자는 우리의 먼 조상일 수 있는 고대 동이족이 창제에 가담한 문자로 '한자(漢字)'라 부르기보다는 진태하 박사의 호칭대로 '동방문자'라 부르는 것이 옳다고 본다.

그렇다면 한자가 중국 문자가 아니고 우리 민족이 창제에 주도적으로 참여한 우리 문자라고 주장하는 이유는 무엇인가? 이를 두 가지 방향에서 토론해 보면 아래와 같다.

주지하다시피 최초의 한자는 약 3,300년 전의 상(商)나라(또는 은<殷>나라)[3]사람들이 만든 갑골문(甲骨文)(BC. 1300-1100)이다.

갑골문을 만든 주역인 상(商)나라 상족(商族)은 어디에서 유래한 어떤 민족인지와 갑골문에 나타난 음운 문자학적 메시지를 살펴보면 우리의 주제인 한자는 고대 동이족이 만든 문자라는 사실을 알 수 있을 것이다.

---

3 신용하(2018: 551)에 의하면 상(商)이 원래 이름이었으나, 후대에 마지막으로 천도한 안양(安陽)의 옛 지명을 취해 은(殷)으로 바꿔 부르기도 한다 했다.

1) 역사 고고학적으로 본 고대 동이족의 한자 창제론

(1) 상(商)나라와 고대 동이어(東夷語)

갑골문을 만든 상(商)나라 상족(商族)의 기원에 대해 비록 몇 가지 학설이 있지만 가장 영향력 있는 학설은 부사년(傅斯年)의 중국 동북기원설이라 하겠다. 1923년에 저술한 <이하동서설(夷夏東西說)>이란 논문에서 그는 상고시기에는 중국 태항산(太行山)을 중심으로 동서로 문화권이 달랐으며, 상(商)나라 상족(商族)은 후대에 한족(漢族)으로 불리우는 화하족(華夏族)과 달리 현재 중국의 동북쪽에서 이주해 온 고대 동이족이었다고 자세히 논술하고 있다.

문제는 20C 초반에 이루어진 이 논문의 주장이 20C 후반에 중국 요서지역에서 발굴된 인류 최고의 고고학적 발굴인 요하문명 및 그 연구성과와 거의 일치하고 있다는 점이다.

즉, 갑골문을 만든 상나라 상족은 약 BC. 7000년에서 BC. 2200년경에 이르는 시기에 중국 요서(遼西)지역 요하(遼河)문명을 일으킨 원시 고대 동이족(東夷族)의 한 일파, 특히 하가점하층문화인의 한 일파인데, 이들 상족은 바로 고대 동이어(東夷語)를 사용했었고, 그 언어의 기반하에 뜻 글자인 갑골문을 창제하였다고 생각된다. 또 그 갑골문자는 지금의 한자처럼 단음절음(單音節音)만 표기한 것이 아니라, 마치 복성모식 단음절음 '흐먹([*hmək]-黑)'[4] 한국어

4 上古音(AC) [*hmək]은 "龔煌城, <從漢藏語的比較看上古漢語若干聲母的擬測>, ≪聲韻論叢≫, 第1輯, 學生書局, 1994." 및 同 저자 1997, 2000, 2001년 각 논문에서의 상고음. 갑골문 '(黑)'은 "于省吾, ≪甲骨文字詁林≫(1冊), 中華書局, 1999,

와 유사한 이음절어인 '꺼먹([kə–mək])'을 나타내는 것과 같이 고대 동이어의 복음절어(複音節語)를 표기했었을 수도 있다고 생각한다. 제리노먼 등이 상고한어의 이질적인 복성모(複聲母)의 존재를 통해 상고한어(AC)가 순일한 체계가 아닐 수 있다[5]는 주장은 바로 이런 사실을 말해주는 것이다.

(2) 요하문명으로 본 상(商)나라 상족(商族)의 유래

최초의 한자인 갑골문을 만든 주체는 상나라 상족인데 이 상족이 고대 동이족의 일파였다는 사실은 중국 고문헌상의 기록으로 증명된다. 이 부분은 1923년 부사년(傅斯年)의 저술 <이하동서설(夷夏東西說)>에서 상세히 기술하고 있다.

아울러 이 상족이 고대 동이족에 뿌리를 두고 있다는 사실은 또한 최근의 역사 고고학적 연구 자료로 속속 증명되고 있다. 그 증거자료가 바로 최근 출토되고 있으며 연구가 진행되고 있는 중국 요서(遼西)지역의 방대한 요하문명(遼河)이다. 아래는 요하문명에 대한 소개다.

P.289."에서 인용.

5 이종구, ≪중국어학개론≫, 한국문화사, 2019, P.17.

(A) 중국 황하문명보다 2,000년 앞선 요하문명

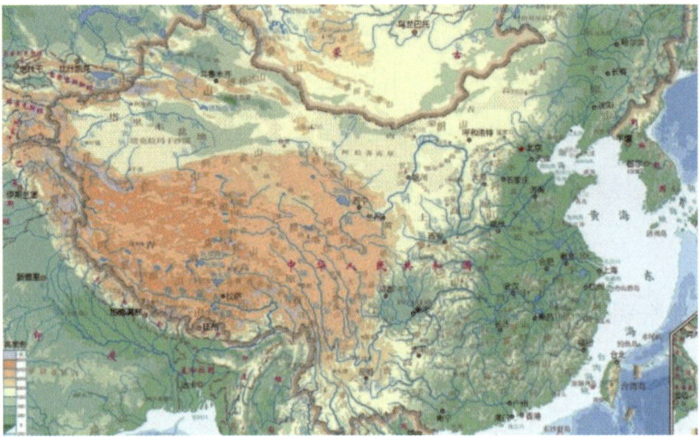

<중국지형지도>[6]

위 지형지도에서와 같이 황하강 중류 지역에서 약 5,000년전 발생한 황하문명은 세계4대 문명 중 하나로 화하족 중국인의 자존심이었다. 수천 년간 동북아시아 최고의 핵심 문명은 이 황하문명이었고, 여기서 세계의 중심이 중국이라는 중화사상이 탄생하며, 역대로 그 문명의 북쪽 끝은 늘 만리장성이었다. 따라서 중국인의 관념 속에 만리장성 너머는 문명이 존재하지 않는 오랑캐의 땅에 불과했다. 그런데 20C 후반에 이 만리장성 천 리 밖 요하(遼河) 서쪽 요서(遼西) 지역에서 대규모의 신석기 옥기(玉器) 문명 유적지가 발굴되기 시작한다. 이들 옥기 문화는 황하문명보다 무려 2,000년이나 앞선 고대 문명인데, 쏟아지는 문물 대부분은 중국 중원지역의 황하문명과 이질적인 고조선 및 고구려 문명과 일치하고 있다. 그러나 중국 당국은 동북공정이라는 역사 공정을 통해 이들 역사 문

6 중국지형지도- https://blog.naver.com/imbeauty1/221191421350

물들을 자국 역사화하여 중국 문명의 시원 문명으로 탈바꿈시키고 있다. 7-9,000여 년 전의 요하문명을 중국 역사화하게 되면 이 문명을 계승하는 단군 조선이나 고구려 역사도 모두 화하족의 중국 역사로 둔갑하게 되는 것으로 매우 심각한 문제가 된다.

현재 중국 강역 안에서 이루어진 과거 역사는 모두 중국 단일 역사로 만들자는 것으로 이것은 다민족 통일국가론이라는 중국의 정치적 목적을 달성하기 위한 수단으로 삼고자 하는 것이다.

여기서는 이 요하문명의 주요 논점들을 소개하고 이 문명이 황하문명과는 다른 고대 동이족 문명이었으며 이들의 한 일파, 특히 고조선의 주요 문물인 비파형동검이 출토되고 있는 '하가점하층문화'주류세력의 일파가 남하하여 상족(商族)이 되었고 그들이 세운 상(商)나라 사람들이 만든 최초의 한자가 바로 갑골문이라는 것을 설명하고자 한다. 궁극적으로 결국 한자는 이들 우리의 먼 조상인 고대 동이족이자 고조선족의 일파가 만든 문자라는 사실을 증명해 보고자 하는 것이다.

우실하 교수의 연구(2007, 2021)에 의하면, 중국 요서(遼西) 지역 옥기(玉器) 요하문명(遼河文明)은 황하문명과는 이질적이며, 고조선이나 고구려 문명과 궤를 같이하고 있다. 예컨대, BC. 5-6,000경의 흥륭와(興隆洼) 유적지 출토 옥결(玉玦)은 강원도 문암리 옥결과 흡사하며, 평저형(平底) 빗살무늬 토기도 한반도 첨저(尖底)형 빗살무늬 토기와 유사하다. 또 BC. 4,500년경의 홍산문화(紅山) 우하량(牛河梁) 유적지 안의 적석총(積石塚)은 고구려 장군총(將軍塚)과 맥을 같이하며, 역시 홍산문화의 하가점(夏家店: BC. 2,200년경)

유적지에서는 고조선 문명의 대표적 유물인 비파형 동검, 적석총이 발굴되고 있고, 또 '치(稚)'형태의 축성(築城) 방식은 고구려 축성방식과 동일하다고 했다. 이들은 요하문명의 주역이 고대 중국 화하족(華夏族)이 아니라 고조선과 맥을 함께 하는 고대 동이족이라는 증거이다.

또 최근(2021. 11. 12.)에는 위 요하문명과 일치하는 매우 유의미한 연구성과가 발표된 바 있다. 즉, 독일 막스플랑크 인류사연구소의 마티너 로비츠 박사 연구진은 "언어학과 고고학, 유전학 연구 결과를 종합 분석한 결과 유럽에서 동아시아에 이르는 트랜스유라시아 어족(語族)이 신석기 시대에 중국 요하(遼河) 일대에서 기장 농사를 짓던 농민들의 이주 결과임을 확인했다"고 11일 국제 학술지 '네이처'에 밝힌 것이다.[7] 여기서 트랜스유라시아 어족이란 바로 알타이어족을 말하는 것으로, 한국어 및 튀르크어, 만주 퉁구스어, 몽골어, 일본어 등이 9,000년 전 신석기시대 요서(遼西)지역 농경민에서 비롯되었다는 것으로 이는 요하문명의 주체세력과 일치한다.

따라서 이것은 8–9,000년 전에 요하문명(후에는 고조선[8]으로 승계)

---

7 "한국어 기원은 9000년前 중국 동북부 요하의 농경민", ≪조선일보≫, 2021.11.12, https://www.chosun.com/economy/science/2021/11/11/LVJNRWE6VFBVTDN-JKHQ5BLFJ4U/ [2021.11.12.검색]

"유라시아어와 한국어의 기원–한국어의 기원: 유전학 고고학 언어학으로 본 트랜스유라시아어의 농업확산(네이처 논문번역)", ≪블로그≫, 2021.11.11, https://blog.naver.com/joonghyuckk/222564968341 [2021.11.12.검색]

8 신용하는 그의 ≪고조선 문명의 사회사≫(지식산업사, 2018, 263,504쪽)에서 古朝鮮은 최전성기(BC. 20C–BC. 7C)에 총 7개의 '후국'을 거느린 거대한 나라였고, 언어적으로 BC. 24C의 고조선 공통조어(우랄알타이 공통조어)가 BC. 2C에 우랄어족과 알타이어족으로 나뉘며, AD. 2C 경에 알타이어족 언어가 다시 고대한국어, 만

을 일으켰던 요하지역 고대 선주민이 각각의 알타이제어를 쓰는 여러 민족으로 분화된 것이라는 주장이다.

보통 고조선 건국 연대를 BC. 2333년, 즉 약 4,350여 년 전으로 잡지만, 신용하(2018: 165) 교수는 약 5,000 - 4,400년 전으로 보고 있다. 그러나 우실하[9](2007: 111)교수의 주장에 따르면, 이미 7-8,000년 전에 요서(遼西)지역 적봉시 흥륭와(赤峰市 興隆洼) 지역의 옥결(玉玦)과 동시대의 강원도 문암리 옥결의 유사성으로 보면 약 7,000년 전에 이미 국가 단계의 강력한 권력 집단이 존재했다는 것인데, 이는 그 후 요하(遼河) 유역과 만주, 한반도 지역의 고조선을 포함한 수 많은 민족들의 공통 조상일 수 있다는 결론이다. 과연 이들 7-8,000년 전의 요하문명과 신용하 교수가 말하는 고조선은 어떤 관계에 있는지는 좀 더 면밀한 연구가 진행되어야 할 문제이나 이 둘의 문명적 동질성은 충분이 같다고 볼 수 있을 것이다.

이들 요하문명과 갑골문을 만든 상(商)나라 상족(商族)과의 관계는 어떠할까? 상나라를 세운 상족이 동이족과 아무런 관계가 없는 중국 화하족일까? 앞서 언급했다시피 부사년(傅斯年)은 문헌상의 여러 증거로 이들 은족이 중국 북동쪽에서 남하한 동이족임을 밝혔다.

또 요하문명의 옥(玉) 문명의 남하 경로를 통해서도 상족이 중국 동해안을 통해 남하했다는 사실을 간접 증명할 수 있는데, 우실하 교수는 요서지역의 옥(玉) 문화가 A 자형 두 갈래로 남하했다는 사

주퉁구스어, 터키제어, 몽골제어로 분화된다고 기술하고 있다.

9 우실하, ≪동북공정 너머 요하문명론≫, 소나무, 2007, p.111.

실을 밝힌 바 있다.[10] 즉, 요서지역에서 한반도로 전해지는 경로가 첫째고, 중국 동해안을 따라 동남아까지 전파되는 경로가 그것이다. 후자의 루트는 요하문명이 중국 동해안을 따라 산동반도 쪽으로 전파되었으며 그 주체가 고대 동이족의 일파였고, 이들이 상나라를 세우고 갑골문을 만들어낸 상족이 되는 것이다.

(B) 상족의 하가점하층문화 기원론

본서의 주장을 결론적으로 말하면, 최초의 한자인 갑골문은 상고(上古) 시기 중국 요서지역으로 부터 중국 발해만 연안 혹은 태항산(太行山) 기슭을 따라 남하한 고대 동이족의 일파인 상(商)나라 상족(商族)이 만든 글자인데, 이 상족의 직접적 조상은 요하문명 중 하나인 하가점하층문화(BC. 2200년 경)인으로 보여진다. 이는 최근의 고고학적 발굴 및 그 연구 결과로 증명되는데, 중국의 설지강(薛志强 1995)[11], 린신건(藺新建 1983)[12], 손계민(孫繼民 1990)[13] 등 학자들 모두 상나라 상족은 요하문명의 하가점하층문화인의 후예들이라 주장하고 있다.

여기서 중요한 점은 이 하가점하층문화가 바로 고조선 문명이라는 점이다. 왜냐하면 하가점하층문화 유적지에서 대표적 고조선 문

---

10 [KCTV 인문강좌] 요하문명의 발견과 동북아 상고사의 재편 2부 – https://www.youtube.com/watch?v=BhCapsqv_no– (48분 부분) [2022.1.25.검색]에서 주장

11 우실하≪고조선문명의 기원과 요하문명≫73-74쪽.

12 藺新建,<先商文化探源> ≪北方文物≫, 1983, 第2期。

13 孙继民,<从青铜礼器看夏家店下层文化与商代文化的关系>,≪昭乌達蒙族師专學报≫第四期(1990), 17쪽.

물인 비파형동검이 출토되고 있고, 고구려 축성방식인 치(稚)가 사용되고 있기 때문이다. 그렇다면 상나라 상족은 바로 우리의 먼 조상인 고대 동이족이자 고조선족의 후예가 되는 것이다.

상족이 요하문명을 일으킨 고대 동이족의 후예, 특히 하가점하층문화의 후예였다는 증거를 간단히 들어보면 아래와 같다.

첫째, 상나라 갑골문의 원조인 복골(卜骨)이 요하문명 부하문화(富河) 유적지와 하가점하층문화 유적지 등에서 발굴된다.

갑골문이란 동물 뼈 점을 치고 그 점괘를 그 뼈 위에 기록한 문자인데, 상나라 사람들은 주로 거북이 배딱지나 소 어깨뼈 등을 불로 지져 점을 쳤다. 문제는 요하문명 중 하나인 약 7,000년 전의 부하문화(富河)에서 뼈점을 친 복골(卜骨)이 발견되었으며[14], 하가점하층문화 유적지에서도 복골이 발굴되었고[15], 역시 요하문명 중 하나인 약 5,000년 전의 소하연(小河沿)문화에서는 갑골문 이전의 상형문자로 보이는 도부(陶符)문자도 발견되었다.[16]

이러한 고고학적 발굴은 갑골문의 상(商)나라 뼈 점이 상나라만의 고유 점술이 아니라 훨씬 오랜 고대 동이 요하문명(부하문화 및 하가점하층문화)에서 기원했다는 것, 갑골문과 유사한 도부(陶符) 문자가 요하문명 지역에서 발굴된 것은 상나라 상족이 바로 이 요하지역에서 남하한 고대 동이족이었다는 사실들을 말해 주는 것이다.

---

14 우실하, ≪동북공정 너머 요하문명론≫, 소나무, 2007.140쪽.

15 張翠莲,<先商文化, 岳石文化与夏家店下层文化关系考辨>, ≪文物季刊≫第2期(1997), 39-40쪽.

16 우실하, ≪동북공정 너머 요하문명론≫, 소나무, 2007, 150-154쪽.

둘째, 지리적으로 원시 상나라 하칠원(下七垣) 선상(先商)문화[17] 유적지와 하가점하층문화 유적지가 현재 북경(北京)·역현(易縣) 지역에서 겹쳐져 나타나고 있다.[18]

셋째, 원시 상나라 유적인 선상문화 토기와 하가점하층문화 출토 토기의 모양이 거의 일치한다. 아래 두 도자기 그림을 참고하면 두 문화가 얼마나 유사한지 알 수 있다.[19]

우선, 첫 그림에서 1, 2, 3, 4 선상문화 토기의 모양과 5, 6, 7, 8의 하가점하층문화 토기가 거의 동일하다는 것을 알 수 있다.

器类 / 文化名	折肩鬲	宽沿鬲	窄沿鼓腹鬲	侈沿分裆鬲
先商文化	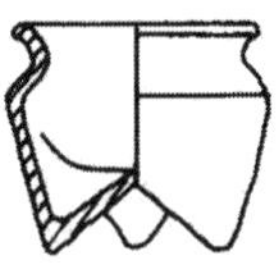 1	 2	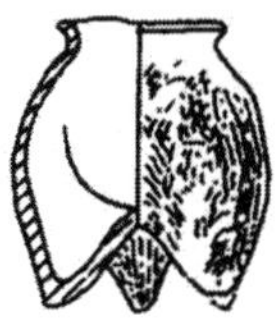 3	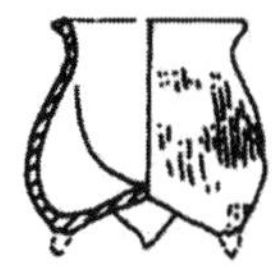 4
夏家店下层文化	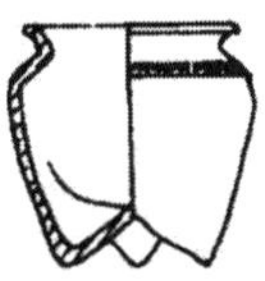 5	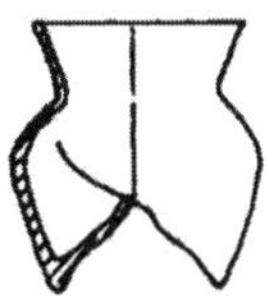 6	 7	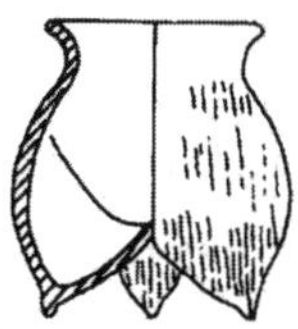 8

---

17 선상(先商)문화란 원시 상나라 문화 유적지로 하칠원(下七垣) 유적을 가리키며 지리적으로 하북성 대항산 기슭을 따라 길게 펼쳐져 있다.

18 張翠莲,<先商文化, 岳石文化与夏家店下层文化关系考辨>, ≪文物季刊≫第2期(1997)32쪽

19 張翠莲,<先商文化, 岳石文化与夏家店下层文化关系考辨>, ≪文物季刊≫第2期(1997)40,41쪽. 본래 두 도기(陶器) 그림의 한자 부분이 대단히 모호하여, 또렷한 인쇄를 위해 이들 한자 부분을 다시 대조 편집 삽입하였음.

아래 그림에서는 하가점하층문화의 1, 2번 토기와 선상문화의 3, 4번 토기모양이 거의 같음을 알 수 있다.

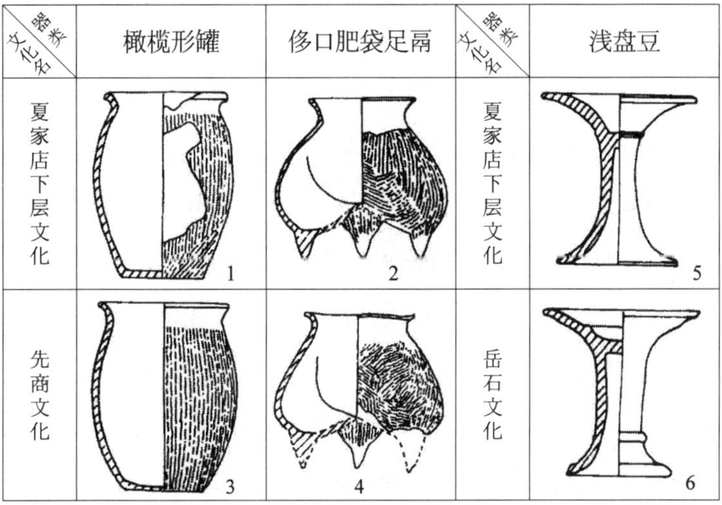

넷째, 상(商)의 새 토템과 난생(卵生)설화는 유명한 우리의 고구려 고주몽이나 신라 박혁거세의 난생설화와 유사하다.

예컨대, 사마천의 ≪사기·은본기≫는 은나라(즉 상나라)의 시조 설(契)이 알에서 태어났다 기재하고 있으며[20], ≪시경·상송(商頌)≫에도 유사한 관련 내용이 적혀 있다.[21]

20 사마천의 ≪사기·은본기≫에 "은(殷)의 (시조인) 설(契)의 어머니는 간적(簡狄)으로 유융씨(有娀氏)의 딸이며 제곡의둘째 비였다. 세 사람이 목욕을 갔다가 현조(玄鳥, 제비)가 떨어뜨린 알을 보고는 간적이 주워 삼키고는 임신하여 설을 낳았다." (殷契, 母曰簡狄, 有娀氏之女, 爲帝嚳次妃. 三人行浴, 見玄鳥墮其卵, 簡狄取呑之, 因孕生契.)"라 기재되어 있다. (司馬遷,≪新校本史記三家注并附編二種≫, 鼎文書局, 1984, 1권 91쪽)

21 ≪시경·상송(商頌)≫에 "하늘은 玄鳥(제비)에 (알을 남기도록) 명하였노니, 천명이

다섯째, 고조선 역사학자 신용하교수도 약 3,500년 전의 상(商)나라 문명의 3기 중 1, 2기는 고조선 문명을 가지고 들어간 고조선 이주민이 주체가 되어 형성한 문명이라 주장한다.[22]

그는 부사년(傅斯年)의 주장에 동조하면서 상나라를 최초에 고조선족이 산동반도로 이주해 세운 나라로 보고 있다. 그는 황해와 산동 지역의 지리적 변동으로 인해 산동 반도 일대가 바다에서 육지로 변하자 새로운 강토를 좇아 요령성에 근거하던 고조선계 일파(ᄇᆞᆰ 족)가 바다를 건너 산동 반도 제수(齊水) 하구에 이주하여 박(亳-상나라의 최초 나라이름)국을 세우고 제수를 거슬러 올라가면서 영토를 확장했는데, 亳(박)·薄(박)·薄姑(박고)·蒲姑(포고)·蒙亳(몽박) 등 지명은 ᄇᆞᆰ의 음역이라고 주장했다. 이는 부사년이 주장한 상(商)의 첫 이름은 박(亳)이며, 박족의 기원은 요해(遼海) 즉 요령성(遼寧省)이라는 주장과 동일하다.

신용하 교수의 본 주장은 필자가 위에 언급한 하가점하층문화 관련 주장과 상당부분 일치한다. 즉 비파형 동검 등이 출토되었기에 하가점하층문화는 고조선 문명인데, 이들과 원시 상나라 상족의 선상(先商)문화가 일치하므로 상나라 상족은 고조선족의 일파가 되는 것이다.

그러나 하가점하층문화와 선상(先商)문화 유적지의 비교로 볼 때, 고조선족의 주요 남하 경로는 신용하 교수나 부사년의 주장치

하달되어 상(商)을 낳았네 (天命玄鳥, 降而生商)"라고 쓰여 있다. (王雲五主編, ≪詩經今註今譯≫, 臺灣商務印書館, 1983년, 553쪽)

22 신용하, ≪고조선 문명의 사회사≫, 지식산업사, 2018, 549-555쪽.

럼 바다를 건너 제수(齊水) 하구에 왔다는 설보다는 태항산 기슭을 타고 남하한 경로가 더 타당하지 않겠는가 하는 생각이다.

2) 언어문자학적으로 본 고대 동이족의 한자 창제론

(1) 선행연구의 검토와 동이족 한자 창제론 개설

한자가 고대 중국인만이 아닌 고대 동이족이 창제에 관여했다고 일찍이 주장했던 학자들이 있었다. 필자의 은사이신 진태하[23], 유창균[24]선생 등이 그러하다.

진태하 교수님은 '然(그럴 연)·家(집 가)·秋(가을 추)' 등 35 글자를 고대 동이족, 즉 고대 한국인의 조상이 만든 글자로 소개하고 있다.

예컨대, '然'자의 경우[25], 肉(고기 육)과 犬(개 견)·灬(불 화) 세 글자가 합쳐져 만들어진 글자로서 개(犬)를 불(灬)에 그슬린 고기(肉), 즉 '개 불고기'를 나타내는 말이라 해석하고 우리 한국인들이 복날에 개를 불에 그슬려 잡아먹는 식문화를 그대로 표현한 글자라고 설명하고 한국인의 '然'자 창제론을 주장했다.

또 '秋(가을 추)'자에 대해서, 진태하[26] 교수님은 '메뚜기 밑에 불'을

---

23 陳泰夏, ≪漢字는 우리의 조상 동이족이 만들었다≫,명문당, 2019. .
陳泰夏, <漢字는 우리 民族이 만든 契(글)>,《書通》, 42호, 1994.

24 유창균, ≪문자에 숨겨진 민족의 연원≫, 집문당, 1999.

25 陳泰夏, ≪漢字는 우리의 조상 동이족이 만들었다≫,명문당, 2019, 87-91쪽.

26 陳泰夏, ≪漢字는 우리의 조상 동이족이 만들었다≫,명문당, 2019, 153-157쪽.

그려놓은 갑골문 ''[27]는 추상명사인 가을을 "메뚜기를 불에 구워 먹는 때"로 표현한 것이라 해석했다. 아울러 화하족 중국인은 메뚜기를 구워 먹지 않는 반면, 한국인은 옛부터 가을이 되면 메뚜기를 잡아 구워 먹는 식문화가 있다는 사실에 근거하여 '秋'자의 고대 한국인 창제론을 설명했다.

필자는 이 학설들이 매우 신선하고 정확한 주장이라 생각한다. 다만 아래와 같은 반론이 제기될 수 있음을 주의해야 할 것이다. 즉, 중국에는 55개 소수 민족이 있는데 그 중 어떤 소수 민족이 자기들도 개고기를 먹을 때 불에 그슬려 잡아먹는다거나 메뚜기도 구워 먹는다 라고 반론을 제기한다면 한국인의 조상만이 '然'자와 '秋'자를 만들었다고 주장하기 어렵게 되는 것이다. 따라서 우리는 좀 더 주도면밀한 방법론으로 고대 동이족 한자 창제론을 주장해야 할 것이다. 아래는 필자가 주장하는 새로운 방식의 논리다.

모두 알다시피 한국어의 어휘에는 약 70% 정도의 한자어가 존재한다. 이 어휘들이 중국으로부터 차용된 어휘라는 데는 이견이 없다. 그리고 이런 한자어에 있어, 그 훈(訓)은 보통 순수 우리 말이며, 그 독음(讀音)은 차용(借用) 한자음인 것이 대부분이며 또 그렇게 이해하고 있다.

그런데 이런 일반적인 관계를 뛰어넘는 특수한 형태의 음·훈 관계가 존재한다. 대표적인 예로는 ≪계림유사(鷄林類事)≫의 "風曰孛纜(풍왈발람)"과 같이 '風(바람 풍)'자와 '바람'의 관계, '器(그릇

27 于省吾 ≪甲骨文字詁林≫2冊: 1829。

기)'자와 '그릇'과의 관계 등이 그러하다. '風'의 대략 3,000년 전 상고한자음[28](상고음)을 일반적으로 '프룸[*plum][29]'이라 읽는데, 이 음은 한국어의 "바람"과 대단히 유사하다. 또, '器(그릇 기)'의 상고음도 '크르드스[*khrɯds]'[30]로 읽는데, 이것 또한 한국어의 '그릇'과 매우 흡사하다. 이렇게 3,000년 전 중국 한자음과 한국 고유어가 비슷한 발음 형태로 대응하는 이유가 무엇일까? 혹시 대략 삼국시대 무렵 중국으로부터 한자를 대량 차용한 것처럼 상고시대에도 우리가 고대 중국어 '프룸[*plum](風)'으로부터 '바람'이란 말을 차용한 것일까? 또 '그릇'이란 말도 '器(기)'자의 고대 중국 한자음인 '크르드스[*khrɯds]'에서 빌려온 말일까? 위 언급 대로 우리말 '꺼먹'도 고대 중국어 '흐먹([*hmək]-黑)'에서 온 것일까? 이 주장이 성립을 위해서는 상고 시기에 우리말에 '바람·그릇·꺼먹'이란 말이 없었고, 선진 문명인 중국으로부터 이 말들을 수입해 들여왔다는 말인데 이 가설이 과연 가능한가의 문제다.

우리는 이런 가설에 찬동할 수 없다. 왜냐하면, 언어의 기본 용어나 동사류 단어는 일반적으로 차용하지 않기 때문이다. '커피·햄버거·컴퓨터·치즈·콜라' 등 어휘를 영어로부터 차용한 것은 우리말에 없던 문화적인 용어이기 때문이다. 반면 우리가 일상에서 늘 쓰는 '하늘·땅·사람·나무·물·흙' 등 기본 용어나 '간다·먹는다·잔

---

28 한(漢)나라(BC. 207-AD. 220) 이전 상(商)나라, 주(周)나라 시기의 한자음을 보통 중국 상고음(上古音)으로 부른다.

29 鄭張尙芳, ≪上古音系≫, 上海教育出版社, 2013, 314쪽.

30 鄭張尙芳, ≪上古音系≫, 上海教育出版社, 2013, 441쪽.

다·뛴다' 등 동사류 단어는 외국에서 차용할 필요가 없는 것이다. 그래서 우리는 문화적 용어인 'coffee'를 차용해서 "커피 마시자"라 말할 뿐이지 동사류인 'drink'까지 차용해 "커피 드링크 하자"라 쓰지 않는 것이다. 즉, 위의 '바람·그릇·꺼먹' 등은 우리말의 기본어이기에 굳이 중국에서 차용해 쓸 필요가 없는 것이다.

그렇다면 왜 이런 상고한자음과 한국 고유어 간의 대응 현상이 생긴 것일까? 결론부터 간단히 말하면, 그 이유는 고대 한국인의 먼 조상들이 고대 한국어를 바탕으로 한자를 만들고 그 한자에 우리말의 음을 담아냈기 때문이라고 생각한다. 당연히 3,000년 전의 그 고대 동이족이 현재 한국인의 직계 조상이라거나 고대 동이족 언어가 현재 한국어의 직계 조어(祖語)라고는 말할 수 없겠으나 그 연관성만큼은 부정하기 어려울 것이다.

본 장에서는 고대 동이족의 한자 창제론에 대해 언어 문자학적 증거로 논해 보고자 한다.

필자(2003, 2004, 2005, 2008, 2009a, 2009b, 2010a, 2010b, 2011, 2012, 2013, 2014)는 그동안 10여 편의 논문을 통해 ≪설문해자≫의 15 여개 해성(諧聲)체계에서 체계적으로 3,000년 전 한자음(중국 상고음)과 한국 고유어가 대응하는 현상을 밝혀냈고, 그들 간의 동원(同源)[31] 관계를 증명해 왔다.

'風(바람 풍)'자로 예를 들면, '風(풍)'자의 약 3,000년 전 한자음 '프룸[*plum]'(정장상방)과 한국 고유어 '바람'이 유사한 것은 둘의

31 동원(同源)이란 '말의 뿌리가 같음'을 나타낸다.

뿌리가 같기 때문이고, '바람'이라 말하던 한국인의 먼 조상인 고대 동이족[32]이 이 '바람'이라는 말을 기반으로 '風'자를 만들고 거기에 음을 [*plum](프룸)이라고 붙였다고 보는 것이다.

일반 독자의 빠른 이해를 위해 아래 몇 가지 ≪설문해자(說文解字)≫ '해성(諧聲)'체계를 이용하여 고대 동이족 한자 창제론을 설명해 보고자 한다.

여기서는 대표적인 "解(해)·圭(규)·秋(추)·韋(위)" 네 성계(聲系) 글자 관련 "상고한자음-한국어(알타이제어 포함) 대응 예"를 기초 자료로 삼는다.

토론에 앞서 간과할 수 없는 점은 한국어는 알타이제어[33]와 불가분의 관계가 있으며 이들과의 관계 속에 존재한다는 사실을 인식하고 이들과의 비교에 주의해야 한다는 점이다.

왜냐하면 모든 언어는 독립적으로 존재할 수 없기에, 적어도 1만 년 이상의 관계 속에 형성되며, 그들 간의 뿌리를 살펴보아야 정확한 어원을 밝힐 수 있는 것이다. 그래서 한국어 학자들의 한국어 어원 연구에 만주어나 몽골어 일본어들과의 비교가 등장하는 것이다.

---

32 고대동이족이란 말은 위에서 토론한 바와 같이 갑골문을 만든 상(商)나라 상족(商族)을 가리키지만, 이 상족의 조상은 고조선족이라 볼 수 있는 요하문명의 하가점하층문화인의 일파가 태항산 기슭을 따라 남하한 사람들이다. 그리고 이 사람들이 썼던 말은 원시 트랜스유라시아어(고대 알타이조어<祖語>)이자 고조선어의 한 분파일 것이며, 원시 한국어와 관련 있을 것이다.

33 일반적으로 알타이제어(諸語)에는 몽골어족, 튀르크어족, 만주 퉁구스어족 여러 언어와 한국어 일본어 등이 여기에 속한다. 한국어와 일본어의 알타이어계 귀속은 아직 의견이 분분하지만 그래도 알타이어계적 특징이 뚜렷한 것은 분명하다.

따라서 문제의 정확한 토론을 위해 우리는 상고한자음과 한국어를 위시한 알타이제어 간의 비교도 진행한다.

우선 한국어가 알타이어계에 속하는가 하는 문제에 대해 비록 이견이 있지만 한국어와 가장 가까운 언어가 알타이제어라는 데는 이견이 있을 수 없다. 김동소[34]에 이르길:

> "계통론적으로 한국어를 이른바 알다이 어족에 속히는 언어로 보는 학자들이 있는데, 이 문제는 아직 확실히 말하기 어려운 점이 있다. ....그러나 어쨌든 현재까지의 연구 결과로 봐서 한국어는 세계의 1만개 이상이 될지도 모르는 많은 언어 중에서 한쪽으로는 알타이제어와 가장 비슷하고, 다른 쪽으로는 일본어와 가장 가까운 언어라는 점은 부인할 수 없다"

또 최근(2021. 11. 11.)에는 독일 막스플랑크인류사연구소의 마티너로비츠박사연구진은 한국어의 기원은 9,000년 전 요서지역에 뿌리를 둔 원시 트랜스유라시어(알타이조어)에서 유래되었고, 약 6,500년 전 '한국어 일본어 공통조어'가 여기서 최초로 분리되어 나왔다고 주장하고 있다.[35]

이 학설에 의하면, 한국어와 일본어가 기타 트랜스유라시아제

---

34 김동소, ≪한국어특질론≫, 정림사, 2005, 10쪽.

35 독일 막스플랑크인류사연구소(마티너로비츠박사 연구진), <삼각측량법에 의한 트랜스유라시아어족의 농경확산설>, ≪네이처≫, 2021. 11. 11.
한국어의 기원은 9,000년 전 서요하지역 농경민이다! '네이처'지에 실린 트랜스유라시아어족의 농경 확산설
https://www.youtube.com/watch?v=Fh6ihH7FjZ0 (5분, 20분 부분)[2022. 8. 20.검색]

어(알타이제어)와 다소 다른 것은 원시 트랜스유라시아어로 부터 6,500년 전에 가장 먼저 분리되어 나왔기 때문인 것이다.

음이 같거나 유사한 동일 해성자(諧聲字)[36]들이 한국어 및 알타이제어 어휘들과 뜻과 어음면에서 유의미하게 대응한다면 해당 한국어 어휘들은 이른바 알타이 공통조어로부터 분화되어 나온 것이라 말할 수 있을 것이다.

(2) 해성(諧聲)체계 '한(漢)–한(韓) 대응 비교'로 본 동이족 한자 창제론

필자의 예전 논문의 서술을 바탕으로 각 해성(諧聲) 체계 내의 '상고한자음–알타이제어'간 대응 예의 핵심을 들어보고 관련 글자들의 동이족 창제론을 논해보면 아래와 같다.

(A) 고대 동이족의 '解聲(해성)'계자 한자 창제론

우선 필자[37]가 제시한 '解聲(해성)'계자들 관련 상고한자음과 한국어 및 알타이제어와의 대응을 통해 고대 동이족 창제론을 하나씩 설명해 보면 아래와 같다.

---

36 '해성(諧聲)'이란 말은 육서(六書)의 하나인 형성(形聲)과도 같은 의미로 쓰인다. '형성'은 '桐(오동나무 동)'자와 같이 뜻을 나타내는 글자(木)와 음을 나타내는 글자(同)를 합쳐 이루어진 글자를 말하는데, 음을 나타내는 부분을 '성부(聲符)'라 한다. '동일 해성자'라고 하면 이 '성부'가 같은 글자를 지칭하는 것으로, 예컨대, 桐(오동나무 동), 洞(골 동), 銅(구리 동) 등이 그것이다.

37 오세준, <解聲系字 漢–韓 비교로 본 한국어祖語 漢字창제론>, ≪새국어교육≫, 제83호, 2009a.

(가) 고대 동이족 '解(풀 해)'자 창제론

갑골문(甲骨文)에 '解(풀 해)'자는  로 되어 있어, "두 손으로 소의 뿔을 해체"하는 모양이다.

이 '解(해)'자의 약 3,000년 전 한자음(즉, 상고한자음)은 '그레[*kreeʔ]'[38]인데, '풀다'라는 뜻의 한국 고유어 '끄르-다'와 대응된다. '그레[*kreeʔ](解): 끄르-다(풀다-한국)'의 관계가 상당히 유사하다는 것을 알 수 있다.

아울러 필자의 연구[39]에 의하면, 이 상고한자음 '그레[*kreeʔ](解)'는 또 알타이제어의 '괴뢰[*görö-](원시한국어-解) · 괴라[görä-](원시퉁구스어-解) · 글오(중세한국어-解)' 등과도 대응하며, 최종 "[kVR-]/{解} 漢(한)-알타이준(準)동원어군"[40]을 형성한다.

따라서 우리는 '解(해)'자가 한국어조어(祖語) '괴뢰[*görö-](PK-

---

38 '解(해)'자의 [*kreeʔ] 음은 중국 정장상방(鄭張尙芳) 교수의 상고음(≪上古音系≫, 上海教育出版社, 2013, 376쪽.)이다. 국제음표로 표기된 '解'자의 상고음 [*kreeʔ] 음을 한글로 정확히 표기할 방법은 없지만, 일반 독자의 이해를 돕기 위해 최대한 유사하게 한글로 '그레'라고 표시한다. 이하 음표기 방식은 이를 따른다.

39 오세준, <'解聲'系字 漢-韓 비교로 본 한국어祖語 漢字창제론>, ≪새국어교육≫, 제83호, 2009a.

40 [kVR-]에서 k는 설근음을, V는 모든 모음을, R은 [l] 또는 [r] 등 유음(流音)을 대표한다. 여기서의 '준동원어(準同源語)'란 말은 '동원어(同源語)'란 의미이지만 기존 학계의 어계(語系)를 뛰어넘는 동원어 재구인 관계로 '준(準)'자를 붙여 토론의 여지를 남겼다. 왜냐하면, 학계에서는 일반적으로 약 3,000여년 전 한자의 상고음을 상고한어(上古漢語) 즉 한장어계(漢藏語系) 언어로 분류하고, 한국어는 알타이어계 언어로 분류하고 있는데, 기존 학설에 의거하면 이러한 어계를 뛰어넘는 동원어 재구는 불가한 것이고 그들 간의 모든 언어적 교류는 차용관계로 해석하기 때문이다. 따라서 필자의 '고대 동이족 한자 창제론'은 이러한 기존의 유형학적 어계 구분에 대한 근본적 의문을 제기하고 있는것이다.

解) 및 퉁구스조어 '괴라[görä-](PT-解)' 등 어휘를 바탕으로 창제되었음을 주장하는 바다.

그 이유는 아래와 같다.

첫째, 김동소[41]에서는 '괴뢰[*görö-](PK-解)'와 '괴라[görä-](PT-解)'를 동원(同源)으로 재구했고, 이는 중세한국어 '그르, 글로(解)'및 현대한국어 '끄르(解)'와 같은 뿌리의 동원어다. 그리고 이들은 다시 상고한자음 '그레[*kreeʔ](解)'와 밀접하게 대응되고 함께 동원 관계를 이룬다고 본다.

한국어조어의 '解(해)'자 창제설을 주장하기 위해서는 무엇보다 '그레[*kreeʔ](AC-解)'와 '괴뢰[*görö-](PK-解)·그르(MK-解)' 등의 관계가 우연인지 유의미한 음운대응인지를 밝혀내야 하고, 그 다음으로는 차용으로 빚어진 음운 유사성이 아닌 동원이라는 점이 또 증명되어야 한다.

여기서 혹자는 '괴뢰[*görö-](PK-解)·괴라[görä-](PT-解)·그르·글오(MK-解)와 '그레[*kreeʔ](AC-解)'간의 음운 차이, 특히 모음 간의 음 차이가 크다는 이유로 양자 간 음운 대응의 밀접성을 부인할 수도 있을 것이다. 만약 부인한다면, 우리는 ≪설문해자≫ '解聲(해성)'계의 대다수 글자인 [*Kr-](AC)형 '解(해)·懈(해)·澥(해)·廨(해)·蟹(해)·薢(해)' 여섯 글자가 왜 유사한 'ㄱ-ㄹ-'형의 한국 고유어(일부 알타이제어 포함)와 밀접히 대응하는지 설명해야 할 것이다. 이 여섯 글자의 "漢(한)-韓(한) 대응"을 모두 우연으로 간주할 수는

41 金東昭, ≪韓國語와 TUNGUS語의 音韻比較研究≫, 대구 : 효성여대출판부, 1981, 76쪽

없기 때문이다.

또, '괴뢰[*görö-](PK)'와 '그레[*kreeʔ](AC)'간에 존재하는 모음 차이는 그다지 중요하지 않을 수 있다. 왜냐하면 이남덕[42]에서 지적한 대로 "알타이제어 음운비교에서 어두(語頭)음의 일치가 가장 중요한 것이고, 그 다음이 어근(語根) 말자음(末子音)이며, 모음의 중요성은 그다지 큰 것이 아니다"라는 점을 고려한다면, 양자 간의 대응을 인정할 수 있을 것이다.

차용이 아니고 동원이라 주장하는 이유는 아래 여섯 가지를 들 수 있다.

첫째, 위의 '상고한자음-한국고유어'의 대응이 '우연의 일치'이 아닌 다수의 체계적 반복적 대응 양상을 띤다는 점이다. 한 해성(諧聲) 체계의 여러 글자들이 동일 음운 형태의 한국 고유어와 대응한다는 사실은 이들의 대응이 결코 우연의 일치이거나 고립적이지 않고 체계적 대응을 말해 주는 것이다.

둘째, 한자(중국 상고음)와 대응되는 한국 고유어가 일반적 차용(借用) 범주를 벗어난 기초어휘가 대다수이기 때문이다. 모두 알다시피 차용어는 주로 '문화·기술·정신적 추상어·권위 용어'[43] 등이 대부분인데, 대다수의 경우에서 문화용어는 오히려 적고 기초어휘가 대다수다. 예컨대, '解: 그르-다', '懈: 게으르-다', '澥: 개·걸·골' 등.

셋째, 동사류 어휘는 본래 잘 차용되지 않는 법인데[44], 본 논문의 대

42 이남덕, ≪한국어 어원연구≫(4권), 이화여자대학교 출판부, 1986. 332쪽.

43 김방한, ≪역사비교언어학≫, 민음사, 1988, 284쪽.

44 김방한, ≪역사비교언어학≫, 민음사, 1988, 284쪽.

응 한국 고유어들은 동사(解: 끄르-다), 형용사(懈: 게으르-다) 등이 많다.

넷째, 이러한 '상고한자음-한국고유어 대응'을 가령 먼 상고 시기의 차용이라 간주한다 해도 "우리가 알 수 없는 먼 옛날에 이루어졌으며 또 일반 차용어로 식별할 수 없는 것이므로 우리는 이를 '공통조어(祖語)'로 소급할 수 밖에 없는 것이다."[45]

다섯째, 상고 시기의 차용어라면 마땅히 개별적이고 산발적이었을 것인데, 우리의 '한(漢)-한(韓) 대응'예는 이와 달리 해성 체계에서 집단적 체계적으로 대응한다는 점이다.

여섯째, 한 한자(상고한자음)가 여러 개의 유사한 형태의 알타이제어 어휘와 대응하기도 하는데, 이렇게 많은 알타이제어가 동시에 상고 한어로부터 어휘를 차용한다는 것은 불가능한 것이다. 예컨대, "그레[*greeʔ](澥-상고음): 가이[kai](<*kVr-)(중세한국어-溪,河,海)·걸(중세한국어-溪): 고로[golo](소롱어-河,川): 고로[golo](만주어-河身): 고올[ɣool](몽고문어-河,溪谷)·골[gol](몽골어-河,溪谷)" 등.

그 중 가장 중요한 점은 '解(끄르-다)'가 "기초어휘이자 동사인데, 이 둘은 다른 언어에서 서로 차용하기 쉽지 않기"[46] 때문이다.

상고한자음으로부터의 차용일 수 없는 또 다른 이유는 과연 한국어조어와 퉁구스조어에 기초어휘 '끄르-다(풀다)'가 없어서 상고 한어(상고한자음)으로부터 '解[*kreeʔ](AC)'를 동시에 차용했겠는

45 김방한, ≪역사비교언어학≫, 민음사, 1988, 323쪽.

46 김방한, ≪역사비교언어학≫, 민음사, 1988, 284쪽.

가 하는 문제다. 따라서 우리는 "그레[*kreeʔ](상고한자음-解): 괴뢰[*görö-](원시한국어-解)·괴라[görä-](원시퉁구스어-解)·그르/글오(중세한국어-解)·끄르(한국어-解)"간의 관계를 차용이 아닌 뿌리가 같은 동원으로 보는 것이다.

'상고한자음-한국고유어 대응' 예를 통해 이들 간의 관계를 동원관계로 본다면 도대체 어느 쪽이 먼저인가 하는 문제가 중요하다.

우리는 한국 고유어를 포함한 알타이제어가 상고한자음 보다 먼저라 주장하는 것이고 바로 이 부분이 고대 동이족의 한자 창제론의 핵심 이론인 것이다. 즉, 고대 동이어를 바탕으로 한자가 만들어지고 그 한자음(상고한자음)에 고대 동이어의 발음이 부여되었다고 보는 것이다.

예컨대 상고한자음 '그레[*kreeʔ](AC-解)'가 복수의 알타이제어 '괴뢰[*görö-](원시한국어-解)·괴라[görä-](원시퉁구스어-解)' 등과 대응된다는 사실은 다수의 알타이제어가 상고한자음으로부터 차용한 것이 아니라 반대로 다수의 언어를 바탕으로 한자의 상고음이 만들어진 것이라 보는 것이 더 설득력 있기 때문이다. 즉, 상고한자음 '그레[*kreeʔ](AC)'와 '괴뢰[*görö-](원시한국어-解)·괴라[görä-](원시퉁구스어-解)'가 (준)동원이며, 또 문자보다 언어가 앞선다는 논리에 비추어 보면, '解(해)'자는 '괴뢰[*görö-](PK-解)·괴라[görä-](PT-解)'라는 어휘를 바탕으로 창제되었다고 보는 것이 타당하다 하겠다.

분명한 것은 한자가 태초부터 존재했을 리 없고 한자가 생겨나고 그에 따라 한어(중국어)가 생겨난 것도 아닐 것이다. 즉, 특정 언어가 먼저 존재하고 그 언어의 특정 어휘를 바탕으로 후에 한자가 창제된 것이다. 지금은 통념상 한자와 상고 한어를 동일시 하고 있으나, 양자가 반드시 등가(等價)일 수만은 없다는 증가가 많다. 최초의 한자 창제는 당연히 일정한 언어를 바탕으로 어떤 개념에 의거해 창제되었고, 복음절 어휘를 대표할 수도 있을 뿐만 아니라, 반드시 단음절어만을 대표하지도 않았을 것이다.

문제는 '解'자의 상고음 '그레[*kreeʔ]'와 '괴뢰[*görö-](원시한국어-解)' '괴라[görä](원시퉁구스어-解)' 등이 동원이라는 점이다. 한국어조어 '괴뢰[*görö-](解)'와 퉁구스조어 '괴라[görä-](解)'가 역사적으로 얼마나 소급해 올라갈 수 있는지 모르지만 적어도 '解'자가 창제되기 전부터 '풀다·끄르-다'는 의미의 단어는 한국·퉁구스 공통조어(PKT) 형태로 당연히 존재했을 어휘다. 즉 (解)의 형태에서 보듯, "두 손으로 소의 뿔을 해체하는 의미"의 '괴뢰[*görö-](원시한국어-解)'혹은 '괴라[görä-](원시퉁구스어-解)'와 유사한 형태의 어휘인 '[kVR-]/{解} 한(漢)-알타이준동원어'가 먼저 있었고, 이 어휘를 바탕으로 '解'자가 창제되었고, [kVR-]형인 '그레[*kreeʔ]'와 유사한 형태의 독음(讀音)이 부여되었을 것이다. 아울러 한국어조어는 [*görö-]로, 퉁구스조어는 [görä-]로 남게 되었다고 본다.

이렇게 되면, 결국 [*görö-](PK)·[görä-](PT) 등의 복음절어 형태의 [kVRV-]형 알타이조어 어휘에 의거해 '解'자가 창제되었다는 결론에 다다르게 되며, '그레[*kreeʔ]'라는 복성모 형태의 한어 상고음은 알타이조어 [kVRV-]형의 변형이 되는 셈인 것이다.

(나) 고대 동이족 '懈(게으를 해)'자 창제론

'解(풀 해)'자와 같은 해성자(諧聲字)인 '懈(게으를 해)'자도 한국어 및 원시퉁구스어와 유사하게 대응된다.

'懈(해)'의 상고한자음 '그레[*greeʔ]'[47]는 한국어 '게으르', 원시 퉁구스어 '괴라[görä-](解)'[48] 등과 대응된다.

사실 '解(해)'자의 상고한자음 '그레[*kreeʔ](解)'는 한국어 '게으르-다(懈-게으를 해)'와도 대응한다 할 수 있다. 왜냐하면 중국어(漢語)에서 '懈(게으를 해)'는 '解(풀 해)'와 동음이자 왕력[49]의 주장대로 동원어이기도 하다. 한국 고유어에서도 '끄르다(解)'와 '게으르다(懈)'는 동원 관계로 볼 수 있는데, '풀고 느슨(解)'해지면 '게으르(懈)'게 되기 때문이다. 따라서 '懈'자의 창제는 '解'자와 밀접한 관계를 가진다.

위에서 한국어조어 '괴뢰[*görö-](解-PK)'와 퉁구스조어 '괴라[görä-](解-PT)' 등의 알타이조어에 의거해서 '解(해)'자가 창제되었다고 주장했는데, '懈(게으를 해)'자는 '解(풀 해)'자 창제 뒤 그 인신의(引伸義)인 {懈(게으르다)}[50]에 의거해 의미부호인 '忄(마음 심)'을 더하는 방식으로 '懈'자를 만든 것으로 본다.

---

47 鄭張尚芳, ≪上古音系≫, 上海教育出版社, 2013, 376쪽.

48 金東昭, ≪韓國語와 TUNGUS語의 音韻比較研究≫, 대구 : 효성여대출판부. 1981, 76쪽.

49 王 力, ≪同源字典≫, 文史哲出版社, 1982, 106쪽.

50 { } 부호는 동원어 재구에 있어 의미항인 '핵심의미(또는 중심의미)'를 나타낸다.

(다) 고대 동이족 '澥(해)'자 창제론

우선 '澥(해)[*greeʔ]'자는 {물(水)}이라는 핵심의미의 알타이제어들과 "[kVR-]/{水} 漢-알타이 준동원어군"을 구성한다.

≪설문해자≫에 의하면[51] '澥[*greeʔ]'자의 본래 의미는 '작은 바다'다. 이 '澥(해)'자의 상고한자음 '그레[*greeʔ](澥)'는 현대한국어 '개(浦)·걸·골·개울(溪)' 등과, '개천·도랑(渠·溪)'이란 의미의 중세한국어 '걸(渠)'과, 고대한국어 '가ᄅᆞ(浦)>개'[52] 혹은 '가리>가이>개(浦)'[53] 혹은 '길>가이(浦)'[54] 등과 대응한다 볼 수 있다.

아울러 상고한자음 '그레[*greeʔ](澥)'는 알타이제어에서 소롱어 '고로[golo](강,시내)', 만주어 '고로[golo](河床,수로,계곡), 퉁구스조어 '고로[*golo](河床)'몽골문어(文語) '골[ɣool](강,계곡)' 몽골어와 부리야트어의 '골[gol](강,계곡)'과 대응한다.

또 중요한 사실은 상고한어(중국어)에서 '澥[*greeʔ]'자는 '河[*gaal](AC-河)'과 어쩌면 동원일 수도 있다는 사실이다.

이상에서 상고한자음 '그레[*greeʔ](澥)'가 한국어 및 알타이제어들과 밀접한 대응 관계를 보이고 있는데, 우리는 이를 통해 아래와 같이 '澥(해)'자가 고대 동이어를 바탕으로 만들어진 글자라는 사실을 밝힐 수 있다.

첫째, 알타이제어가 상고한어 '澥[*greeʔ]'를 차용했을 리 없다. 왜냐

---

51 ≪설문해자≫에 의하면 "澥, 勃澥, 海之別也."

52 양주동, ≪增訂古歌硏究≫, 일조각, 1980증정중판, 350, 814쪽.

53 김선기, <한·일·몽 단어비교-계통론의 긷돌>,≪한글≫(한글학회)142: 7-51, 397쪽.

54 이남덕, ≪한국어 어원연구≫(4권), 이화여자대학교 출판부, 1986, 540쪽.

하면, 상고한자음 '[*greeʔ](澥)'와 대응되는 알타이제어는 대략 7종이나 되는데, 특정 상고 한자 어휘가 동시에 7종의 알타이제어로 전해졌다는 것은 있을 수 없기 때문이다. 그 반대의 경우, 즉 7종의 알타이제어의 공통조어로부터 '澥[*greeʔ]'자가 기원했다고 보는 것이 훨씬 합리적인 가설일 수 있다.

둘째, 어휘로서 '강·시내'는 한 언어의 기초어휘이며, 차용이 쉽지 않은 말이다. 따라서 알타이제어가 이들 어휘를 상고중국어(상고한자음)로부터 차용한다는 사실은 인정하기 어려운 일이며, 그 반대의 예도 상상하기 어려운 것이다.

셋째, 상고한어로부터의 차용이 불가하다면, 위 '상고한자음-알타이 대응 예'들을 어떻게 설명해야 할까? 상고한어(중국어)가 '[kVR-]/{水}'형 알타이제어로부터 차용한 것일까 아니면 '한(漢)-알타이 동원어'에서 기원했을까? 우리는 차용보다 '(준)동원'으로 이 문제를 해결하고자 한다. 즉, 공통조어형의 어휘에 근거해 '澥'자가 창제된 것으로 보는 것이다.

여기서, '澥[*greeʔ]'가 알타이 공통조어에서 차용했든, 아니면 '漢(한)-알타이 준동원어'에서 기원한 것이든, 결국 문제는 '알타이조어 한자 창제론'으로 귀속될 수 밖에 없다.

왜냐하면 상고한어는 한자를 통한 상고음으로 표기될 수 밖에 없기 때문이다. 상고한어에서 '[kVR-]/{水}'형의 알타이조어 어휘를 차용했다는 말은 결국 "[kVR-]/{水}"형의 알타이조어를 바탕으로 한자를 창제했다는 말이 되는 것이다.

넷째, 기원적으로 언어는 문자보다 앞서는 것이 당연하다. 그런데 다수 언어의 어휘(알타이 제어)와 하나의 문자(漢字)가 대응된다면, 그 기원은 다수에 있다고 보는 것이 타당하다. 즉 알타이 제어 기원론이 타당한 것이다.

다섯째, 상고한어 '그레[*greeʔ](澥)'와 한국어조어 '갈(시내 · 강 · 바다)' 및 퉁구스조어 '고로[*golo](河床)'의 동원 관계로 보면, '[kVR-]/{水} 漢-알타이준동원어'에 의거해 '澥'자가 창제되었다고 보는 것이 자연스럽다. 즉, 한국어조어 '갈({물})이나 퉁구스조어 '고로[*golo](강)' 등의 고형(古形)인 '[kVR-]/{水}'형의 '한국 · 퉁구스공통조어'어휘를 바탕으로 '澥(해)'자를 창제하고 '[kVR-](PKT)'형의 음인 '그레[*greeʔ](澥)'라는 음을 부여했을 것이다.

창제의 순서는 '解(해)'가 먼저고, '[kVR-]/{水} 한국 · 퉁구스 공통조어'의 원칙 하에 '解聲(해성)'체계 내 조자(造字) 원칙에 의거하여 관련 '澥(해)'자를 만든 것으로 보여진다.

상고한자음과 알타이제어가 대응하는 어휘의 기원이 알타이조어에 있다는 말은 그 한어(중국어)의 표기 대상인 상고시기 한자(갑골문 형태일 수도 있음)가 알타이조어의 바탕 위에 창제되었음을 말해 주는 것이다.

(B) 고대 동이족의 '圭聲(규성)'계자 한자 창제론

필자의 연구[55]에 의하면, ≪설문해자≫ '圭聲(규성)'계자들의 상

55 吳世畯, <也談上古漢語的音節結構與構擬>, ≪中語中文學≫, 第35輯, 韓國中語中文學會, 2004.

고한자음은 모두 [*KR-]형 음으로 읽히는데, 이들은 또 모두 [ㄱ-ㄹ-]형의 한국어 어휘와 질서정연하게 대응하고 있다. 이들 현상의 비교를 통해 우리는 '圭聲(규성)'계자들의 상고한자음과 한국 고유어(및 알타이제어들)가 언어적으로 뿌리가 같고(동원), 이들 한자들이 고대 동이어를 기반으로 만들어졌다고 주장한다. 관련 증빙자료와 이론에 관해 필자의 이론을 간단히 소개하면 아래와 같다.

(가) 고대 동이족 '卦(괘)·挂(괘)·畦(휴)·桂(규)·刲(규)·奎(규)·街(가)' 일곱 글자 창제론

우선 '圭聲(규성)'계 상고한자음과 알타이제어들이 명확하게 대응하는 예 몇 가지를 살펴보면 아래와 같다.

'街(거리 가)'의 상고한자음 '그리그[*krig]'와 한국어 '거리', 몽골어 '제게리[jegeli]'[56] 등과 대응된다.

'刲(벨 규)'의 상고한자음 '쿠리그[*khwlig]'와 한국어 '가르-다', 만주어 '겔침비[kercimbi](刺骨縫)', 골디어(Goldi) '하리[xari](刲)'와 대응된다.

'桂(갈 규)'의 상고한자음 '쿠리그[*kwlig]'는 한국어 '갈-다', 만주어 '갈감비[karkambi](刮)'와 대응된다.

위 세 '街·刲·桂' 글자들의 공통점이 무엇일까?

56 金炯秀, ≪滿洲語蒙古語比較語彙辭典≫, 螢雪出版社, 1995, 352쪽.

필자[57]와 이남덕[58]에 근거하면 '圭聲(규성)'계 '卦(괘)·挂(괘)·詿(괘)·罣(괘)·絓(괘)·畦(휴)·桂(규)·刲(규)·奎(규)·䯣(규)·畫(왜,규)·街(가)·袿(규)·蛙(와)·佳(가)·崖(애)' 16글자 중 '卦(괘)·挂(괘)·畦(휴)·桂(규)·刲(규)·奎(규)·街(가)' 일곱 글자가 이른바 '[KVR-]/{분기(分岐)} 한(漢)-알타이준(準)동원어군'으로 묶여진다. 즉.

그리그[*krig](상고한자음-街): 거리(중세한국어-陌): 기야이[giyai](만주어-街上): 제게리[jegeli](몽골어-街上)[59]; 구리그[*kwrigs](상고한자음-挂): 그리다·가르다(한국어);쿠리그[*khwlig](상고한자음-刲): 가르다(한국어): 겔침비[kercimbi](만주어-刺骨縫): 하리[xari](Goldi어-刲); [*gwlig](상고한자음-畦): 곫피(중세한국어-畦): [kuro](일본어-畦);구리그[*kwlig](상고한자음-桂): 갈다(한국어): [karkambi](만주어-刮);쿠리그[*khwlig](상고한자음-奎): 가랑이·가롤(한국어-奎)

위 '[KVR-]/{분기(分岐)} 한(漢)-알타이준(準)동원어군'의 의미는 상고한자음과 알타이제어(고대 한국어 포함)들 간에 대응하는 위 모든 어휘들을 같은 뿌리의 말로 보는 것이고, 그 공통의 음운 규칙은 '[KVR-]'이며, 동원어 구성의 핵심의미 요소는 {분기(分岐)}, 즉 '나누어짐(분기)'으로 본 것이다. 그렇다면 이 말들은 최초 어디서 유래

57 吳世畯, <也談上古漢語的音節結構與構擬>, ≪中語中文學≫, 第35輯, 韓國中語中文學會, 2004, 52쪽.

58 이남덕, ≪한국어 어원연구≫(1권), 이화여자대학교 출판부, 1985, 243쪽.

59 金炯秀, ≪滿洲語蒙古語比較語彙辭典≫, 螢雪出版社, 1995, 352쪽.

한 것이고 어떻게 분화되어 간 것일까?

우리는 '卦(괘)·挂(괘)·畦(휴)·桂(규)·刲(규)·奎(규)·街(가)'일곱 글자의 경우, 이들은 '[KVR-]/{분기(分岐)} 알타이조어(祖語)'에 근거하여 창제되었다고 본다. 그 이유는 아래와 같다.

첫째, 위 상고한자음과 알타이제어간의 음과 의미의 관계는, 우연이 아닌 체계적 대응 현상을 나타낸다.

둘째, 본 준동원어군안의 거의 전체 어휘가 차용이 어려운 기초 어휘이며, 동사형 어휘로 차용어일 가능성은 작고, 오히려 '[KVR-]/{분기(分岐)} 한(漢)-알타이 준동원어군'형태의 동원어로 재구될 수 있다. 설혹 차용어라 해도 원고 시대의 차용이므로 (준)동원으로 분류 가능하다.

셋째, 이남덕에 의하면, 한국어 포함 알타이제어 안에 '[*kal-](가르다)의 한국어 파생어군' 등 방대한 일본어 및 알타이제어의 '<가르다>어근 공통조어형'[60] 어휘가 존재한다. 이들을 통해 우리는 '[KVR-]/{분기(分岐)}'형 어휘의 본산지가 알타이조어였음을 확인할 수 있다.

넷째, '[KVR-]/{분기(分岐)}'형 파생 어휘가 알타이제어에 방대하게 존재하고, 언어가 문자(한자)보다 먼저 존재한다는 원칙을 인정하고, '卦·挂·畦·桂·刲·奎·街' 등 글자가 '[KVR-]/{分岐}'형 알타이제어와 준동원관계라면 이 글자들은 알타이제어의 영향으로 창제되었다고 보는 것이 타당하다.

다섯째, 만약 반대로 한자로부터의 차용을 주장한다면, 다음과 같

60 이남덕, ≪한국어 어원연구≫(1권), 이화여자대학교 출판부, 1985, 242-247쪽.

은 곤란한 문제가 생긴다. 즉, 고대 한국어에 '거리(길)·그리다·가르다·긁피·갈다·가랑이' 등 기초 어휘가 없어서 한자로부터 이들 어휘를 차용했겠는가 하는 문제다.

또 상고한자음과 대응하는 아래 모든 알타이제어 어휘들은 상고시대 한어(고대 중국어)로부터 차용했다는 결론에 이르게 되는데 이는 불가능한 일인 것이다. 예컨대

'그리그[*krig](상고한자음-街): 제게리[jegeli](몽골어-街); 쿠리그[*khwlig](상고한자음-刲): 겔침비[kercimbi](만주어-刺骨縫): 하리[xari](Goldi語-刲); 구리그[*gwlig](상고한자음-畦): 구로[kuro](일본어-畦);구리그[*kwlig](상고한자음-桂): 갈감비[karkambi](만주어-刮)'

바꿔말하면, 한국어 '거리'뿐 아니라 몽골어 '제게리[jegeli](街)'도 상고시대 중국 한자에서 차용한 말이고, 한국어의 '그리다·가르다'뿐 아니라 만주어의 '겔침비[kercimbi](刺骨縫)'도 골디어의 '하리[xari](刲)'도 상고시대 중국의 한자(刲)에서 차용했다는 것이 과연 가능한가 하는 문제다.

설혹 이들 간의 관계를 차용으로 간주한다 해도 다양한 파생어휘가 존재하는 알타이어족의 말이 해당 어휘를 수출하는 것이 당연한 이치일 것이다.

(나) 고대 동이족 ‘罣(괘)·絓(괘)’창제론

필자(2004)의 주장에 의하면 ‘罣(걸릴 괘)’의 상고한자음 ‘구리그스[*kwrigs]’는 한국어 ‘걸리-다’와 대응되며, ‘絓(걸릴 괘)’의 상고한자음 ‘구리그스[*gwrigs]’도 한국어 ‘걸리-다’와 대응된다. 여기서 이른바 ‘[KVR-]/{저지(止·受阻)} 한(漢)-알타이 준동원어군’을 재구할 수 있고, 위의 원칙 하에 ‘罣(괘)·絓(괘)’ 두 글자가 고대 동이어를 기반으로 창제되었다 주장할 수 있다.

(다) 고대 동이족 ‘袿(규)’자 창제론

‘袿(규)[*kwlig](상고한자음-袿)’는 한국어 ‘저고리(K-上衣)’, 만주어 ‘가하리[gahari](衫儿)·몽골어 ‘데게레이[degelei](衫儿)’[61] 등과 대응되며, 그들과 ‘[KVR-]/{上衣(상의)} 한(漢)-알타이 준동원어군’을 이룬다. 이에 근거하면 다수의 언어인 알타이제어 즉, 한국어·만주어·몽골어의 공통조어에 의거해 ‘袿(규)’자가 만들어졌다 할 수 있다.

(라) 고대 동이족 ‘鮭’자 창제론

상고한자음 ‘쿠리그[*khwlig][62](鮭)’는 중세한국어 ‘(ᄃᆡ)고리(髏)’, 현대한국어 ‘(대)가리’와 대응된다. ‘圭聲(규성)’계 전체의 ‘한(漢)-한(韓) 대응’에 근거한다면 여기서도 한국어 ‘(ᄃᆡ)고리(髏)’란 말에 기반하여 한자 ‘鮭(규)’가 만들어졌다고 볼 수 있다.

---

61 金炯秀, ≪滿洲語蒙古語比較語彙辭典≫, 螢雪出版社, 1995, 319쪽.

62 본인의 漢語 上古 재구음.

(마) 고대 동이족 '蛙(와)'자 창제론

상고한자음 '우리그[*ʔwrig](蛙)'는 한국어 '개구리(蛙)·머구리(蛙)', 만주어 '주와리[juwali](蛙)', 터키어 '굴바가[kurbağa](터키어)[63] 등과 각각 대응 또는 동원관계를 이룬다고 생각한다.

단어 '개구리'는 문화적 용어가 아닌 기본어이기에 굳이 중국의 한자로부터 차용할 가능성은 전무하다. 문자보다 말이 먼저라는 원칙에 근거한다면 '蛙(개구리 와)'자도 다수의 언어인 한국어·만주어·터키어 공통조어에 근거하여 만들어진 글사라 볼 수 있다.

(C) 고대 동이족의 '秋聲(추성)'계자 한자 창제론

상고음이 '크스르우[*khslɯw](상고한자음)'인 "秋聲(추성)"계자들은 [KVR-]류의 한국 고유어들과 집단 대응한다. 이는 우연으로 넘길 수 없는 현상이다. 우리는 해성(諧聲) 성수자(聲首字)인 "秋(추)"자 자체가 한국어조어에 의거해 창제되었다고 생각한다.

'秋聲(추성)'계 상고한자음들과 한국 고유어와의 집단 대응을 먼저 간단히 살펴보면 아래와 같다.

'秋(가을 추)'는 갑골문에 ''[64] 형태로서 '불로 메뚜기를 태우는 형상'인데, 그 상고한자음 '크스르우[*khslɯw][65]는 중세한국어 'ᄀᆞ슬(秋)'과 대응하며, 현대한국어 '그슬-다·그슬-이다(燎了)'와 대응한다.

---

63 A. D. Alderson(1959: 203).

64 于省吾≪甲骨文字詁林≫2冊: 1829。

65 '秋(추)'자의 상고한자음 [*khslɯw]는 필자(2009)의 재구음이다. '秋' '鰍'가 鄭張尙芳(2013)의 [*shɯw]가 아니고 [*khslɯw] 라고 주장하는 이유에 대해 2009 논문에 자세히 연급되어 있다.

'鞦(그네 추)의 상고한자음 '크스르우[*khslɯw>shɯw]'는 중세한국어 '그릐' [66]와 대응된다. '크스르우[*khslɯw]'에서 [s]가 탈락하면 중세한국어 '그릐'와 유사한 음으로 변화될 수 있다.

'鰍(미꾸라지 추)'의 상고한자음 '크스르우[*khslɯw>*shɯw]'는 중세한국어 '(믜)ᄭᅮ리·(밋)구리·(밋)그리'[67], '(미)꾸라지·(미)꾸리'와 대응한다.

(가) 고대 동이족 '秋(가을 추)'자 창제론

위의 언급과 같이 '秋(가을 추)'자가 "불로 메뚜기를 태우는 형상"임에는 의심의 여지가 없다.

'秋(추)'자의 상고한자음 '크스르우[*khslɯw[68]>*shɯw](秋)'가 중세한국어 'ᄀᆞᅀᆞᆶ(>가을)(秋)', 근대한국어 '가을·갈·가래·가실·가올·그을', 현대한국어 '그슬-다·그스리다·그슬이다(燎了)'와 대응한다.

비록, 한국어의 'ᄀᆞᅀᆞᆶ(>가을)(秋)'의 어원에 대해 여러 학설이 분분[69]하나 '漢(한)-韓(한)비교'로 보면 'ᄀᆞᅀᆞᆶ(>가을)(중세한국어-秋)'은 '그슬(燎了)'에서 유래한 말로 볼 수 있으며, 이는 '秋'자의 갑골문 형태(메뚜기를 불에 태우는 형상)와 부합한다. 이는 '秋聲(추성)'계 나머지 한자들이 [KVR-]류 한국 고유어들과 밀접히 대응하는 현상

66 南廣祐, ≪古語辭典≫, 교학사, 2002년 7쇄. 171쪽.

67 南廣祐, ≪古語辭典≫, 교학사, 2002년 7쇄. 609, 610쪽.

68 본인의 漢語上古 재구음.

69 崔昌烈. ≪우리말 語源硏究≫, 一志社, 1998 6版, 73쪽. 徐廷範, ≪國語語源詞典≫, 寶庫社.2001 2版, 21쪽.

의 설명에도 유용히 적용될 수 있으며, 또 '秋'자의 창제 문제 해결에도 도움이 된다.

'ᄀᆞᅀᆞᆯ(중세한국어-秋)'을 '그슬(燎了)'의 고형(古形)에서 유래했다 보고, 또 이를 "[illegible] · [illegible](秋)[*khslɯw(상고한자음)에 연결시키는 것은 한자 창제의 문화사적 배경의 풀이에도 답이 될 수 있는데, 진태하 교수님[70]에서도 언급되었다시피, "불로 메뚜기를 태우는 형상"의 갑골문 형태는 바로 현대 한국인에게도 식문화의 한 형태로 전해지는 "메뚜기를 구워 먹는 문화"를 나다내는 것이라 하겠다. 즉, 추상 명사인 '秋(가을 추)'를 "메뚜기를 구워 먹는 계절"이란 의미로 만든 것이며, 바로 그런 식문화가 있는 한국인의 조상만이 만들 수 있는 글자라는 것이다.

정리해 보면, '그슬-이다(중세한국어-燎了)와 'ᄀᆞᅀᆞᆯ(중세한국어-秋)'은 어원이 같고, 이들은 '크스르우[*khslɯw[71]](상고한자음-[illegible] · [illegible] · [illegible] · [illegible] · [illegible])' · '스레우[*ʔslew[72] > *ʔsew](상고한자음-焦)'와 동원이고, 다시 알타이제어 '호소리[hosori](만주어-炕洞煙釉)'[73] · '귀스[küs](오이라트어-秋) · '귀즈[küz](위그르어-秋)' · '걸[kər](추바스어-秋)' 등과 준동원 관계를 이룬다. '秋(추)'자는 바로 '그슬-이다(중세한국어-燎了)'의 한국어조어 [*KVSR-](원시한국어-燎)형의 어휘를 근간으로 해서 창제되었다고 본다.

70 陳泰夏, <漢字는 우리 民族이 만든 契(글)>,《書通》42호,1994, 10-12쪽.

71 本人 재구 漢語 상고음.

72 本人 재구 漢語 상고음.

73 金炯秀, ≪滿洲語蒙古語比較語彙辭典≫, 螢雪出版社, 1995, 444쪽.

(나) 고대 동이족 '鰍(미꾸라지 추)'자 창제론

'鰍(추)'자는 ≪설문해자≫에 보이지 않으므로 후대에 형성의 방법으로 만들어진 글자라 볼 수도 있겠으나, 비록 한국 고유어와의 대응 현상은 많지 않지만 한국어조어에 근거해 만들어진 것이 확실한 것으로 판단된다. 또 '미꾸라지(鰍)'가 문화용어가 아닌 기초어휘라 볼 수 있기 때문에 차용이 어려운 준동원어라 보고자 한다.

즉, 중세한국어 '믜-ᄭᅮ리 · 믯구리 · 믯그리(鰍)'중의 'ᄭᅮ리 · 구리 · 그리'는 '크스르우[*khslɯw](상고한자음-鰍)'와 대응되는 것으로 볼 수 있다. 우선, 서정범(2018)의 주장에 따라 '믜-ᄭᅮ리'를 '믜(水)+ᄭᅮ리(虫)'의 결합체로 본다면 [74], 양자의 음운 대응에는 두 가지 해석이 있을 수 있다.

첫째, '크스르우[*khslɯw](상고한자음-鰍)'로부터 어두음이 교체된 '스크르우[*skhlɯw]'와 'ᄭᅮ리'가 대응하는 것이다. 즉, [*khs-]가 [*skh-]로 변화하는 어두음 교체는 충분히 가능한 음운변화 현상이다.

둘째, '크스르우[*khslɯw](상고한자음-鰍)'에서 [s]음이 탈락하여 '크르우[*khlɯw](상고한자음-鰍)'가 되고, 이 음이 '믯구리'중의 '구리'와 대응하는 것으로 보는 것이다.

두 가지 해석 방법 중 어느 방법이 더 진실에 가까울지는 좀 더 연구해 보아야 하겠지만 표면상으로는 두 번째 해석 방법이 오히

74 서정범, 박재양 편, ≪새국어 어원사전≫, 보고사, 2018, 363쪽.

려 더 설득력 있어 보인다. 왜냐하면 위에서도 언급했다시피 '秋聲(추성)'계의 '鞦(그네 추)'자도 상고한자음이 '크스르우[*khslɯw](鞦)'인데, 중세한국어 '그릐' [75]와 대응되기 때문이다. 이 역시 '크스르우[*khslɯw]'에서 [s]가 탈락한 '크르우[*khslɯw]'가 '그릐'와 대응하는 것이다.

즉, 정리해 보면, '그슬-이다(중세한국어-燎了)'의 조어형인 [*KVSR-](PK-燎)에 의거해 '龝 · 秋'자를 만들고 그 음을 '그슬-다'와 유사한 '크스르우[*khslɯw][76]라 읽은 것이고, 다시 물고기를 나타내는 부수자 '魚(물고기 어)'와 '크스르우[*khslɯw]'라는 음을 나타내는 '秋(추)'자를 합쳐 '鰍(미꾸라지 추)'자 만들었다. 이렇게 만든 이유는 당시 상나라 상족들은 미꾸라지의 '핵심의미 + 명칭'을 '{벌레<虫>}+구리[kuri]'라 분석하고는 '魚(뜻)+크스르우[*khslɯw](秋)(음)'로 창제한 것이다. 미꾸라지 의미를 나타내는 글자를 만드는데 그 음 부분 한자에 하필 '秋'자를 쓴 이유는 바로 [*khslɯw](秋)와 그들의 '구리(虫)'가 음이 유사했기 때문인 것이다.

(D) 고대 동이족의 '韋聲(위성)'계자 한자 창제론[77]

(가) '韋聲(위성)'계자들 관련 상고한자음과 알타이제어의 대응

≪설문해자≫ '韋聲(위성)'계에서는 총 13글자가 [kVR-]계 알타

75 南廣祐, ≪古語辭典≫, 교학사, 2002년 7쇄. 171쪽.

76 本人 재구 漢語 상고음.

77 吳世畯, <'韋聲'系所見的 '漢-韓準同源詞'>, ≪中國言語研究≫, 第30輯, 韓國中國言語學會, 2009.

이제어와 대응한다. 특히 주목을 끄는 점은 대응 음상(音像)이 대단히 유사하다는 점이다. 우선 하나씩 예를 들고 뒤에 종합적으로 고대 동이어에 근거한 '韋聲(위성)'계자 한자 창제론에 대해 토론하기로 한다.

㉠ '韋(위)'[78] 자의 상고한자음 '구을[*Gwɯl]'은 원시한국어 '굴(울타리-籬)'[79], 중세한국어 '후리-그물(圍網)·울(울타리-籬)', 한국어 '우리(가축우리)·울타리', 몽골어 '할하랄호[halhalalho](圍繞)', 만주어 '구란[kuran](大隊伍)', 일본어 '우오리[wori](檻)' 에벤키어 '구레[kurē](圍上籬笆)' 등과 대응한다.

㉡ '違(어길 위)'의 상고한자음 '구을[*Gwɯl]'은 중세한국어 '거슬·거스리-' 등과 대응된다.[80]과 대응된다.

㉢ '偉(훌륭할 위)'의 상고한자음 '구을[*Gwɯlʔ]'은 중세한국어 '거륵·거록(거룩함)·거르기·거르기(매우, 대단히)' [81] 및 현대한국어 '거룩' 등과 대응된다.

㉣ '葦(갈 위)'의 상고한자음 '구을[*Gwɯlʔ]'은 중세한국어 '갈·굴(葦)·굴새(葦鳥)' [82]및 현대한국어 '갈대' 등과 대응된다.

㉤ '湋(물 돌아나갈 위)'의 상고한자음 '구을[*Gwɯl](水流回旋)'은 고대 한국어 '굴[*kur-](또는 '골')(돌다-轉)'[83], 중세한국어 '구을-

78 ≪漢語大字典≫(7: 4503)에서는 "韋"가 "圍"의 初文(초문)일 뿐 아니라 "韋·圍·衛" 세 글자와 동원(同源)이라 했다.

79 이남덕, ≪한국어 어원연구≫(2권), 이화여자대학교 출판부, 1985, 150쪽.

80 南廣祐, ≪古語辭典≫, 교학사, 2002년 7쇄. 53,54쪽.

81 南廣祐, ≪古語辭典≫, 교학사, 2002년 7쇄. 49,51쪽.

82 南廣祐, ≪古語辭典≫, 교학사, 2002년 7쇄. 237쪽.

83 이남덕, ≪한국어 어원연구≫(2권), 이화여자대학교 출판부, 1985, 128쪽.

다', 근대한국어 '굴-다 · 구르-다', 일본어 '고로리[korori](돌다-轉)' 등과 대응한다.

ⓑ '禕(아름다울 의)'의 상고한자음 '끄랄[*qral]'은 중세한국어 '고르ㅣ실(기름진 논)'[84] 및 현대한국어 '걸-다(비옥) · 거름(퇴비) · 걸쭉하다' 등과 대응되며, 터키어의 '귀브레[gübre](Dung,manure) · 가리하[kariha](Fertile mind)[85] 등과도 대응한다.

ⓢ '媁(기뻐하지 않을 위)'의 상고한자음 '구을[*Gwɯlʔ](AC-不悅)'은 한국어 '골-내다(성냄-怒), 만주어의 '꼬로[qoro-](傷心) · 에벤키어의 '고로다[koroda-](성내다), Mordva 어의 '골[kor](불쾌)'[86] 등과 대응한다.

(나) 고대 동이족 '韋聲(위성)'계자 창제론.

필자의 연구[87]에 의하면 '韋聲(위성)'계 총 13글자가 [kVR-]형 알타이제어와 대응한다. 위 열거한 일곱 글자가 그 대표적인 예인데, 특히 주목을 끄는 점은 대응 음상(音像)이 대단히 유사하다는 점이다. 예컨대, '구을[*Gwɯl](상고한자음-韋): 굴[*kul](한국어조어)' '구을[*Gwɯl](상고한자음-圍): 굴[*kul](한국어조어)' '구을[*Gwɯl](雨非切)(상고한자음-湋-回旋): 굴[*kur-](한국어조어)' 등이 그러하다.

또 주의할 만한 사항은 13글자 중 '韋 · 圍 · 煒 · 湋 · 禕 · 媁' 등 무

84 南廣祐, ≪古語辭典≫, 교학사, 2002년 7쇄. 53, 54쪽.

85 A.D.Alderson(1959), *The Concise Oxford Turkish Dictionary*, Reprinted Lithographically in Great Britain at the University Press, Oxford, 1968, 118, 176쪽.

86 조영언, ≪한국어어원사전≫, 효성문화사, 2004, 43쪽.

87 吳世畯, <'韋聲'系所見的 '漢-韓準同源詞'>, ≪中國言語研究≫, 第30輯, 韓國中國言語學會, 2009.

려 여섯 글자나 이른바 '한(漢)-알타이 준동원어군'으로 묶을 수 있다는 점이다.

우선, '[kVR-]/{에워싸다-圍} 한(漢)-알타이 준동원어군'에서 한국어조어를 위시한 알타이제어의 많은 어휘가 '圍(위)·韋(위)/구을[*Gwɯl](상고한자음-에워싸다)'과 동원 관계를 이룬다. 특히 한국어조어 '굴[*kul](한국어조어-에워싸다)'는 '圍(韋)/구을[*Gwɯl](상고한자음-圍)'과 대단히 유사하다. 예컨대, 아래 단어들은 모두 어원적 뿌리가 같은 동원어라 하겠다.

> 구을[*Gwɯl](상고한자음-圍): 굴[*kul(굴)>*xul(훌)>hul(훌)>ul(울)](한국어조어-에워싸다): 후리-그물(중세한국어-圍網): 우리(근대한국어-가축사): 울타리(근대한국어-籬): 어리(근대한국어-가축우리): 호리야라호[horiyalaho](<*kVr-(굴))(몽골어-圍): 할하라이[halhalai](<*kVr-(굴))(몽골어-포위): 구란[kuran](만주어-大隊伍): 구루므[kurumu](일어-싸다): 구레[kurē](에벤키어-圍上籬笆): 구레이[kurei](오로크어-圍上籬笆): 구리[kurī](네기달어-圍上籬笆)

우리는 '圍(위)·韋(위)/구을[*Gwɯl](상고한자음-둘러싸다<圍>)'가 한국어조어 '굴[*kul](둘러싸다<圍>)' 및 알타이제어 공통조어에 근거하여 창제되었다 생각한다. 왜냐하면, 같은 동원어군의 유사한 어휘들이 알타이제어에 상당수 존재하기 때문이다. 즉, 상고시기 한어(중국어) '圍(위)·韋(위)/구을[*Gwɯl](상고한자음-둘러싸다<圍>)'로부터 동시 다발적으로 알타이제어에 해당 어휘가 수출되었다는 것은 믿기 어려우며, 또 '韋(위)·圍(위)'는 비문화적 기초어휘로 차용되기 쉽지 않기 때문이다. 그렇다면 이들 대응은 동원 관계가 되는 것이고, 어휘의 기원은 당연히 다수의 어휘군인 알타이제어 공통조어에 있게 되는 것이며, 이것이 바로 한자의 창제로 이어지는 것이다.

(E) 고대 동이족의 한자 창제론

우리에게 익숙한 한자 차용어와 매우 다른 형태인 '프룸[*plum](상고한자음)[88]'과 한국 고유어 '바람'이 대응하는 '한(漢)-한(韓)' 특수 대응 어가 대량 존재하는데, 우리는 이들 대응 자료의 검토를 통해 한자의 기원 및 창제의 주체를 밝힐 수 있다.

필자는 이들 대응이 우연이나 주관적 억측이 아니라는 점을 밝히기 위해 고립된 어휘 비교 방식을 지양(止揚)하고, ≪설문해자≫의 '해성(諧聲) 체계 내 비교 방법'을 이용했다.

필자가 그동안 밝혀낸 고대동이족이 주도적으로 창제했을 가능성이 있는 글자는 수 백여 글자에 이른다. 이 책에서는 그 중 '圭(규)·解(해)·秋(추)·韋(위)' 네 개의 성계(聲系) 관련 글자만 예로 들어 그 연구 방법론과 증빙 예시를 들어 설명해 보았다. 우선 '漢(한)(중국상고음)-韓(한)(한국고유어-알타이제어 포함) 대응 예'를 기초 자료로 삼아, 각 한자들의 상고한자음과 한국 고유어 간의 어음 및 의미 대응을 밝히는 동시에 관련 알타이제어들을 연계하여 '한(漢)-알타이제어(한국어 포함)준(準)동원어군'을 재구하고, 이들의 관계

88 鄭張尙芳(2013: 314).

를 통해 '圭(규)·解(해)·秋(추)·韋聲(위성)'계 각 글자들이 한국어조어(알타이조어)에 의거해 창제되었음을 밝혀 보았다.

상고한자음과 알타이제어(한국어 포함)간의 대응을 후대의 차용이 아닌 동원(同源), 즉 '한(漢)-알타이 동원어군'으로 묶어내고 아울러 이들 글자들이 알타이조어에 의거해 창제된 것이라 주장하는 이론적 근거를 '한국어조어의 해성(解聲)계자 창제론'으로 종합 설명해 보면 아래와 같다.

첫째, 원시한국어 '긔릐[*görö-](끄르다)·원시퉁구스어 '긔라[görä-](풀다)'·중세한국어 '그르·글오(끄르다)'들은 뿌리가 같은 동원어(同源語)인데, 이들은 다시 '解(해)'자의 상고한자음 '그레[*kreeʔ](解)'와 대응하는 관계로 이들과 동원 관계를 이룬다. ≪설문해자≫ '解聲(해성)'계 'ㄱ-ㄹ[*Kr-](상고한자음)'형의 '解(해)·懈(해)·澥(해)·獬(해)·蟹(해)·薢(해)'여섯 글자가 모두 'ㄱ-ㄹ-[KVR-]형'한국 고유어(일부 알타이제어 포함)와 대응하는 현상은 '상고한자음-한국고유어의 대응'이 우연이 아닌 밀접한 관계가 있다는 사실을 말해 주는 것이다.

둘째, 위 '解(해)' 등 글자들의 대응을 차용이 아닌 (준)동원으로 보는 데는 그 이유들이 있는데, 가장 큰 이유는 '解(풀 해)'자가 차용이 용이하지 않은 '기초 어휘이자 동사'류 어휘이기 때문이다.

한국어조어 '긔릐[*görö-](끄르다)'와 상고한자음 '그레[*kreeʔ](解)'의 대응에서 '긔릐[*görö-]'가 상고한자음 '그레[*kreeʔ](解)'로부터의 차용일 수 없는 또 다른 이유는 '解(해)[*kreeʔ]'한 글자가 다수의 '괴뢰[*görö–](한국어조어–끄르다) · 괴라[görä–](퉁구스조어–解)' 등 알타이제어로 전파되었다 볼 수 없기 때문이다. 즉, '解(해)'자가 다수의 알타이제어로 전파되는 것이 아니라, 공통조어로부터 파생된 다수의 알타이제어측이 '解'자를 창제하는 '기원론'이 더 합리적 가정일 수 있기 때문이다.

셋째, 문자인 '解[*kreeʔ](상고한자음)'와 '괴뢰[*görö–](한국어조어–解) · 괴라[görä–](퉁구스조어–解)'의 대응에서 중요한 점은 언어는 늘 문자보다 앞선다는 사실이다. 예컨대, '괴뢰[*görö–](한국어조어–끄르다)' 등의 '[*KVRV–]/{풀다(解)}'형 '한국 · 퉁구스공통조어'어휘는 '解(해)'자 창제 이전부터 당연히 존재했을 어휘다. 즉 (解)의 형태에서 보듯, "두 손으로 소의 뿔을 해체하는 의미"의 '괴뢰[*görö–](한국어조어–끄르다) · 괴라[görä–](퉁구스조어–解)' 등 '[kVR–]/{풀다(解)} 한(漢)–알타이 준동원어'는 문자 이전부터 존재해 있었고, 이 어휘를 바탕으로 '解(해)'자가 창제되었고, 다시 [kVR–]형인 '그레[*kreeʔ]'와 유사한 형태의 독음(讀音)이 부여되었을 것이다. 아울러 한국어 조어는 '괴뢰[*görö–]'로, 퉁구스 조어는 '괴라[görä–]'로 남게 되었다고 본다.

이상 알타이조어의 한자 창제설은 사실 최근의 고고학적 발굴로 그 연대와 유래가 부합되는 측면이 많다. 위에서 언급한 대로 중국 황하문명보다 2,000년 이상 앞선 고조선 강토의 요하(遼河)문명의 발굴이 그것인데, 특히 약 7,200년 전의 점복(占卜)용 복골(卜骨)이 발견된 부하(富河)문화, 갑골문 전신이랄 수 있는 도부(陶符)문자가 출토된 약 5,000년 전의 소하연(小河沿)문화 등은 약 3,500년 전 갑골문의 뿌리가 바로 요하문명에 있다는 사실과 그 갑골문을 만든 상나라 상족은 위 언급대로 요하문명 중 하나인 하가점하층문하인들이 남하한 고대 동이족들이었다는 사실들이 그것이다.

이런 고고학적 사실들은 중국 중원의 황하문명보다 2,000여년 이른 시기에 옛 고조선 강역에 강력한 고대 옥기(玉器) 신석기 문명이 있었고, 이는 이미 당시 동북아 최고의 선진 문명이었던 요하문명이었으며, 이들 고대 동이족(특히 하가점하층문화인)의 한 일파인 상족이 최초의 한자인 갑골문을 창제했다는 것이다. 그들이 고대 동이족이기에 개개 한자의 상고한자음과 알타이제어가 그토록 밀접하게 대응하고 있는 것이다. 이렇게 서로 달리 출발한 요하문명의 고고학적 연구성과와 알타이조어 한자 창제론은 맥을 같이 하게 된 것이다.

우리는 요하문명 중 하나인 하가점하층문화인들이 남하하여 세운 나라가 상족(商族)의 상(商)나라이며 이 상족은 고조선족의 한 일파이자 고대 동이족의 한 종족이라 볼 수 있다. 이들 상족의 언어는 원시 알타이제어 공통조어에서 분파된 언어일 것으로 한국어의 먼 조상 말인 고조선계의 고대 동이족 언어였을 것으로 이들 언어를 바탕으로 갑골문이 창제되었다고 주장하는 것이다.

4. 한자의 자체의 변천 및 조자(造字) 원리

고대 동이족인 상나라 상족이 만든 최초의 한자는 지금의 형태와 매우 다른 갑골문이다. 그 갑골문은 시대에 따라 점차 변하여 현재의 모양인 해서(楷書)체를 갖추게 된다. 본 장에서는 먼저 한자의 자체 변천을 살펴보고 아울러 한자가 만들어지는 조자 원리에 대해서 알아본다.

1) 한자의 자체 변천

상(商)나라 상족(商族)이 만든 최초의 한자는 갑골문(甲骨文)으로 지금의 한자 자체와 매우 다르다. 이 갑골문은 후에 대략 금문(金文), 소전(小篆), 예서(隸書) 등의 자체를 거쳐 현재의 해서(楷書)체로 정형화 된다. '魚(물고기 어)'자를 예로 들어, 갑골문①, 금문②, 소전③, 해서④의 각 한자체를 들어보면 아래와 같다. 그림에 보다시피 '魚(어)'자는 물고기를 세워서 그린 글자인데, 갑골문과 금문까지는 실제 물고기 모양과 매우 흡사하다는 것을 알 수 있겠다.

① ② ③ ④

이에 대해 간략히 살펴보면 아래와 같다.

(1) 갑골문(甲骨文)

갑골문이란 갑골(甲骨)에 새겨진 글자란 의미인데, '갑(甲)'은 '껍질 갑', '골(骨)'은 '뼈 골'로서, 즉 '거북이 껍질(甲)'이나 '짐승의 뼈(骨)'에 새긴 문자이다.

갑골문은 고대 동이족인 하가점하층문화인의 일파가 남하하여 세운 상(商)나라(후에는 은나라) 상족(商族)이 만든 문자인데, 상나라는 제정일치의 나라로 국가 대소사를 앞두고 거북이 배딱지나 소 어깨뼈를 이용해 뼈점을 쳤다. 잘 정리된 딱딱한 거북이 배딱지 뒷 면에 홈을 파고 불로 지진 후 반대편에 나타나는 균열을 보고 점을 친 후, 그 점사를 기록해 놓은 것이 바로 갑골문이다.

1881년경 중국 하남성(河南省) 안양현(安陽縣) 소둔촌(小屯村) 일대에서 농부가 밭을 갈다 우연히 발견된 것인데 처음엔 '용골(龍骨)'이라하여 한약재로 쓰였으나 왕의영(王懿榮)이란 사람에 의해 '용골'위에 새겨진 문자가 바로 고대 문자라는 사실을 밝혀내고 그 때부터 연구되기 시작한 것이다. 현재 갑골은 15만여 조각이 넘고 문자 수는 4,600여자가 되는데 그중 1,800자 정도는 해독되었다. 아래는 거북이 배딱지에 새겨진 갑골문 사진이다.

현재 갑골은 15만여 조각이 넘고 문자 수는 4,600여자가 되는데 그중 1,800자 정도는 해독되었다. 아래는 거북이 배딱지에 새겨진 갑골문 사진이다.

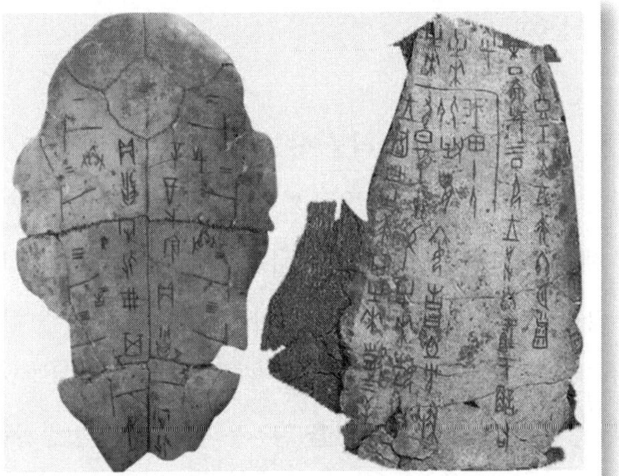

<갑골문>[89]

<여러 갑골문자들>[90]

---

89 왼쪽은 거북이 배딱지, 오른쪽은 동물뼈(소 어깨뼈?)에 새긴 갑골문.
그림 출처 : http: //www.soutu123.cn/png/1838471.html

90 여러 갑골문자와 현재 한자들의 비교 (위는 갑골문자, 밑은 현재 중국 간체자 한자).그림 출처: https://baijiahao.baidu.com/s?id=1616307348758849539&wfr=spider&for=pc

(2) 금문(金文)

금문(金文)이란 청동기 쇠붙이에 새긴 문자란 의미인데 종정문(鐘鼎文)이라고도 불린다. 주로 커다란 청동 종(鐘)이나 솥(鼎: 솥 정)에 새겼기에 붙여진 이름이다. 금문은 청동기에 새겨진 모든 문자를 가리키는 말이라서 엄격히 말하면 상(商)나라 시기에도 있었고, 주(周) 이후에도 존재하지만 문자학에서 금문은 보통 서주(西周) 및 춘추시기까지의 문자만을 일컫는다. 뼈에 새긴 갑골문과 달리 청동기 제작 전 진흙 모형틀 위에 글자를 먼저 새긴 탓에 글자 모양이 부드럽고 회화성(繪畫性)이 강한 것이 특징이다. 유명한 주(周) 선왕(宣王)시기의 모공정(毛公鼎)에는 500여 글자가 새겨져 있다.

<모공정(毛公鼎)과 문자 탁본 일부> [91]

91 출처: http: //www.360doc.com/content/18/0912/20/55228792_786157738.shtml

<서주(西周) 헌후정 금문>[92]

(3) 육국문자(六國文字)와 소전(小篆)

[육국문자(六國文字)]

서주(西周) 및 춘추(春秋)시기 청동기에 새겨진 문자를 금문(金文)이라 일컫는데 반해, 동주(東周) 전국(戰國)시대에 각종 화폐 옥석(玉石) 죽간(竹簡) 등에 새겨진 문자를 '전국문자(戰國)'(또는 '육국문자')라고 부른다. 이 시기는 약육강식의 혼란기인 관계로 각국의 문자 형태가 제각각이었는데, 천하를 통일한 진(秦)나라를 빼고, 한(韓)·위(魏)·제(齊)·조(趙)·연(燕)·초(楚) 여섯 나라의 문자를 '육국(六國)문자'라고 한다. 아래 예로 든 '學(배울 학)'자와 같이 육국 문자는 형태상의 차이가 매우 컸다.

92 자료출처: http: //www.360doc.com/content/15/1005/22/22741532_503500495.shtml

아울러 '者(자)·市(시)·馬(마)' 세 글자의 전국시대 각 나라(진<秦>·초<楚>·제<齊>·연<燕>·삼진<三晉>)의 전국문자 자형을 비교해 보면 아래와 같다.

<육국(六國)문자>[93]

진(秦) 초(楚) 제(齊) 연(燕) 삼진(三晉)

93 전국시대 육국문자의 비교:
자료출처: https://baijiahao.baidu.com/s?id=1697126719209236697&wfr=spider&for=pc

[소전(小篆)]

진(秦)나라 진시황(秦始皇)은 천하를 통일한 후 문자를 개혁하고 통일하게 된다. 본래 진나라의 고유 문자인 대전(大篆)을 바탕으로 민간의 간체(簡體)와 속체자(俗體字)를 참고하여 '소전(小篆)'이라는 새로운 글자체를 만들게 된다. 이 소전은 전례없이 정형화되었고, 부드럽고 공정화된 자형에, 상형성(象形性)도 더욱 부호화(符號化)되었다.

갑골문부터 소전까지의 자체의 변천을 살펴보면 아래와 같다. '馬(말 마), 爲(할 위), 龍(용 룡), 魚(물고기 어), 得(얻을 득)'다섯 글자의 '상(商-갑골문)→서주(西周)→동주(춘추전국시대)→소전(小篆: 진나라)'네 시기별 자체의 변천 도표이다.[94]

	商	西周	東周	小篆
馬				
爲				
龍				
魚				
得				

94 이종구, ≪중국어학개론≫, 한국문화사, 2019. p.51.

(4) 예서(隸書)

진나라의 소전(小篆)체가 과거에 비해 정형화되긴 했으나 여전히 쓰기에 불편했기에 서민과 노예들 사이에서 쓰기 편한 새로운 예서(隸書)체가 생겨난다. 이 예서는 소전의 곡선체 자형을 쓰기 편한 반듯반듯한 네모 형태로 바꾸게 되는데, 많은 부분을 부호화하여 소전까지의 그림문자적인 상형성을 거의 잃어버리게 되어 현재의 한자 모습을 갖추게 된다. 특히 소전체가 가지고 있던 의미를 나타내던 편방이 무원칙하게 해체되어 고문자적 모습을 완전히 잃어버리게 된 측면도 있다. 이 예서는 현재의 해서(楷書)체로 발전하게 된다.

그 뒤 한자 자체는 초서(草書), 행서(行書) 등이 있지만 이들 자형은 문자학적 의미가 적은 서체이기에 설명하지 않기로 한다.

2) 한자의 조자(造字) 원리

전통적으로 한자는 '육서(六書)'의 원리에 의해 만들어졌다 설명한다. 육서란 '상형(象形)·지사(指事)·회의(會意)·형성(形聲)·전주(轉注)·가차(假借)' 등 여섯 가지 조자(造字) 방식을 말하는데, 한자를 이해하는 데 매우 중요하다.

우선 육서에 대해 간략히 소개하고, 특히 중요한 네 가지, '상형(象形)·지사(指事)·회의(會意)·형성(形聲)'에 대해서는 좀 더 자세히 예를 들어 설명해 보고자 한다. 전주와 가차에 대해서는 자세한 설명은 생략하고 한다. 그 이유는 전주는 학술적 의견이 분분하고 가차는 다소 학술적이라 한자 학습에 그다지 큰 도움이 되지 않기 때문이다.

육서를 간단히 도식화해보면 아래와 같다.

(A) 사물을 본뜬 글자 : 독체(獨體)

① 상형(象形): 구체적 모양을 본뜸 : 木, 山, 日, 月 등

② 지사(指事): 추상부호로 표시 : 三, 本, 刃, 上, 下 등

(B) 독체를 합친 글자: 합체(合體)

③ 회의(會意): 뜻 + 뜻 : 明,休,從,衆,病

④ 형성(形聲)(약 90%): 뜻(부수) + 소리

期(기약할 기): 基(터 기): 箕(키 기): 旗(깃발 기):

棋(바둑 기): 碁(바둑 기): 欺(속일 기): 麒(기린 기)

(C) 글자의 응용법:

⑤ 전주(轉注) : 어원(語源: 음과 뜻이 비슷)이 같으나 형체가 다른 글자끼리의 해석.

"考(살필 고), 老(늙을 로)也." "老, 考也."

⑥ 가차(假借) : 이미 있는 한자를 빌려 쓰거나, 음이 같거나 비슷한 글자로 본 자를 대체.

東(보따리<상형>→동쪽<가차>),
其(키<상형>→그<가차>)⇒ 箕(키 기)<형성>,
云(구름<상형>→말하다<가차>)⇒ 雲(구름 운)<형성>

(1) 상형(象形)[95]

상형(象形)에서 '象(상)'은 '코끼리 상'이 아닌 '본뜰 상', '形(형)'은 '모양 형'으로 "모양을 본뜬다"는 뜻으로 사물의 구체적인 모습을 그려 만든 글자이며, 한자의 기본형이라 할 수 있다. 目(눈 목), 木(나무 목), 鳥(새 조), 月(달 월), 火(불 화), 犬(개 견), 豕(돼지 시), 龜(거북 귀) 등 자가 상형자이다. 아래 자체의 변천 과정에서 ①은 갑골문, ②는 금문, ③은 소전, ④는 해서(현재)체이다.

㉠ 目(눈 목): 눈을 그린 글자

글자의 형태변화 : 갑골문→금문→소전→예서

① ② ③ ④

㉡ 木 (나무 목): 나무를 그린 글자.

① ② ③ ④

95 아래 육서에 관한 자체 그림은 左民安,≪細說漢字≫, 2005, 九州出版社.에서 인용.

ⓒ 鳥 (새 조): 새를 그린 글자.

① ② ③ ④

ⓔ 月 (달 월): 달을 그린 글자.

① ② ③ ④

ⓜ 火 (불 화): 불을 그린 글자. 불 꽃은 세 개만 드려 많은 불꽃을 상징적으로 나타냈다.

① ② ③ ④

ⓑ 牛(소 우): 소의 머리 부분만 그린 글자. 위 양쪽 부분은 소의 뿔.

① ② ③ ④

ⓢ 豕 (돼지 시): 돼지를 그린 글자.

① ② ③ ④

◎ 龜 (거북 귀): 거북이를 그린 글자.

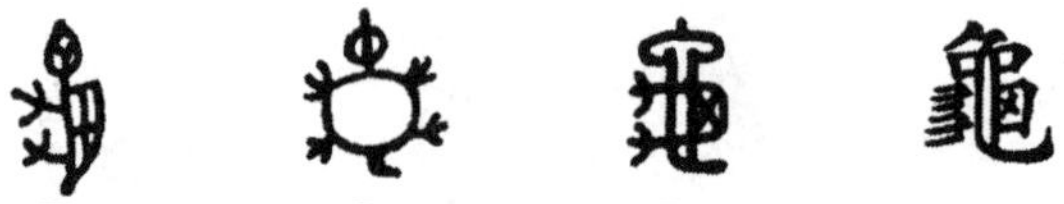

① ② ③ ④

(2) 지사(指事)

'지사(指事)'는 '가리킬 지(指)'와 '일 사(事-개념)'로 '(추상적인) 개념을 (부호로) 가리킨다'는 의미다. 즉, 상형자 위에 어떤 기호나 부호를 표시하여 어떤 사물이나 추상적인 개념을 나타내는 방법이다.

㉠ 本(근본 본): 갑골문의 경우 나무를 그려놓고 작은 타원형 동그라미 세 개로 뿌리(근본)를 가리킨 글자다. 금문에서는 세 검은 점으로 표시했고, 소전에 와서는 가로 획 하나로 나타냈다.

① ② ③ ④

㉡ 末(끝 말): '末(말)'자는 갑골문에 없고, 여기서 ①은 금문으로 '本(본)'자의 도치형 글자라 하겠다. 이 글자는 작대기로 나무의 끝을 표시한 글자다.

① ② ③

ⓒ 亦(또 역): 갑골문에서는 사람을 그려놓고 두 점으로 겨드랑이를 가리킨 글자로 후대의 '腋(겨드랑이 액)'자의 원래 글자다. 즉, '亦(역)'자는 '겨드랑이 역'이라할 수 있는데 나중에 '또'라는 의미로 가차되어버린 관계로 나중에 '腋(겨드랑이 액)'자를 새로 만든 것이다.

① ② ③ ④

ⓔ 母(어미 모): '母'자는 상형으로 보기도 하고 지사로 보기도 한다. 일단 '어머니'는 추상적 의미인데, 이런 의미를 나타내기 위해 '무릎을 꿇고 앉아 있는 젖가슴을 드러낸 여자'를 그려서 표현한 것이다. 따라서 상형으로 보기도 하지만, 여자를 그려놓고 점 두 개로 어머니의 상징인 젖가슴을 가리킨 지사자로 보기도 한다.

① ② ③ ④

(3) 회의(會意)

'모일 회(會)' '뜻 의(意)', 즉 뜻(意)을 나타내는 두 글자(또는 그 이상)를 합쳐(會) 새로운 글자를 만드는 방법이다. 여기에는 '林(수풀 림)·明(밝을 명)·休(쉴 휴)' 등자가 있다.

㉠ 明(밝을 명) : '날 일(日)'자와 '달 월(月)'자를 합쳐 '밝을 명(明)'자를 만들었다. 해(日)와 달(月)을 합쳐 놓았으니 당연히 밝은 것이다.

① ② ③ ④

㉡ 見(볼 견): 갑골문으로 보면 사람(어진사람 인<儿>)위에 큰 눈(目) 하나를 그려놓아 '본다'는 의미의 '見(볼 견)'를 만들었다.

① ② ③ ④

㉢ 鳴(울 명) : 갑골문에는 '口(입 구)'자와 '鳥(새 조)'자를 합쳐 '울다'라는 '鳴(울 명)'자를 만들었다. '새의 입'이라면 누구나 지저귄다는 의미가 떠오르기 마련이다.

① ② ③ ④

㉣ 休(쉴 휴): 갑골문에 보면 '木(나무 목)'자와 '人(사람 인)'자가 합쳐진 글자이다. '쉰다'라는 추상적 의미를 '사람(人)이 나무(木)에 기대어 쉰다'라는 의미로 두 글자를 합쳐 표현해 낸 글자다.

① ② ③ ④

(4) 형성(形聲)

형성은 뜻을 나타내는 글자와 음을 나타내는 글자를 합쳐 새로운 글자를 만드는 조자 방법으로 상용자의 약 70%, 5-6만 전체 한자 중 약 90%를 차지하는 중요한 조자 방식이다. 두 예만 들어보면 아래와 같다.

㉠ '其(기)'음 형성자 : 잎 긱 부수자는 뜻을 나타내며, '其(기)'는 음을 나타낸다.

基(터 기): 土(흙 토) + 其(기) → '터'는 흙(땅)위에

箕(키 기): 竹(대나무 죽) + 其(기) → '키'의 재질은 대나무

期(기약할 기): 月(달 월) + 其(기) → '약속'은 달에 따라

棋(바둑 기): 木(나무 목) + 其(기) → '바둑'판은 나무

碁(바둑 기): 石(돌 석) + 其(기) → '바둑'돌

欺(속일 기): 欠(하품 흠) + 其(기) → '속일 때'는 입을 벌려

麒(기린 기): 鹿(사슴 록) + 其(기) → '기린'은 사슴과

㉡ '古(고)'음 형성자들: 각 부수자는 뜻을 나타내고 '古(고)'자는 음을 나타낸다.

苦(쓸 고): ++(풀 초) + 古(고) → 풀(++)은 쓰다

枯(마를 고): 木(나무 목) + 古(고) → 나무(木)가 마르다

姑(시어미 고): 女(계집 녀) + 古(고) → 시어미(姑)는 여자(女)

鈷(다리미 고): 金(쇠 금) + 古(고) → 다리미(鈷)는 쇠(金)

軲(수레 고): 車(수레 차) + 古(고) → 수레(車)

蛄(땅강아지 고): 虫(벌레 충) + 古(고) → 땅강아지(蛄)는 벌레(虫)
跍(걸터앉을 고): 足(발 족) + 古(고) → 발(足)로 걸터앉음(跍)
眡(노려볼 고): 目(눈 목) + 古(고) → 눈(目)으로 노려봄(眡)
咕(투덜거릴 고): 口(입 구) + 古(고) → 입(口)으로 투덜거림(咕)
罟(그물 고): 罒(그물 망) + 古(고) → 그물(罟)

[특수한 형성자의 발생]

일부 형성자는 원래 상형자에 음을 나타내는 부분을 삽입하여 형성자를 만들거나, 본래 의미를 잃어버리고 다른 의미로 가차(假借)되어 새로 형성자를 만드는 경우도 있다.

ⓒ 齒(이 치) : '(뜻: 앞 치아) + 止(음: 지)'

아래 갑골문① 형태로 보면 '齒(치)'자는 벌린 입에 위 아래 치아를 그린 글자라는 것을 알 수 있다. 즉 갑골문상의  는 상형자이다. 그러나 금문에 오면 음을 나타내는 '止(지)'자를 붙여 형성자 '齒(치)'자를 새로 만들었다. 즉, 상형의 (상형)가 '(뜻: 앞 치아) + 止(음: 지)'형태의 형성자로 바뀐 것이다.

① ② ③ ④

㉣ **鼻(코 비)** : '自(뜻: 코) + 畀(음: 비)'

아래 갑골문① 이하 '自(자)'자의 모습은 얼굴의 코를 그린 전형적인 상형자다. 그러나 이 '自(자)'자는 후에 '코'라는 뜻은 없어지고 '스스로'라는 의미로 가차(假借)된 후, '自(자)'에 음을 나타내는 '畀(비)'자를 덧붙여 '코'란 의미의 '鼻(코 비)'자를 새로 만들게 된다. 따라서 아래와 같은 방향으로 글자가 변한 것이다.

'自(상형: 코) → 스스로(가차) → 鼻(형성)<自(뜻)+畀(음)>'

① ② ③ ④

㉤ **雲(구름 운)**: '雨(뜻: 날씨) + 云(음: 운)'

갑골문①·금문②의 '云'은 모두 구름을 그린 문자인데, '云'자가 '말하다·가라사대'의 뜻으로 가차되자 뜻(날씨)을 나타내는 '雨'자를 덧붙여 '雲'자를 새로 만들었다. 따라서 '云'자는 상형자(구름)고 '雲'자는 '雨(뜻-날씨)+云(음-운)'의 형성자다.

'云(상형: 구름) → 말하다(가차) → 雲(형성: 雨<뜻>+云<음>)

① ② ③ ④

(5) 전주(轉注)

전주에 대한 학설은 수십 가지가 되나 가장 설득력 있는 학설은 "어원(語源: 음과 뜻이 비슷)이 같으나 형체가 다른 글자끼리의 해석"이라고 할 수 있다[96]. 즉 고문헌에서 "考(고)는 老(로)다(考, 老也.)"와 "老(로)는 考(고)다(老, 考也.)"라는 훈석이 바로 그것이다. 바꿔말하면 '考(고)'와 '老(로)'가 같은 의미의 어원이 같은 글자라는 뜻이다. 즉 두 글자가 형체는 다소 다르지만 그 의미와 음이 서로 같거나 매우 유사하다는 것을 나타내는 것이다. 두 글자의 자형을 살펴보자.

①　②　③　④

①　②　③　④

두 글자의 갑골문 ①은 모두 허리 굽은 노인이 지팡이를 집고 있는 모습을 그린 것이다. 또 두 글자의 음은 현재 '고(考): 로(老)'다르지만, 상고시기의 한자음은 각각 '크루[khluuʔ](考) : 루[ruuʔ](老)'[97]로 매우 흡사하다 하겠다.

---

96 林尹, ≪文字學概說≫, 正中書局, 1971년, 151쪽.

97 정장상방(2013: 392,387) 상고한자음.

(6) 가차(假借)

이미 있는 한자를 빌려 쓰거나, 음이 같거나 비슷한 글자로 본 자를 대체하는 것을 가차라고 부른다. 예컨대, '蝴(나비 호)'자를 '胡(오랑캐 호)'자로 쓰거나 대체하는 것이 그것이다.

이미 있는 한자를 빌려 쓰는 경우는 위에서 설명한 대로 '自(자)' '云(운)'자가 그것이다. 즉, 원래 코를 그린 '自'자를 코가 아닌 '스스로 자(自)'로 쓸 경우, 또 본래 구름을 그린 '云(운)'자를 구름이 아닌 '말하다'란 의미의 '이를 운(云)'으로 사용하면 이를 가차라고 한다.

아래 두 글자의 예를 더 들어보면 아래와 같다.

㉠ 東(동녘 동): 갑골문①·금문②의 '東(동)'자는 '짐 보따리'를 그린 문자다. 그런데 이 글자를 '동쪽'이란 의미의 '동녘 동(東)'으로 사용하는 것이 바로 가차다.

① ② ③ ④

㉡ 其(그 기): 갑골문①·금문②의 '其(기)'자는 곡식을 까부는 농기구 '키'를 그린 글자다. 그런데 현재 이 '其(기)'자는 '그것'이라는 의미의 '그 기(其)'로 쓰고 있는데, 이것이 바로 가차다.
반면 없어진 '키'의미의 글자로는 대나무 '竹'자를 덧붙여 '箕(키 기)'자를 새로 만들었는데, 이 자가 바로 '竹(뜻: 키)+其(음: 기)'의 형성자가 되는 것이다.

① ② ③ ④

5. 부수와 형성을 통한 효과적인 한자 학습

한자는 그림문자, 즉 대략 300자 내외의 상형자에서 시작되었으므로 출발은 표의(表意)문자다. 한자의 핵심 기본 글자의 경우, 일부 지사와 회의자를 합쳐도 500자 내외를 그다지 넘지 않는다. 그러나 이 기본 글자들이 형성이란 새로운 조자 원리를 도입하면 대략 100배가 늘어 50,000여 자로 불어난다. 이들 형성자는 이미 표의문자가 아니라 넓은 의미의 표음문자라 할 수 있다.

가장 효과적인 한자 학습법은 바로 부수와 형성의 이해다.

왜냐하면, 총 5만여의 한자는 모두 214부수로 분류되어 있으며, 5만여 한자의 90% 이상, 즉 4만 5천자 이상이 형성자이기 때문이다.

우선 부수는 그 글자의 대체적 의미나 속성을 나타내기 때문에 부수만 알아도 그 글자의 뜻을 최소 50% 이상 알 수 있다. 그리고 대부분의 부수자가 기본적인 상형자들이기에 다른 글자들에서도 중요한 역할을 하게 된다.

형성자는 총 한자의 90% 이상, 4만 5천자 이상을 차지하기 때문에 형성의 이해는 한자 이해에 있어 매우 중요하다. 형성자는 뜻을 나타내는 의부(義符)자와 음을 나타내는 성부(聲符)자가 합쳐져 이루어진 글자이다. 그런데, 이 형성은 구조적으로 부수와 보완관계를 이루는데, 바로 형성의 뜻을 나타내는 의부(義符) 글자의 대다수가 부수자라는 사실이다.

간단히 정리를 한다면 아래의 도식 관계가 된다.

뜻 부분(214부수+알파=기본 300자) + 음 부분 ⇒ 약 45,000 한자

형성자

그러니까 부수는 자체가 기본 글자이면서, 또 형성의 한 축인 표의부분(의미 요소)을 대표하기에 이들과 표음 부분이 합쳐지면 4만 5천자 이상의 한자가 만들어지는 것이다.

1) 부수의 중요성

현재 총 부수(部首) 수는 214개이다. 원래 부수는 ≪설문해자(說文解字)≫(AD. 100 東漢 허신(許愼)저)의 540부수로 출발하여, 명(明)나라 매응조(梅膺祚)의 ≪자휘(字彙)≫에 와서 오늘날의 214부수로 정해졌다. 한국·일본·대만 등에서는 아직 이 부수를 사용하지만, 현재 중국에서는 약간 변형된 부수를 사용한다.

부수가 한자 학습에서 중요한 점은 전체 5만여 한자를 모두 이 부수로 나누어 놓았다는 점 때문이다. 그러니까 모든 한자가 다 자신이 소속된 부수를 지니고 있다. 그런데 이 부수는 일반적으로 그 글자의 '중심의미'를 나타내며, 부수 자체가 기본적인 상형자이기에, 부수만 제대로 알면 최소한 그 글자의 대체적인 의미나 성격·분류 등을 알 수 있다. 물론 과거 명나라때 형체 중심으로 정해

진 부수이므로 무의미하고 불합리하거나 현재의 갑골문 등 고문자학적 연구성과와 맞지 않는 부분도 없지 않다. 하지만 대다수의 부수는 아직도 여전히 개념적 의미가 돋보이는 등 학습 가치가 뛰어나다 하겠다.

예컨대, 桐(오동나무 동)에서 부수 '木'은 '桐'의 대체적 뜻(속성 혹은 중심의미)을 나타내는 것이다. 그러니까 '桐'은 부수가 '나무 목(木)'이므로 나무 종류란 의미다. '銅(구리동)'은 부수가 '金'이므로 쇠붙이 종류를 의미하는 것이다.

아래 '벌레 충(虫)' 부수자들을 보면 모두 벌레의 의미가 있다는 사실을 알 수 있다.

蚊(모기 문), 蚄(며루 방), 蚍(왕개미 비), 蚣(지내 공), 蚜(진딧물 아), 蚙(벌레가 줄지어갈 금), 蚡(두더지 분), 蜻(귀뚜라미 청), 蛉(잠자리 령), 蜉(하루살이 부), 蛤(대합조개 합), 蛾(나방 아), 蜂(벌 봉), 蟻(개미 의), 蟹(게 해), 蝴(나비 호), 蝟(고슴도치 위), 蛀(나무좀 주), 蛟(교룡 교), 蚪(올챙이 두), 蚵(도마뱀 가), 蛅(쐐기 점), 蛃(반대좀 병), 蛄(땅강아지 고), 蚼(개미 구), 蚶(새고막조개 감), 蛐(지렁이 곡), 蛔(거위 회), 蛣(장구벌레 길), 蛢(풍뎅이 병), 蛚(귀뚜라미 렬), 蜈(지네 오)

2) 형성(形聲)의 중요성

위에서 이미 얘기했다시피 형성이란 뜻을 나타내는 글자와 음을 나타내는 글자를 합쳐 새로운 글자를 만드는 방법인데, 전체 한자의 90% 이상을 차지한다. 따라서 500여의 상형자 등 기본 글자를 알고, 이 형성 원리를 이해할 수 있으면, 45,000자 이상의 한자를 그 음과 뜻을 유추할 수가 있게 된다.

음이 '동(同)'인 형성자들을 예로 들어 설명해 보면 아래와 같다.

음이 '同(동)'인 형성글자들	뜻 부분	소리 부분
	부수 → 중심의미	
桐(오동나무 동)	木 (나무 목 → 나무종류)	동(同)
洞(골 동)	水(물 수 → 물과 관계)	동(同)
銅(구리 동)	金(쇠 금 → 쇠붙이 종류)	동(同)
餇(음식 동)	食(밥 식 → 음식종류)	동(同)
粡(궂은쌀 동)	米(쌀 미 → 쌀종류)	동(同)
駧(말달릴 동)	馬(말 마 → 말과 관계)	동(同)
衕(거리 동)	行(다닐 행 → 다니는 것과 유관)	동(同)
酮(말젖 동)	酉(닭 유<술 유> → 발효식품과 유관)	동(同)
胴(큰창자 동)	月 · 肉(고기 육 → 육체와 유관)	동(同)
哃(큰소리칠 동)	口(입 구 → 입과 유관)	동(同)
姛(여자의 성품이 곧을 동)	女(계집 녀 → 여자와 유관)	동(同)
峒(산이름 동)	山(뫼 산 →산과 관계있음)	동(同)
挏(밀었다당겼다할 동)	扌· 手(손 수 → 손과 관계)	동(同)
硐(갈 동)	石(돌 석 → 돌과 관계<돌을 갊>)	동(同)
秱(벼무성할 동)	禾(벼 화 → 벼와 관계)	동(同)
烔(뜨거운모양 동)	火(불 화 → 불과 관계)	동(同)
絧(베이름 동)	糸(실 사 → 실과 관련)	동(同)

茼(쑥갓 동)	++(풀 초 → 풀과 관련)	동(同)
鮦(가물치 동)	魚(고기 어 → 물고기와 관계)	동(同)
迵(지날 동)	辶(쉬엄쉬엄갈 착 → 가는 것과 유관)	동(同)
狪(짐승이름 동)	犭·犬(개 견 → 짐승과 관련)	동(同)

'文(문)'으로 읽는 글자들 예를 들어보면 아래와 같다.

汶(내이름 문), 紊(어지러울 문), 紋(무늬 문), 妏(낳을 문), 彣(벌겋고 퍼런빛 문), 忞(힘쓸 민), 抆(닦을 문), 炆(따뜻할 문), 苂(범의귀 문), 鈫(돈단위 문), 魰(문어 문), 鳼(메추리새기 문)

'方(방)'으로 읽는 글자들을 예로 들면 아래와 같다.

坊(동네 방), 妨(방해할 방), 彷(거닐 방), 旁(두루 방), 昉(마침 방), 枋(다목 방), 榜(방붙일 방), 滂(비퍼부울 방), 磅(돌떨어지는소리 방), 紡(자을 방), 肪(기름 방), 膀(쌍배 방), 舫(배 방), 芳(꽃다울 방), 蒡(인동덩굴 방), 訪(찾을 방), 謗(헐뜯을 방), 防(둑 방), 仿(헤맬 방), 嗙(웃을 방), 埅(막을 방), 塝(밭두둑 방), 徬(시중들 방), 搒(배 저을 방), 汸(세차게흐를 방), 澇(물이름 방), 瓬(오지그릇 방), 魴(방어 방), 鈁(준 방), 邡(고을이름 방), 螃(방게 방), 雱(눈올 방), 牥(좋은소 방), 篣(키 방)

정리를 하면 우리는 부수(214개 + 알파 = 약 3–500자)를 알고 형성의 원리만 알면 45,000자 이상 한자들의 뜻과 음을 유추해 알 수 있게 된다.

다시 부연 설명하면, 총 5-6만 한자의 90% 이상, 즉 45,000자 이상이 형성자다. 이들 형성자는 '뜻 글자 + 음 글자'로 이루어져 있는데, '뜻 글자'가 바로 부수다. 형성의 원리에 의하면, 부수(214자)를 통해 해당 한자의 개념을 파악할 수 있고, 음 부분으로 음을 알 수 있게 된다. 이렇게 하여 우리는 대략 3-500자 정도의 기본 글자만 알고도 45,000자 이상의 한자들의 음과 뜻을 유추할 수 있게 되는 것이다.

3) 부수와 형성으로 파생되는 한자 예

아래 표는 부수와 형성의 올바른 이해를 통해 얼마나 많은 한자를 알 수 있게 하는 가의 예이다.

'柯(자루 가)'자는 뜻을 나타내는 '木(목)'과 음을 나타내는 '可(가)'자가 합쳐져 이루어진 글자다. 즉,

柯(자루 가) = 木(뜻<부수>: 나무) + 可(음: 가)

위의 형태로 구성된 글자다. 여기서 만약 부수 '木(나무 목)'자의 용도를 알게 되면 도표 왼쪽과 같이 '木'자가 들어가서 만들어진 수많은 글자를 알 수 있게 되며, 또 형성으로서의 표음 부분인 '可(가)'를 알게 되면 역시 도표 다음과 같이 '可(가)'로 소리를 얻는 수많은 형성자를 유추해 알 수 있는 것이다. 이와 같이 부수와 형성의 이해는 한자 학습에 매우 큰 도움이 된다.

'木(목)'부수자				음이 '可(가)'인 형성자			
모두 나무와 관련있음	고무래 팔	朳	柯 (자루가) 木 + 可		음과 훈	구조	부수 설명
	후박나무 박	朴		可	옳을 가		
	나이테 력	朸		⿰骨可	허리 뼈 가	骨(뼈골) + 可	뼈의 일종, 음은 "가(可)"
	책상 궤	机		苛	매울 가	++(풀초) + 可	매운 풀(++)
	나무빽빽할 삼	森		訶	꾸짖을 가	言(말씀언)+ 可	말로 꾸짖다
	삼나무 삼	杉		呵	꾸짖을 가	口(입구)+ 可	입으로 꾸짖다
	산 뽕나무 자	柘		軻	굴대 가	車(수레거)+ 可	수레에 굴대가 있음
	목수 자	杍		珂	흰 옥돌 가	玉(구슬) + 可	옥(玉) 종류
	살구나무 행	杏		坷	평탄하지 않을 가	土(흙토)+ 可	흙(土)의 형태
	재목 재	材		岢	산이름 가	山 + 可	산(山)과 관련
	가래나무 재	梓		⿰氵苛	강이름 가	水 + 可	강은 물(水)
	자루 표	杓		魺	복어 가	魚 + 可	복어는 물고기(魚)
	녹나무 장	樟		炣	불 가	火(불화)+ 可	불(火)과 관련
	지팡이 장	杖		牁	배말뚝 가	爿(널조각장)+ 可	배말뚝은 널조각 종류
	팥배나무 두	杜		笴	화살대 가	竹 (대죽)+ 可	화살대는 대나무로 만듬
	소나무 송	松		舸	큰배 가	舟(배주)+ 可	배(舟)종류
	널빤지 판	板		蚵	도마뱀 가	虫(벌레충)+ 可	도마뱀은 벌레종류
	비파나무 비	枇		哥	노래 가	+ 可	
	기둥 말	枺		⿰酉可	쓴 술 가	酉(술주)+ 可	술(酉)종류
	나무이름 백	栢		⿰齒可	물 가	齒(이치)+ 可	이빨(齒)로 물다
	계수나무 계	桂		⿰氵哥	진창 가	水(물수)+ 可	물(水)이 많아 진창
	그루 주	株		歌	노래 가	欠(하품흠)+ 可	입을벌려(하품흠) 노래함
	복숭아나무 도	桃		謌	노래 가	言(말씀언)+ 可	노래는 말(言)과 관련
	버들 류	柳					

4) 부수 총표

(가) 부수의 이름 문제

현재 한국에 통용되는 한자 자전 상의 일부 전통 부수명에는 문제가 있다. 이는 부수명을 아무런 문자학적 의미 없이 단순한 분류 목적만으로 붙여 써온 데 따른 문제로 최근의 고문자학적 연구 결과와 다르기 때문이다.

부수의 효용은 결코 한자 자전 상의 용이한 분류에만 있는 것이 아니다. 우리가 부수를 학습하는 목적은 해당 부수의 이해를 통해 그 부수로 구성된 글자들을 쉽고 정확하게 이해하고자 하는데 있는 것이다.

따라서 아래 부수 총표에는 고문자학적 연구 결과에 합당한 최근의 통용되는 부수명을 적시했다. 그러나 비교 검토상의 편리를 위해 기존의 전통적인 부수명도 괄호 안에 묶어 표시했다. 예컨대 '扌(手) 손 수(재방변)'나 '攴(攵) 칠 복(등글월문)' 등이 그러하다. 부수 '扌(수)'는 '손 수', '攴(복)'은 '칠 복'으로 배워야 의미가 있지 전통 부수명대로 '재방변' '등글월문'으로 익히면 학습면에서나 문자학적으로 아무런 쓸모가 없게 된다.

(나) 214 부수 총표

1획 一 한 일, 丨 뚫을 곤, 丶 점 주, 丿 삐침 별, 乙(乚)새 을, 亅 갈고리 궐,

2획 二 두 이, 亠 돼지해머리, 人(亻) 사람 인, 儿 어진사람 인, 入 들 입, 八 여덟 팔, 冂 멀 경, 冖 덮을 멱(민갓머리), 冫 얼음 빙(이수변), 几 안석 궤, 凵 입벌릴 감(위터진입구), 刀(刂) 칼 도, 力 힘 력, 勹 쌀 포, 匕 숟가락비(비수 비), 匚 상자 방(터진입구), 匸 감출 혜(터진에운담), 十 열 십, 卜 점 복, 卩(㔾) 병부 절, 厂 언덕 한(민엄호), 厶 사사로울사(마늘모), 又 또 우,

3획 口 입 구, 囗 에울 위(큰입구), 土 흙 토, 士 선비 사, 夂 뒤져올 치, 夊 천천히 걸을 쇠, 夕 저녁 석, 大 큰 대, 女 계집 녀, 子 아들 자, 宀 집 면(갓머리), 寸 마디 촌, 小 작을 소, 尢 절름발이 왕, 尸 주검 시, 屮 왼손 좌, 山 뫼 산, 巛(川) 내 천(개미허리), 工 장인 공, 己 몸 기, 巾 수건 건, 干 방패 간, 幺 작을 요, 广 집 엄(엄 호), 廴 발길게끌며걸을 인(민책받침), 廾 들 공(밑스물입), 弋 주살 익, 弓 활 궁, 彐(彑)돼지머리 계(튼가로왈), 彡 터럭삼, 彳 조금걸을 척(두인변), 忄(心) 마음 심(심방변), 扌(手) 손 수(재방변), 氵(水) 물 수(삼수변), 犭(犬) 개 견, 阝(邑) 고을 읍(우부방), 阝(阜) 언덕 부(좌부변), 辶(辵) 쉬엄쉬엄갈 착(책받침),

4획 心(忄) 마음 심, 戈 창 과, 戶 지게 호, 手(扌)손 수, 支 지탱할 지, 攴(攵) 칠 복(등글월문), 文 글월 문, 斗말 두, 斤 도끼 근, 方 모 방, 无 없을 무, 日 날 일, 曰 가로 왈, 月 달 월, 月(肉) 고기 육, 木 나무 목, 欠 하품 흠, 止 그칠 지, 歹 살발린뼈 알(죽

을 사), 殳 몽둥이 수(갖은 등글월 문), 毋 말 무, 比 견줄 비, 毛 털 모, 氏 성 씨(각시씨), 气 기운 기, 水(氵) 물 수, 火(灬) 불 화, 灬(火) 불 화(연화발), 爪(爫)손톱 조, 父 아비 부, 爻 점괘 효, 爿 나무조각 장(장수장변), 片 조각 편, 牙 어금니 아, 牛 소 우, 犬(犭) 개 견, 耂(老) 늙을 로엄, 艹(艸) 풀 초(초두),

5획 玄 검을 현, 玉(王) 구슬 옥, 瓜 오이 과, 瓦 기와 와, 甘 달 감, 生 날 생, 用 쓸 용, 田 밭 전, 疋 발 소(필 필,짝 필), 疒 병들어 자리에 누을 녁(병질엄), 癶 걸을 발(필발머리), 白 흰 백, 皮 가죽 피, 皿 그릇 명, 目 눈 목, 矛 창 모, 矢 화살 시, 石 돌 석, 示(礻) 보일 시, 禸 짐승발자국 유, 禾 벼 화, 穴 구멍 혈, 立 설 립, 罒(网) 그물 망, 衤(衣) 옷 의,

6획 竹 대 죽, 米 쌀 미, 糸 실 사, 缶 장군 부, 网(罒) 그물 망, 羊 양 양, 羽 깃 우, 老(耂) 늙을 로, 而 말이을 이, 耒 쟁기 뢰, 耳 귀 이, 聿 붓 율, 肉(月) 고기 육, 臣 신하 신, 自 스스로 자, 至 이를 지, 臼 절구 구, 舌 혀 설, 舛 어그러질 천, 舟 배 주, 艮 간괘 간, 色 빛 색, 艸(艹) 풀 초(초두), 虍 범 호엄(호랑이무늬 호), 虫 벌레 훼(벌레 충), 血 피 혈, 行 다닐 행, 衣(衤) 옷 의, 襾 덮을 아,

7획 見 볼견, 角 뿔 각, 言 말씀 언, 谷 골 곡, 豆 콩 두, 豕 돼지 시, 豸맹수 치, 벌레 치(갖은돼지 시), 貝 조개 패, 赤 붉을 적, 走 달릴 주, 足 발 족, 身 몸 신, 車 수레 거, 辛 매울 신, 辰 별 진, 辵(辶)쉬엄쉬엄갈 착(책받침), 邑(오른쪽⻏) 고을 읍, 酉 닭 유, 釆 분별할 변, 里 마을 리,

8획 金 쇠 금, 長 긴 장, 門 문 문, 阜(왼쪽⻖) 언덕 부, 隶 미칠 이, 隹 새 추, 雨 비 우, 靑 푸를 청, 非 아닐 비,

9획 面 낯 면, 革 가죽 혁, 韋 가죽 위, 韭 부추 구, 音 소리 음, 頁 머리 혈, 風 바람 풍, 飛 날 비, 食 먹을 식, 首 머리 수, 香 향기 향,

10획 馬 말 마, 骨 뼈 골, 高 높을 고, 髟 터럭발밑, 鬥 싸움 투, 鬯 술 창, 鬲 솥 력, 鬼 귀신 귀,

11획 魚 고기 어, 鳥 새 조, 鹵 소금밭 로, 鹿 사슴 록, 麥 보리 맥, 麻 삼 마,

12획 黃 누를 황, 黍 기장 서, 黑 검을 흑, 黹 바느질할 치,

13획 黽 맹꽁이 맹, 鼎 솥 정, 鼓 북 고, 鼠 쥐 서,

14획 鼻 코 비, 齊 가지런할 제,

15획 齒 이 치,

16획 龍 용 룡, 龜 거북 구 ,

17획 龠 피리 약.

제2부

중국 명언名言·명구名句로 익히는 한자

본 제2부에서는 중국의 명언·명구(名言·名句)를 중심으로 실질적으로 관련 한자와 한자어를 익히고, 그 문장의 해석과 유래(由來) 등의 분석을 통해 의미와 지혜를 더듬어 보고자 한다.

우선, 관련 한자와 한자어 부분에서는 형성(形聲)을 설명의 중심축으로 삼고자 한다. 물론 부수(部首)도 한자 학습에 중요한 역할을 하지만, 부수에 관해서는 이미 대중들에 익숙해져 있는 반면, 형성으로 한자를 이해하는 시도(試圖)는 많지 않기에 이 책에서는 주로 형성의 원리로 설명해 나가고자 한다.

형성자는 전체 한자의 약 90%에 해당하며 뜻 글자인 한자가 표음화(表音化)해 가는 중요한 조자(造字) 원칙이기에 형성의 원리를 아는 것은 한자를 이해하고 파악하는데 매우 중요하다.

이 책의 내용을 읽다 보면 필자의 주장과 달리 의외로 형성의 예가 많지 않다 하여 그 중요성을 무시할 수도 있겠으나, 이는 이 책이 상용(常用) 한자 위주로 집필되었고 어려운 한자들을 가능한 배제했기 때문에 표면상 그렇게 보이는 것뿐이다. 사실 상용자 중에는 형성자가 많지 않다고 할 수는 있겠으나 그렇다고 무수히 많은 고급 한자들의 음(音)과 의미(意味)를 유추(類推)해 낼 수 있는 형성의 중요성은 간과할 수 없다.

예컨대, 우리 책 11조(條) <和而不同(화이부동)>조의 [同(동)성] 자에서는 '同(한가지 동)-銅(구리 동)-洞(골 동)-桐(오동나무 동)' 등 상용자(常用字) 네 글자만 예시로 들었다. 그러나 아래에서 보는 바와 같이 이 책에 수록되지 않은 어려운 [同(동)성] 글자들은 매우 많다.

胴(큰창자 동), 侗(무지할 동), 哃(큰소리칠 동), 垌(항아리 동), 峒(산이름 동), 姛(여자의 성품이 곧을 동), 挏(밀었다 당겼다할 동), 茼(쑥갓 동), 粡(궂은 쌀 동), 烔 (뜨거운 모양 동), 秱(벼무성할 동), 硐(갈 동), 絧(베이름 동), 駧(말달릴 동), 狪(짐승이름 동), 鮦(가물치 동), 餇(음식 동), 酮(말젖 동), 迵(지날 동), 詷(한가지 동), 衕(거리 동), 霘(물살급할 동) 등

우리가 만약 부수를 포함한 300자 정도의 기본 한자에 형성의 원리만 익힌다면 위 모든 글자들의 음과 훈을 어느 정도 유추해 낼 수 있는 것이니 형성의 중요성은 결코 무시될 수 없을 것이다.

아울러, 명언 명구를 토론의 중심축으로 삼은 이유는 자칫 무미건조(無味乾燥)해질 수 있는 한자 학습에, 고사(故事)가 동반되는 고대인들의 명언들을 통해 흥미(興味) 진작(振作)과 인격도야(人格陶冶)라는 두 가지 목표를 달성하기 위해서이다. 명언들은 안에 담긴 이야기가 매우 흥미로울 뿐 아니라 그 의미가 매우 깊어 우리에게 여전히 큰 삶의 지혜를 안겨 줄 수 있는 것이다. 이는 한자 학습이 가져다주는 실용에 더해 지혜함양(智慧涵養)이라는 또 다른 효과이기도 하다.

<범례>

1. 이 책 수록 명언 명구는 '季羡林 148句 古詩词(계선림 148구 고시사)' 중 한(漢) 이전 문헌 출전 명구를 우선적으로 선택하였다.
2. 본문에서 인용한 문헌의 출처는 대부분 각주로 처리하되, '인명, 문헌명, 출판사, 연도, 쪽수' 순서로 기재한다. 예컨대..
   "성백효, ≪현토완역 논어집주≫, 전통문화연구회, 2012, 451쪽."
   하지만, 각 쪽의 편폭에 제한이 있을 경우, 본문 중간에 "성백효(2012: 451)" 와 같은 방식으로 넣기도 한다.
3. 표제 한자의 음훈(音訓)은 민중서림의 ≪한한대자전(漢韓大字典)≫(2009)에 근거하되, 필요에 따라 ≪우리말 한자어 속뜻사전≫(전광진 2011)을 참고했다.
   예컨대, 한 한자가 여러 뜻으로 쓰일 경우, 해당 한자어에 맞는 훈은 ≪우리말 한자어 속뜻사전≫을 따른 예가 많다. 예컨대, 匹馬(마리 필), 匹敵(짝 필).
4. 해당 명언 명구에서 안중근(安重根) 의사(義士)의 유묵(遺墨)이 있을 경우 사진으로 실었다.
5. 각 명언 항목의 <관련 한자>에서는 형성(形聲) 위주로 한자(가능한 상용자 위주)와 단어를 설명했다.
6. 부수가 비록 한자 학습에 매우 중요하지만, 본 책은 형성(形聲)의 원리로 한자를 이해하자는 취지로 편집되었으며, 또 각 쪽의 편폭 제한으로 전반적 부수자 설명은 충분하지 못하다.
7. 형성자는 상용자(常用字) 위주로 실었다. 예컨대, '滿(만)성'자 들 중에서 "樠(송진 만), 㥼(잊을 만), 鏋(금 만), 顢(얼굴클 만), 懣(번민할 만), 襔(옷 만), 鬗(머리길 만), 滿(넘칠 만)" 등 어려운 글자들

은 싣지 않았다.

8. 같은 형성자들도 시대 변천에 따라 음이 변한 것들이 있다. 이 글자들이 같은 형성자라는 사실을 알기 위해서는 3,000년 전 한자음(중국 상고음)을 살펴보아야 한다. 본 책의 인용 상고음은 정장상방(鄭張尙芳)(2013)음을 따랐고, [*]로 묶어 표시했으며, 일반 독자들의 가독성을 높이고자 최대한 비슷하게 한글로 그 음을 표기해보았다. 예컨대. '데우스[*dews](召)-디에우스[*tjews](照)-테우[*thew](超)'
9. 본서 갑골문은 "漢語大字典編輯委員會, ≪漢語大字典≫(총8권), 湖北辭書出版社, 1986."를 주로 참고했으며, 참고 권수와 쪽수는 편폭을 고려하여 간단하게 '≪漢語大字典≫(1: 364)'의 형식으로 표시했다.
10. 본서는 한자 학습서이기에 가능한 많은 양의 한자(漢字)를 한글과 함께 괄호 안에 노출(露出)시켜 책을 읽어 나가는 중에 자연스럽게 한자의 독음을 익힐 수 있도록 했다.
11. 명언의 번역문은 직역에 충실했으며, 한자(漢字) 한 글자 한 글자가 어떻게 해석되는지 한글 번역문 뒤에 괄호를 묶어 살펴보기에 편하도록 배열했다.

○ 生於憂患, 死於安樂. ≪맹자·고자(告子)하≫

번역 우환에서(於憂患) 살아나고(生), 안락에서(於安樂) 죽는다(死).

위 원문의 한문 문장에서 각 글자들이 실제 어떻게 번역되는지 번역문에 나타내 보였다. 예컨대, '生於憂患'에서 '於憂患'은 '우환에서'로 번역된다는 사실을 표기하였다.

1

≪논어(論語)≫

≪논어≫는 ≪맹자≫≪중용≫≪대학≫과 더불어 사서(四書)에 속하는 중요한 유교경전으로, 공자(孔子 : BC. 551-479) 사후 후대의 유가 제자들이 스승인 공자의 언설(言說)을 모아 편찬한 책이다. 공자(孔子)는 세계 사대 성인(聖人) 중 하나로 추앙받는 유교의 최고 성자이다.

공자는 노(魯)나라 사람으로 아버지를 일찍 여의고 불우하게 젊은 시절을 보내다 노나라에서 짧은 벼슬 생활을 했으나, 자신의 뜻이 임금에 받아들여지지 않자 BC. 497년 55세의 나이에 조국을 떠나 여러 나라를 13년간 떠돌아다니다 68세에 노나라로 돌아와 후학을 양성했는데, 그를 따른 제자가 3,000명에 이르렀으며 그 중 72인이 뛰어났다고 한다.

≪논어≫는 모두 20편으로 나뉘어 있고, 각 편의 머리 두 글자를 따서 편명으로 삼고 있다. ≪논어≫의 내용은 ① 공자의 말, ② 공자와 제자 사이의 대화, ③ 공자와 당시 사람들과의 대화, ④ 제자들의 말, ⑤ 제자들 간의 대화 등으로 구성되어 있다. 물론 이들 모두는 공자의 사상(思想)과 언행(言行)을 보여주려는 데 초점이 맞추어져 있다.

공자의 사상은 '인(仁)·의(義)·예(禮)·지(智)·신(信)·효(孝)·제(悌)·충(忠)·서(恕)' 등 여러 덕목에 망라되어 있다. 공자는 '仁(어질 인)'에 대해 수없이 언급했지만 ≪중용≫에서 말한 "인이란 사람다움이다.(仁者人也)"이야말로 '仁'을 가장 적절하게 나타낸 말이라 하겠다.

공자는 인(仁)의 실천에 바탕을 둔 인격의 완성과 예로 표현되는 사회질서의 확립을 강조하였으며, 궁극적으로는 도덕적 이상 국가를 건설하려 하였으며, 만년에는 육경(六經) 편찬에 힘썼다.

공자는 무엇보다도 자기완성을 위한 학문에 힘쓸 것을 주문했다. 후천적 노력을 중시하여 특정한 스승 없이도(무상사-無常師) 누구에게나 묻고 배울 수 있는(불치하문-不恥下問) 열린 자세로 학문에 힘을 쓰고, 종국에는 자신을 극복하고 예로 돌아가야 한다(극기복례-克己復禮)고 주장했다.

또한 공자는 철저한 현실주의자이자 인본(人本)주의자였다. 사후세계를 묻는 말에 "삶도 모르는데 어찌 죽음을 알겠는가?(未知生, 焉知死)"라 대답하거나 귀신에 대해 묻자 "사람도 제대로 섬기지 못하는데, 어찌 귀신을 섬길 수 있겠는가?(未能事人, 焉能事鬼)"라고 말했다.

공자는 수양을 통해 덕으로 세상을 편안하게 하는 덕치(德治)와 예치(禮治)를 주장하고 이로써 천하에 도가 함께하는 '천하유도(天下有道)의 사회'를 실현시키고자 했다. 그러기 위해 그는 "임금은 임금다워야 하고 신하는 신하다워야 하고, 아버지는 아버지다워야 하며 아들은 아들다워야 한다"는 정명(正名)사상을 주장했다.

jūn zǐ yù yú yì, xiǎo rén yù yú lì.

1. *君子喩於義, 小人喩於利.* ≪논어(論語)·이인(里仁)≫

군자유어의, 소인유어리.

번역

군자(君子)는 의(義)에 밝고(喩), 소인(小人)은 이익(利)에 밝다(喩).

한자 음훈

君(어진이/임금 군), 子(접미사/아들 자), 喩(깨달을 유), 於(어조사 어), 義(옳을 의), 小(작을 소), 人(사람 인), 利(이로울 리).

주석

본 구절의 핵심은 '喩(유)'를 어떻게 해석하느냐에 달려 있다. '喩'의 훈(訓)에는 '깨우칠 유/깨달을 유/비유할 유'가 있고, 본 구절 해석으로 한국 자전은 '깨달을 유'를 들었다. 중국 자전 ≪한어대자전(漢語大字典)≫(1: 658)은 ≪옥편(玉篇)≫의 "喻(유), 曉也(효야)."의 예를 들어 '알다(知曉·明白)'로 해석했다. 본 구절의 해석에 중국 학자들은(謝冰瑩 등·楊伯峻·錢穆) 대부분 "군자가 이해하는 바는 義(의)에 있고..." 등으로 해석한 반면, 한국 학자들은(김용옥·성백효) "군자는 義(의)에서 깨닫고..." 류로 해석한다. 그런데 특히 위 한국식 해석은 한국 한자 훈(訓)에 지나치게 경도되어 오히려 본래 의미가 왜곡되지 않았나 생각된다. 본 구절의 의미는 "군자는 義(의)를 중요시하고 또 가치 판단의 주요 기준으로 삼기에 義를 잘 이해하고 알며, 소인은 반대로 이익이 가장 중요시하기에 이익을 잘 이해한다" 는 의미인 것이다. ≪옥편(玉篇)≫의 "喩(유)는 曉(효)와 같다(喻, 曉也)"와 같이 "喩(유)"는 우리말의 '(道 등을) 깨닫다'는 의미라기보다는 '안다' 또는 '~에 밝다' 로 해석함이 무난하다 하겠다.

'於(어조사 어)'는 문법 기능을 하는 허사(虛辭)로 '~에'로 해석하며, '義(의)'는 '의(義)' 또는 '의로움'으로, '利(리)'는 '이익'으로 해석한다.

군자는 어떤 일을 판단하고 결정할 때, 그것이 옳으냐 그르냐를 기준으로 삼기에 손해가 나도 옳은 일이면 행하였고, 억만금의 이익이라도 옳지 않으면 행하지 아니한다. 반대로 소인은 아무리 옳은 일이라도 손해가 나면 행하지 아니하고, 그른 일이라고 이익이 되면 행한다.

관련 문헌

정약용(丁若鏞) 선생은 ≪논어주(論語注)≫에 "義者, 道心之所嚮 ; 利者, 人心之所趨.(의란 도심(道心)이 지향하는 바이고, 利란 인심<人心>이 추종하는 바이다.)라 했다.

관련 한자

1. 喩(비유할 유) - 比喩(견줄 비, 비유할 유), 隱喩(숨길 은, 비유할 유).
2. [義(의))성] 義(옳을/해 넣을 의)-儀(거동 의)-議(의논할 의)
   義務(옳을 의, 일 무), 義賊(옳을 의, 도둑 적), 義齒(해 넣을 의, 이 치), 賻儀(부의 부, 거동 의), 儀禮(예도 례), 儀式(법식), 抗議(막을 항, 의논할 의), 議論(논할 론), 議決(결정할 결), 異議(다를 이).

bú huàn rén zhī bù jǐ zhī, huàn bù zhī rén yě.

2. 不患人之不己知, 患不知人也. ≪논어·학이(學而)≫

불 환 인 지 불 기 지, 환 불 지 인 야.

번역

남이(人之) 나(己)를 알아주지 않음(不知)을 걱정하지 말고(不患), 내가 남을(人) 알지 못함(不知)을 걱정하라(患).

한자 음훈

不(아닐 불), 患(근심 환), 人(사람 인), 之(어조사 지), 己(몸 기), 知(알 지), 也(어조사 야).

주석

'不患(불환)'은 '근심하지 않는다'의 술어 동사 역할을 하며, '人之不己知(남이 나를 몰라주는 것)'이 목적어다. ≪논어≫에서 '人'은 보통의 '사람'이 아니라 '타인'을 가리키며, '之(지)'는 어조사로 쓰여 '~이'로 해석하고, '不己知(불기지)'는 '不知己'의 도치형으로 '나를 몰라준다'란 의미인데, '己(몸 기)'는 '나'를 가리킨다.

공자는 본인의 능력에 비해 크게 중용되지 못했으나, 일관되게 신세를 비관하거나 세상이나 남을 탓하지 않고 오히려 자신을 채근했다. ≪논어≫에 이와 유사한 구절이 몇 개 있는데 들어보면 아래와 같다.

▸ 人不知而不慍, 不亦君子乎? <학이(學而)>

(인부지이불온, 불역군자호)

"다른 사람(人)이 나를 몰라준다고(不知而) 화내지 않으면(不慍), 또한(亦) 군자가(君子) 아니겠는가(不...乎)?"

▸ 不患莫己知, 求爲可知也. <이인(里仁)>

(불환막기지, 구위가지야)

"남이 나를(己) 알지 못함을(莫..知) 걱정하지 말고(不患), 내가 알려질(可知) 수 있기를(爲) 구하라(求)."

▸ 不患人之不己知, 患其不能也. <헌문(憲問)>

(불환인지불기지, 환기불능야)

"남이(人之) 나를 알지 못함을(不己知) 걱정하지 말고(不患), 자신이 능하지 못함(其不能)을 걱정하라(患..也)."

관련 한자

1. '患(근심 환)'자의 자원(字源) : 보통 '患(환)'자를 설명할 때, '忠(충성 충)'자와 비교해 설명하곤 한다. 즉 마음(心)의 중심(中)이 하나면 '忠(충)'인 반면, 마음이 둘(串)이면 '근심 환(患)'이라고. 그러나 고문자학적으로 보면 이는 틀릴 확률이 높다. 즉, '患'자에 대해 단옥재(段玉裁)는 "<마음(心)>과 관계있고, 음이 <관(毌-貫)>이다. (从心, 毌<貫>聲)"이라 했다. (湯可敬 1997: 中: 1479)
2. 患(근심/병 환)- 患難(근심 환, 어려울 난), 憂患(근심할 우, 근심 환), 宿患(묵을 숙, 병 환), 患部(병 환, 부분 부).
3. [知(지)성] 知(알 지)-智(슬기 지)-蜘(거미 지)

   知性(성질 성), 知彼知己(저 피, 몸 기), 熟知(익을 숙), 智將(장수 장), 仁義禮智(어질 인, 옳을 의, 예도 례, 슬기 지).

xiǎo bù rěn zé luàn dà móu.

3. 小不忍則亂大謀. ≪논어·위령공(卫靈公)15≫

소 불 인 즉 란 대 모.

번역

작은 일(小)을 참지 못하면(不忍), 즉(則) 큰 계획(大謀)을 어지럽히게(亂)[망쳐버리게] 된다.

한자 음훈

小(작을 소), 不(아닐 불), 忍(참을 인), 則(곧 즉), 亂(어지러울 란), 大(큰 대), 謀(꾀할 모).

주석

공자는 ≪논어·위령공≫원문에서 아래와 같이 말하였다.

▸ 巧言亂德, 小不忍則亂大謀. (교언난덕, 소불인즉란대모)
巧(공교로울/약을 교), 言(말씀 언), 亂(어지러울 란), 德(덕/큰 덕)
"교묘한 말은(巧言) 덕을 어지럽히며(亂德), 작은 것을 참지 못하면 즉 큰 계획을 어지럽게 한다."

공자의 위 말로부터 우리는 두 가지 메시지를 알 수 있을 것이다. 즉, '巧言(교언)'과 '小不忍(소불인)'이다. '교묘하게 꾸며대는 말'을 경계해야 할 것이고, 일상생활에서 '작은 것에 화내지 않고 참을 수 있어야' 할 것이다.

특히 개탄할 만한 현실은 현재 구조적으로 '교언(巧言)'이 조장되고 그 폐혜가 드러나고 있음에도 사회적으로 이 문제점이 등한시되고 있다는 점이다.

우선, 공자는 '교언(巧言)'을 특히 문제시했다. 왜냐하면, 공자는 ≪논어≫의 <학이(學而)>편과 <양화(陽貨)>편 두 군데서 똑같이 그 해악을 지적하고 있으니..

▸ 巧言令色, 鮮矣仁. (교언영색, 선의인)

<巧(약을 교), 言(말씀 언), 令(좋을/명령할 령), 色(빛 색), 鮮(드물/고울 선)>

"듣기 좋게 꾸며대는 말(巧言)과 얼굴빛을 곱게 하는(令色) 사람 중에는 어진 이가(仁) 드물다(鮮矣)."

대통령 등 정치 지도자 선거에서 여론조사와 TV 토론이 이미 대세로 자리 잡고 있어 '준수한 외모로 말만 잘하는 사람이(교언영색)' 지도자로 당선될 위기에 놓여 있는 현실이다. '교언영색'한 이는 대부분 어질지 않다는 사실을 눈 밝은 국민들이 반드시 경계해야 할 것이다.

본 조목과 유사하게 ≪논어·자로(子路)≫편에도 아래와 같은 말이 있다.

▸ 見小利而大事不成. (견소리이대사불성).

"작은 이익(小利)을 보면(見..而) 큰일(大事)을 이루지 못한다(不成)."

bú yuàn tiān, bù yóu rén.

4. 不怨天，不尤人. ≪논어·헌문(憲問)≫

불 원 천, 불 우 인.

번역

하늘(天)을 원망하지 않고(不怨), 다른 사람(人)을 탓하지 않는다(不尤).

한자 음훈

不(아닐 불), 怨(원망할 원), 天(하늘 천), 尤(탓할/더욱/나무랄 우), 人(사람 인).

주석

'동사+목적어' 구절 형태로 '怨(원망하다)'과 '尤(탓하다)'가 술어 동사이며, '天(하늘)'과 '人(사람)'이 해당 구절의 목적어다. 따라서 '不(아닐 불)'자 들어간 '不怨天'은 '하늘을 원망하지 않는다'로, '不尤人'은 '(다른) 사람을 탓하지 않는다'로 해석된다.

'尤(우)'의 대표 음훈이 '더욱 우'이나 여기서는 '탓하다'란 의미로 쓰였다.

이 말은 ≪논어·헌문≫에 다음과 같이 나온다.

▸ 子貢曰, 何爲其莫知子也. 子曰, 不怨天, 不尤人, 下學而上達, 知我者其天乎?

(자공왈, 하위기막지자야. 자왈, 불원천, 불우인, 하학이상달, 지아자기천호)

자공이 말하길, "어찌하여 선생님을 알아주는 이가 없는 것입니까?"라 하자 공자께서 말씀하시길, "나는 하늘을 원망하지 않으며 다른 사람을 탓하지 않고, 아래로 인간의 일을 배우면서 위로 천리를 통달하나니, 나를 알아주는 것은 하늘이실 것이다"라 했다.

'人'은 '사람'이 아니라 '다른 사람'으로 해석해야 할 것이다. 왜냐하면 여기서의 '不尤人(남을 탓하지 않는다)'은 공자 자신을 알아주지 않는 다른 사람을 염두에 두고 한 말이기 때문이다. 즉, ≪논어·헌문≫의 "不患人之不己知, 患其不能也.(남이 나를 알지 못함을 걱정하지 말고, 자신이 능하지 못함을 걱정하라.)"와 일맥상통하기 때문이다.

관련 한자

1. [夗(원)성] 怨(원망할 원)-苑(동산 원)-鴛(원앙 원)-婉(예쁠/은근할 완) 盌·椀(주발 완) 碗(주발 완, 盌의 속자)-腕(팔 완)-豌(완두 완)
   怨讐(원수 수), 秘苑(숨길 비), 鴛鴦(원앙 앙), 婉曲(은근할 완, 굽을 곡), 手腕(손 수).
2. 尤(나무랄/더욱 우), 迂(멀 우)
   '尤而效之(나무랄 우, 말이을 이, 본받을 효, 그것 지)'-남의 잘못을 나무라면서(尤) 자신도 그 잘못을(之) 본받아(效) 따라 함.
   迂餘曲折(멀 우, 남을 여, 굽을 곡, 꺾을 절), 迂廻(멀 우, 돌 회)

jiàn lì sī yì, jiàn wēi shòu mìng.

5. 見利思義, 見危授命. ≪논어·헌문(憲問)≫

견 리 사 의, 견 위 수 명.

번역

이익(利)을 보면(見) 의(義)를 생각하고(思), 위태로움(危)을 보면(見) 목숨(命)을 바친다(授).

한자 음훈

見(볼 견), 利(이로울 리), 思(생각할 사), 義(옳을 의), 見(볼 견), 危(위태할 위), 授(줄 수), 命(목숨 명).

주석

이 말은 ≪논어·헌문편≫14장에서 자로(子路)가 성인(聖人)에 대해 묻자 공자가 당시로서의 성인의 조건을 설명한 말인데 아래와 같다.

▸ 見利思義, 見危授命, 久要不忘平生之言, 亦可以爲成人矣.

(견리사의, 견위수명, 구요불망평생지언, 역가이위성인의)

"이익(利)을 보면(見) 의(義)를 생각하고(思), 위태로움(危)을 보면(見) 목숨(命)을 바치며(授), 오랜(久) 약속(要)에 평소(平生)의 말(言)을 잊지 않는다면(不忘) 역시(亦) 성인(成人)이라 할 수 있다(可以爲)."

위 구절에서 '要(요)'는 '約(약)'으로 일반적으로 '약속'이라 해석하지만[1], 어떤 이는 '곤궁(困窮)'으로 해석하기도 한다.[2]
≪논어 · 위정(爲政)≫편에도 유사한 구절이 보인다.

▸ 見義不爲, 無勇也. (견의불위, 무용야)

"의를 보고도(見義) 행하지 않으면(不爲) 용기가 없는 것이다(無勇也)."

관련 한자

1. 久(오랠 구), 要(구할 요), 忘(잊을 망), 平(평평할 평), 生(날 생), 之(의 지), 言(말씀 언), 亦(또 역), 可(가히 가), 以(써 이), 成(이룰 성), 矣(어조사 의), 約(묶을 약), 困(곤할 곤), 窮(궁할 궁, 다할 궁), 無(없을 무), 勇(날랠 용).
2. [見(견)성] 見(볼 견/의견 견/뵐 현)-現(나타날 현, 지금 현)
   見聞(볼 견, 들을 문), 卓見(높을 탁, 의견 견), 謁見(아뢸 알, 뵐 현), 現狀(지금 현, 형상 상), 現象(나타날 현, 모양 상)
3. [受(수)성] 受(받을 수)-授(줄 수)
   受講(받을 수, 익힐 강), 賂物授受(뇌물 줄 뢰, 물건 물, 줄 수, 받을 수), 授乳(젖 유), 受賞(받을 수, 상줄 상)-授賞(줄 수, 상줄 상)-手相(손 수, 모양 상)-首相(머리 수, 재상 상)-殊常(다를 수, 늘 상)-受像(받을 수, 형상 상)
4. 危殆(위태할 위, 위태할 태), 危險(험할 험).

1 성백효(2012: 400) ≪현토완역 논어집주≫.

2 楊伯峻(1980: 150) ≪論語譯注≫.

wú fá shàn, wú shī láo.

6. 無伐善，無施勞. ≪논어·공야장(公冶長)25≫

무 벌 선, 무 시 로.

번역

자신의 장점(善)을 자랑하지 않고(無伐), 자신의 공로(勞)를 드러내지 않는다(無施).

한자 음훈

無(없을 무), 伐(자랑할/칠 벌), 善(착할 선), 施(베풀 시), 勞(수고할 로).

주석

≪논어≫ 주희(朱熹)의 주(注)에 "伐(벌)이란 자랑하는 것이다.(伐, 誇也)"로, "施(시)도 부풀리고 과장한다는 뜻이다(施亦張大之意)"라 한 이후, 대부분의 학자들이 이 해석을 따른다. 따라서 뒤 구절을 "힘든 일(勞)을 남에게 시키지(施) 않는다"는 식으로 해석하면 안 된다.

본 구절은 ≪논어·공야장≫에서 공자께서 제자들에게 자기의 뜻을 밝혀 보라는 말에 자로(子路)의 뒤를 이어 안연(顏淵)이 공자에게 "자신의 장점은 자랑하지 않고, 자신의 공로를 드러내지 않기를 원한다"라고 말한 것이다. 끝에 제자들이 공자의 뜻을 묻자 공자는 아래와 같이 말했다.

▸ 老者安之, 朋友信之, 少者懷之. (노자안지, 붕우신지, 소자회지)

"늙은이는 <봉양을 받아> 안락할 수 있으며, 친구는 (서로)믿을 수 있고, 어린이는 보살핌을 받을 수 있길 바란다.")

관련 한자

1. 公(공공 공), 冶(불릴 야), 長(길 장), 朱(붉을 주), 熹(성할 희), 注(물댈 주), 誇(자랑할 과), 亦(또 역), 張(베풀 장), 意(뜻 의), 路(길로), 顏(얼굴 안), 淵(못 연), 老(늙을 로), 朋(벗 붕), 友(벗 우), 信(믿을 신), 少(적을 소), 懷(품을 회)
2. [伐(벌)성] 伐(칠 벌)-閥(문벌 벌)-筏 (떼 벌)
   征伐(칠 정), 討伐(칠 토), 財閥(재물 재), 學閥(배울 학)

▸ 伐木當伐根(벌목당벌근), 攻敵當攻堅(공적당공견). 육유(陸游)<잡흥(雜興)>

"나무를 자를 때(伐木)는 마땅히(當) 뿌리부터 잘라야(伐根) 하며, 적을 공격할때는(攻敵) 마땅히(當) 견고한 부분부터 공격해야 한다(攻堅)."

3. 無爲徒食(없을 무, 할 위, 헛될 도, 먹을 식), 最善(가장 최, 착할 선), 施惠(베풀 시, 은혜 혜), 布施(베풀 보<베 포>, 베풀 시).
4. 부수 '力(힘 력)'자: '勞(수고할 로)'자의 부수는 '力(력)'자다. 이 '力(력)'자는 갑골문에 [3]로 쓰여 있는데, 대부분의 학자들[4]이 '밭 가는 쟁기를 그린 문자'로 해석한다. '力' 부수자가 들어간 글자들은 힘쓰는 일과 관계되는 글자들이 대부분이다. 助(도울 조)-內助(안내), 努(힘쓸 노)-努力, 務(힘쓸 무)-服務(일 복).

---

3 ≪漢語大字典≫(1: 364).

4 于省吾主編(1999: 4冊: 3306), 徐中舒主編(1995: 1478).

pín ér wú chǎn, fù ér wú jiāo.

7. 貧而無諂, 富而無驕. ≪논어·학이(學而)≫

빈 이 무 첨, 부 이 무 교.

번역

가난(貧)하지만(而) 아첨(諂)하지 않고(無), 부유(富)하지만(而) 교만(驕)하지 않는다(無).

한자 음훈

貧(가난할 빈), 而(말이을 이), 無(없을 무), 諂(아첨할 첨), 富(부자 부), 驕(교만할 교).

주석

'而(말이을 이)'는 '~하지만 그렇다고 해서'의 역접(逆接)의 의미로 쓰였다. ≪논어·학이≫에 나오는 이 말은, 공자의 제자 자공(子貢)이 한 말로 안중근 의사(義士)의 유묵(遺墨)도 전해진다. ≪논어≫에 이르길

▸ 子貢曰: 貧而無諂, 富而無驕, 何如?

(자공왈-빈이무첨, 부이무교, 하여)

"자공이 말하길, 가난하지만 아첨하지 않고, 부유하지만 교만하지 않는 것이, 어떠합니까?"

▸ 子曰: 可也. 未若貧而樂, 富而好禮者也.
(자왈, 가야. 미약빈이락, 부이호례자야)"

"공자가 말씀하시길, "괜찮다. 그러나 가난해도(貧而) 즐길 줄 알며(樂), 부유해도(富而) 예(禮)를 좋아(好)하는 이(者)만은 못하다(未若)."

따라서 공자의 입장에서 보면, 최고의 경지는 가난 속에서도 도(道)를 즐길 줄 아는 '안빈낙도(安貧樂道)'이며, 부유하지만 예(禮)를 좋아하는 것이라 하겠다.

관련 한자

1. 逆(거스를 역), 接(붙을 접), 貢(바칠 공), 遺墨(남길 유, 먹 묵), 阿諂(의지할 아, 아첨할 첨), 富裕(부유할 부, 넉넉할 유), 境地(지경 경, 땅 지), 安貧樂道(편안할 안, 가난할 빈, 즐길 락, 도 도)
2. [喬(교)성] 喬(높을 교)-僑(더부살이 교)-嬌(아리따울 교)-橋(다리 교)-轎(가마 교)-驕(교만할 교)-矯(바로잡을 교)
   喬木(높을 교, 나무 목) ↔ 校牧(학교 교, 칠 목), 灌木(덥수룩할 관), 僑胞(더부살이 교, 태보 포), 嬌聲(소리 성), 橋梁(들보 량), 四人轎(가마 교), 驕慢(교만할 교, 거만할 만), 矯正(바로잡을 교, 바를 정) ↔ 校訂(교정볼 교<학교 교>, 바로잡을 정), 矯導所(이끌 도, 곳 소), "矯角殺牛(뿔 각, 죽일 살, 소 우)- 소 뿔(角)을 바로 잡으려다(矯) 소(牛)를 죽임(殺)"

chǐ è yī è shí zhě bù zú yǔ yì.

8. 恥惡衣惡食者不足與議. ≪논어·이인(里仁)≫

치 악 의 악 식 자 부 족 여 의.

번역

나쁜 옷(惡衣)과 나쁜 음식(惡食)을 부끄러워(恥)하는 자(者)는 더불어(與) 도(道)를 의논(議)할 수 없다(不足).

한자 음훈

恥(부끄러워할 치), 惡(악할 악), 衣(옷 의), 食(밥 식), 者(사람 자), 不(아닐 불), 足(족할 족), 與(더불/줄 여), 議(의논할 의)

주석

이 문장은 안중근 의사의 휘호(揮毫: 휘두를 휘, 붓 호)로 유명해진 말인데, 원문은 ≪논어·이인≫ 편에 보이는데 약간 다르다. 원문은 아래와 같다.

▸ 子曰："士志於道，而恥惡衣惡食者，未足與議也."

(자왈：사지어도，이치악의악식자，미족여의야.)

<子(아들 자), 曰(가로 왈), 士(선비 사), 志(뜻 지), 於(어조사 어), 道(도 도), 而(말이을 이), 未(아닐 미)>

"공자가(子) 말씀하길(曰)-선비(士)가 도에(於道) 뜻을 두고서(志~而), 나쁜 옷(惡衣)과 나쁜 음식(惡食)을 부끄러워(恥)하는 자(者)는 더불어(與) 도를 의논(議)할 수 없다(未足~也)."

관련 한자

1. [者(자)성] 者(놈 자)[*tjaaʔ][5]-煮(삶을 자, 저)[*tjaʔ]-著(나타날/지을 저)[*dag]-猪(돼지 저)[*ta]-箸(젓가락 저)[*tas]-儲(쌓을 저)-渚(물가 저)-躇(머뭇거릴 저)-藷(사탕수수 저)-楮(닥나무 저)-諸(모든 제)-都(도읍/모두/모을 도)[*taa]-睹(볼 도)[*taaʔ]-屠(잡을 도)[*da]-賭(걸 도)-堵(담 도)-暑(더울 서)[*hljaʔ]-署[*djas](관청 서)-緖(실마리 서)[*ljaʔ]-曙(새벽 서)
勝者(이길 승), 著名(나타날 저, 이름 명), 著述(지을 저, 지을 술), 猪突(갑자기 돌), 匙箸(숟가락 시), 儲蓄(쌓을 저, 쌓을 축) = 貯蓄(쌓을 저), 躊躇(머뭇거릴 주,저), 諸君(모든 제, 군자 군), 遷都(옮길 천, 도읍 도), 都賣(모을 도, 팔 매), 目睹(눈 목, 볼 도), 屠殺(죽일 도, 죽일 살), 賭博(걸 도, 쌍륙 박), 賭地(걸 도, 땅 지), 避暑(피할 피, 더울 서), 警察署(경계할 경, 살필 찰, 관청 서), 緖論(실마리 서, 논할 론), 曙光(새벽 서, 빛 광)

5 [*tjaaʔ] 등 [*] 표시 음은 한자의 약 3,000전 정장상방(鄭張尙芳) 상고음임, (정장상방,≪上古音系≫, 上海教育出版社, 2013.)

jūn zi chǐ qí yán ér guò qí xíng.

9. 君子恥其言而過其行. ≪논어·헌문(憲問)≫

군 자 치 기 언 이 과 기 행.

번역

군자(君子)는 그 말(其言)이 그 행동(其行)보다 지나치는(過) 것을 부끄러워(恥)한다.

한자 음훈

君(어진이 군), 子(접미사 자), 恥(부끄러워할 치), 其(그 기), 言(말씀 언), 而(말이을 이), 過(지날 과), 行(행할 행).

주석

공자는 ≪논어≫에서 늘 말을 신중하게 할 것을 주장했는데, 이 구절은 말이 행동보다 앞서지 말라는 뜻이다. '恥(부끄러워할 치)'는 술어 동사이며 '其言而過其行(기언이과기행)'이 목적어다. ≪논어·이인(里仁)≫편에 이르길..

▸ 子曰, 古者, 言之不出, 恥躬之不逮也.
(자왈, 고자, 언지부출, 치궁지불체야)
<恥(부끄러워할 치), 躬(몸소 궁), 逮(미칠 태)>

"공자께서 말씀하시길, 옛사람이 말을 함부로 내지 않은 것은, 궁행(躬行: 몸소 행함)이 따라가지 못함(不逮)을 부끄러워(恥)했기 때문이다."

공자는 또 언행이 일치하지 않는 달변(達辯)보다는 차라리 말 못하는 눌변(訥辯)을 더 선호하였다. ≪논어·이인(里仁)≫에 말하길:

▸ 子曰：君子, 欲訥於言而敏於行. (자왈, 군자,욕눌우언이민우행)
(欲/하고자할 욕, 訥/어눌할 눌, 敏/민첩할 민)

"공자께서 말씀하시길, 군자는 말을 어눌하고자 하고 실행은 민첩하고자 한다."

≪예기(禮記)·잡기(雜記)≫에도 비슷한 구절이 보인다.

▸ 有其言, 無其行, 君子恥之. (유기언, 무기행, 군자치지)

"그 말만 있고, 그 행동이 없는 것, 군자는 그것을 부끄러워한다."

관련 한자

1. 부수 '辵(辶)(쉬엄쉬엄갈 착)'： '過(지날 과)'자의 부수는 '辵(辶)(쉬엄쉬엄 갈착)'인데, 이 '辶(착)' 부수자가 들어간 자들은 대부분 행동이나 동작과 관계되는 글자들이다. '辵(辶)'자의 갑골문은 [6]의 형태로 길 네거리를 그린 '行(다닐 행)'자 가운데 발을 그린 '止' 글자가 합쳐진 형태이거니, '行(행)'자의 왼쪽인 '彳(척)'에 발 모양 '止(지)'를 합친 [7]의 형태다. 이 글자는 후에 ≪설문해자≫에 오면  의 형태로 바뀌게 된다.
2. 辵(辶)부수자: 迎(맞이할 영)-迎賓(손님 빈), 逃(달아날 도)-逃避(피할 피), 送(보낼 송)-送金(돈 금), 退(물러날 퇴)-後退(뒤 후), 造(지을 조)-造花(꽃 화).

6 ≪漢語大字典≫(6: 3815).

7 陳政, ≪字源談趣≫, 新世界出版社, 2006, 280쪽.

jūn zi qún ér bù dǎng.

10. 君子群而不黨. ≪논어(論語)·위령공(衛靈公)≫

군 자 군 이 불 당.

번역

군자(君子)는 무리 짓되(群而) 편당 짓지 않는다(不黨).

한자 음훈

君(어진이 군), 子(접미사 자), 群(무리 군), 而(말이을 이), 不(아닐 불), 黨(무리 당), 論(논할 론), 語(말씀 어), 衛(지킬 위), 靈(신령 령), 公(제후 공<공공 공>).

주석

공자의 이 말씀은 군자라면 대중(大衆)과 무리 지어 어울리기는 하나 편을 갈라 편당(偏黨: 치우칠 편, 무리 당) 짓지 않는다는 의미인데, 이 말은 ≪논어·위령공 21≫에 나온다. 즉,

▸ 子曰, 君子矜而不爭, 群而不黨. **(자왈 : 군자긍이부쟁, 군이불당)**
<矜(엄숙할 긍[8]<아낄 긍>), 而(말이을 이), 爭(다툴 쟁), 群(무리 군), 黨(무리 당)>

---

8 성백효(2012: 451)에서는 '矜(긍)'을 '씩씩할 긍'이라 했으나, 여기서는 ≪漢韓大字典≫(민중서림, 2009)을 따라 '엄숙할 긍'으로 본다. 주희(朱熹)는 "莊以持己曰矜(장중하게 자신을 지켜가는 것을 일러 矜이라 한다)"라 했다.

"군자는 엄숙하지만 다투지 않으며, 무리 지어 어울리기는 하나 편당(偏黨) 짓지는 않는다."

양백준(楊伯峻)(1980: 166)에 의하면 '群而不黨(군이불당)'은 공자가 말한 군자의 두 가지 덕목인 '周而不比(주이불비)'와 '和而不同(화이부동)'을 포괄할 수도 있다고 보았다. 예컨대..

▸ 君子周而不比, 小人比而不周. (군자주이불비, 소인비이불주)

≪논어·위정14≫

<周(두루 주), 比(아첨할 비[9], 견줄 비)>

"군자는 충직하게 두루 마음 쓰되<周而> 편당 짓지 않고, 소인은 편당 짓고 두루 마음 쓰지 않는다<不周>)[10]"

▸ '和而不同(화이부동)'은 다음 항목 설명 참고.

관련 한자

1. 矜持(아낄 긍, 가질 지): 자신을 아끼는(矜)는 마음을 가짐(持).
2. [君(군)성] 君(임금/어진이 군)-郡(고을 군)-群(무리 군)-窘(막힐 군)-裙(치마 군). 君主(임금 군, 주인 주), 郡廳(관청 청), 群衆(무리 중), 窘塞(막힐 색), 裙帶(띠 대).
3. [尙성] 尙(높을 상)-常(항상 상)-賞(상줄 상)-裳(치마 상)-嘗(맛볼 상)-堂(집 당)-當(마땅 당)-黨(무리 당)

---

9 성백효(2012: 65)에서는 '比(비)'를 '친할 비'라 했으나, 여기서는 ≪漢韓大字典≫, (민중서림, 2009: 1163)의 '아첨할 비'를 따랐다. 즉, "아첨하여 한 패가 되다"의 의미로 본다. 주희(朱熹) 주(注)에는 "比, 偏黨也(比는 편당이다)"라 했다.

10 김용옥(2000: 2: 160)의 해석을 따랐다.

jūn zihé ér bù tóng.

11. 君子和而不同. ≪논어·자로(子路)23≫

군 자 화 이 부 동.

번역

군자(君子)는 화합하되(和而) 같지 않다(不同).

한자 음훈

君(어진이 군), 子(접미사/아들 자), 和(화목할 화), 而(말이을 이), 不(아닐 불), 同(같을 동).

주석

'而(말이을 이)'는 역접(逆接)인 '그러나'의 의미로 쓰인다. 공자는 ≪논어·자로23≫편에서 군자와 소인배(小人輩)의 행동을 아래와 같이 정의하고 있다.

▸ 君子和而不同, 小人同而不和. **(군자화이부동, 소인동이불화)**

"군자는 화합하되(和而) 같지 않고<不同-아첨하여 부화뇌동하지 않음>, 소인배는 같으면서도 서로 화합하지 않는다."

즉 이른바 군자들은 서로 화합하지만 가치관 등이 서로 다를 수 있는 반면, 소인배들은 이익에 따라 뭉치지만 화합하지 못하고 반목(反目)한다는 말이다.

이 말은 최근 2022년 8월 9일 박진 외교부 장관이 왕이(王毅) 외교부장에게 "和而不同(화이부동) 정신으로 중국과 협력하겠다"는 지극히 외교적 발언의 예로 쓰여 더욱 유명해졌다. 최근 미국 주도의 반도체 'chip 4 동맹' 가입이 진행되는 껄끄러운 한중 관계에서 한국의 외교적 선택을 공자의 '군자다운 교류' 방식으로 중국에 피력한 말이 아닌가 생각한다. 즉, 한국은 군자처럼 중국과 화합하겠지만, 소인배들처럼 미국 등과 무리 지어 어울리지 않을 테니, 서로 다른 가치관을 인정하라는 의미일 것이다.

관련 한자

1. [同(동)성] 同(한가지 동)–銅(구리 동)–洞(골/구멍 동, 꿰뚫을 통)–桐(오동나무 동). 同苦同樂(쓸 고, 즐길 락), 銅錢(돈 전), 洞窟(구멍 동, 굴 굴), 梧桐(오동나무 오), 洞察(꿰뚫을 통, 살필 찰)
2. '和(화할 화)'자는 본래 '龢(화할 화)'로 썼었는데, 뜻을 나타내는 '龠(피리 약)'자와 음을 나타내는 '禾(벼 화)'자가 합쳐진 글자라 한다.[11]
3. 부수 '禾(벼 화)': '禾(화)'자는 갑골문에  나 로 쓰여 이삭·잎·줄기·뿌리가 그려진 형태의 글자인데, 구석규(裘錫圭)는 이 글자의 본래 의미는 '조(粟)'이니 후에 '모든 곡식'의 의미로 확장되었다고 했다.[12] '禾' 부수자는 대부분 곡식과 관계된 글자다. 예컨대, 租(세금 조)–租稅(세금 세), 種(씨 종)–播種(뿌릴 파).
   [禾(화)성] 禾(벼 화)–和(화할/화합할/화목할 화)
   和解(화합할 화, 풀 해), 平和(평안할 평, 화목할 화)

11 王延林, ≪常用古文字字典≫, 1987(1993 대만: 문사철 영인본) 65쪽. 李樂毅著 朴琪鳳譯, ≪漢字正解≫(4책), 비봉출판사, 1994, 969쪽.

12 于省吾主編, ≪甲骨文字詁林≫(제2冊), 中華書局, 1999, 1419쪽.

jǐ suǒ bú yù wù shī yú rén.

12. 己所不欲, 勿施於人. ≪논어·안연(顔淵)≫

기 소 불 욕, 물 시 어 인.

번역

자기(己)가 하고 싶지 않은(不欲) 것(所)을 남(人)에게 베풀지(施) 말라(勿).

한자 음훈

己(몸 기), 所(바 소), 不(아닐 불), 欲(하고자할 욕), 勿(말 물), 施(베풀 시), 於(어조사 어), 人(사람 인).

주석

시진핑(習近平) 중국 국가 주석이 그의 아버지 시중쉰(習仲勳)으로부터 물려받은 평생의 좌우명으로 유명한 말이다.

한마디로 자기가 하고 싶지 않은 일을 남에게 시키지 말라는 말로 가정·사회든 국가 구석구석 귀담아듣고 실천해야 할 경구가 아닌가 싶다. 특히 경제적 사회적 지위가 높은 갑의 위치에 있는 사람이 을에게 하지 말아야 할 일이다. 아버지가 자녀에게, 경제력을 갖춘 남편이 그렇지 않은 아내에게, 교사가 학생에게, 선배가 후배에게, 형이 아우에게, 상급자가 하급자에게 권위를 내세워 본인이 하고 싶지 않은 일을 아랫사람에게 시키는 이런 행위를 지적하는 말이다.

≪논어·안연편≫ 제2장에 이 구절 위에 아래와 같은 말이 선행한다. 중궁(仲弓)이 공자께 인(仁)에 대해 묻자 공자가 답하길

▸ 出門如見大賓

(날 출, 문 문, 같을 여, 볼 견, 큰 대, 손님 빈)

"문을 나갔을 때(出門)는 큰 손님(大賓)을 뵈온(見) 듯하고(如)"

▸ 使民如承大祭

(부릴 사, 백성 민. 같을 여, 이을 승, 큰 대, 제사 제)

"백성(民)을 부릴(使) 때에는 큰 제사(大祭)를 받들(承) 듯이(如) 하라."

관련 한자

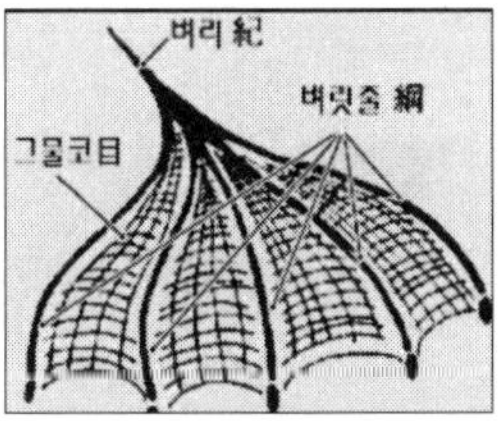

1. [己(기)성]- 己(몸 기)-記(기록할 기)-紀(벼리 기)-起(일어날 기)-忌(꺼릴 기)-杞(구기자 기)
   自己(스스로 자), 暗記(어두울 암), 紀綱(벼리 강), 西紀(연대 기), 起牀(평상 상), 禁忌(금할 금), 杞憂(나라 기<구기자 기>, 근심 우)
2. [勿(물)성]- 勿(말 물)-物(만물 물)
   "勿論(없을 물, 논할 론): 말할(論) 필요가 없음(勿)."
   物理(이치 리), 物流(흐를 류).
3. 所有(것 소<바 소>, 있을 유), 欲求(하고자할 욕, 구할 구), 沐浴(머리감을 목, 몸씻을 욕), 布施(베풀 보<베 포>, 베풀 시).

mǐn ér hào xué, bù chǐ xià wèn.

13. 敏而好學, 不恥下問. ≪논어·공야장(公冶長)15장≫

민 이 호 학, 불 치 하 문.

번역

영민(敏)하면서도(而) 배우기를 좋아하였으며(好學), 아랫사람에게 묻기를(下問) 부끄러워하지 않았다(不恥).

한자 음훈

敏(민첩할 민), 而(말이을 이), 好(좋아할 호), 學(배울 학), 不(아닐 불), 恥(부끄러울 치), 下(아래 하), 問(물을 문).

주석

≪논어≫원문에는 아래와 같이 나온다.

▸ 子貢問曰..孔文子何以謂之文也? (자공문왈..공문자하이위지문야)

"자공이 묻기를 : '공문자(孔文子)는 어째서(何以) 그(之)를 일러(謂) 문(文)이라고 시호(謚號)하였습니까(也)? '"

▸ 子曰, 敏而好學, 不恥下問, 是以謂之文也.

(자왈, 민이호학, 불치하문, 시이위지문야)

"공자께서 말씀하시길.. '영민하면서도 배우기를 좋아하였으며, 아랫사람에게 묻기를 부끄러워하지 않아, 이런(是) 까닭에(以) 그(之)를 일러(謂) 문

(文)이라고 시호한 것이다(也).'"

공자는 학문을 가장 중시했는데, 특히 정해진 스승 없이 누구에게도 배울 수 있으며 심지어 자신보다도 못한 이를 통해서도 반면교사로 삼을 수 있어야 한다고 말했다. 예컨대..

▸ 三人行必有我師焉. (삼인행필유아사언)

"여럿이(三人) 갈(行) 때 반드시(必) 나의 스승(我師)이 있다(有)."

▸ 見賢思齊焉, 見不賢而內自省也.(견현사제언, 견불현이내자성야)

"어진 이를 보면(見賢) 그와 같아지기(齊)를 생각하고(思...焉), 어질지 못한 이(不賢)를 보면(見...而) 안으로(內) 자기를 살펴볼(自省) 것이다(也)."

관련 한자

1. '母(모성)'설명: ≪설문해자≫에 의하면 '母성'에는 '每(매)·海(해)·敏(민)·悔(회)' 등 글자가 있다. 현재 음은 많이 다르지만, 아래와 같이 이 글자들의 3,000년 전 상고음[13]은 매우 유사했다. 즉, 母[*muʔ](무): 每[*mɯɯʔ](므으): 海[*hmlɯɯʔ](흐므르): 敏[*mrɯʔ>mrɯnʔ](므르>므른): 悔[*hmɯɯʔ](흐므으)
2. [母聲] 母(어미 모): 每(매양 매): 梅(매화나무 매): 海(바다 해): 誨(가르칠 회): 悔(뉘우칠 회): 敏(민첩할 민/예민할 민)
   母親(어버이 친) ↔ 親舊(친할 친, 오래 구), 每事(일 사), 梅實(열매 실), 海洋(바다 양), 後悔(뒤 후), 過敏(지나칠 과, 예민할 민).

13 鄭張尙芳, ≪上古音系≫, 上海教育出版社, 2013, 425, 426쪽

2

≪맹자(孟子)≫

맹자(기원전 372~289년)는 이름이 가(軻)이며, 노나라 귀족 맹손씨(孟孫氏) 후손으로 추읍(鄒邑)에서 태어났고, 공자 보다 약 150 년 뒤에 활약한 인물로 전해진다.

공자의 손자인 자사(子思)의 제자 문하에서 수학하였고, 공자처럼 주유천하(周遊天下)하며 자신의 정치사상을 군주들에게 유세(遊說)했지만, 정치적 이상을 실현할 기회를 갖지는 못했고, 말년에 고향에서 제자들을 가르치며 자신의 가르침을 기록으로 남겼다.

맹자의 핵심 사상은 '성선설(性善說)'과 '왕도(王道)정치'를 들 수 있겠다. 이 중 덕치(德治)나 인정(仁政)을 이르는 '왕도정치'란 맹자의 사회 갈등 해결법이라 할 수 있고, '성선설'은 그 실현 가능성을 이론적으로 설명한 것이라 하겠다.

당시는 주(周) 황실을 인정하지 않고, 모든 나라들이 부국강병 정책을 실시하여 무력으로 이웃나라를 병합해 나가는 약육강식의 '전국(戰國)시대'였는데 이것이 바로 '패도(覇道)'인 것이다. 맹자는 이를 거부하고 상고의 요순(堯舜[14])시대의 덕치(德治)와 인정(仁政)으로 돌아가야 한다는 '왕도정치'를 주장하였다. 예컨대,

---

14 堯舜(요임금 요, 순임금 순).

▸ 以力假仁者霸, ...以德行仁者王. ≪孟子·公孫丑上≫

(이역가인자패, ...이덕행인자왕) ≪맹자·공손추상≫

"힘으로(以力) 처리하면서 인(仁)을 가장하는 것(假..者)이 '패도(覇道[15])'요, ... 덕으로 다스려(以德) 인(仁)을 행하는 것이(行..者) 것이 '왕도(王)'다."

왕도정치의 실현을 위해서는 인화(人和)가 중요하며, 또 임금이나 종묘사직(宗廟社稷)보다 백성이 가장 귀하다는 '민본(民本)사상'을 얘기했다.

맹자는 왕도정치와 인정(仁政)이 가능한 이유를 이른바 인간이 가지고 있는 본성인 '인·의·예·지(仁·義·禮·智)' 사덕(四德) 때문이라 생각했다. 이 사덕은 불쌍히 여기는 '측은(惻隱[16])지심', 부끄러워하고 불의(不義)를 미워하는 '수오(羞惡[17])지심', 남에게 양보하는 '사양(辭讓[18])지심', 옳고 그름을 분별하는 '시비(是非)지심' 등 사단(四端)의 형태로 발현되는 것이라 했다. 이들은 하늘이 인간에게 준 착한 본성(즉, 성선설) 때문이라 해석하였다. [19]

관련 고사성어

'三遷之敎(삼천지교)', '斷機敎子(단기교자)'.

---

15 覇(으뜸 패).

16 惻隱(슬퍼할 측, 가엾을/숨길 은).

17 羞惡(부끄러워할/음식 수, 미워할 오/악할 악).

18 辭讓(물리칠/말씀 사), 사양할 양.

19 이강수(2007: 47-48).

tiān shí bù rú dì lì dì lì bù rú rén hé.

14. 天時不如地利, 地利不如人和. ≪맹자(孟子)·공손추(公孫丑)下≫

천시불여지리, 지리불여인화.

번역

하늘의 때(天時)는 지세의 이로움(地利)만 못하고(不如) 지세의 이로움은 사람들의 인화(人和)만 못하다(不如).

한자 음훈

天(하늘 천), 時(때 시), 不(아닐 불), 如(같을 여), 地(땅 지), 人(사람 인), 和(화할 화).

주석

이 구절은 ≪맹자·공손추 하≫에 나온다.

▸ 天時不如地利, 地利不如人和. ....

▸ 城非不高也, 池非不深也, 兵革非不堅利也, 米粟非不多也;
(성비불고야, 지비불심야, 병혁비불견리야, 미속비불다야)
"성(城)이 높지 않은(不高) 것도 아니고(非), 못(池)이 깊지 않은(不深) 것도 아니며(非), 병기와 갑옷(兵革)이 견고하고 날카롭지 않은(不堅利) 것도 아니며(非), 식량(米粟)이 적은(不多) 것도 아니지만(非);"

▶ 委而去之, 是地利不如人和也. (위이거지, 시지리불여인화야)

"(백성들이) 버리고(委而) 도망가는 것은(去之) 지세의 이로움(地利)이 인화(人和)만 못하다는(不如) 것이다(是)."

'如(같을 여)'가 들어간 '不如'는 '~만 못하다'로 해석한다. '委(위)'는 여기서 '버릴 위(맡길 위)'로 해석한다. '하늘의 때(天時)'란 전쟁에서 날씨 상의 이로움을 가리키는 말일 것이고[20], '지세의 이로움(地利)'은 높은 성곽이나 깊은 연못·험한 산천 등 전쟁에 지리상의 이로운 점을 말한다.

전쟁에서 이기고 지는 것은 기후나 시간상의 유리한 점은 말할 것도 없고 아무리 요새나 무기가 월등해도 결국 '인화(人和)' 단결 보다는 못하다는 사실을 말해주는 것이다.

관련 한자

1. [寺(사)성] 寺(절 사)-時(때 시)-詩(시 시)-侍(모실 시)-恃(믿을 시)-持(가질지)-峙(산우뚝설 치)-痔(치질 치)

寺院(집 원), 時機尙早(기회 기, 아직 상, 이를 조), 詩碑(비석 비) ↔ 施肥(베풀 시, 비료 비), 內侍(안 내), 堅持(굳을 견), 對峙(대할 대), 痔疾(병 질).

20 楊伯峻, ≪孟子譯注≫, 中華書局, 1992.

dào zài ěr.

15. 道在邇. ≪맹자·이루(離婁)≫

도 재 이.

번역

도(道)는 가까운 데(邇) 있다(在).

한자 음훈

道(도/길 도), 在(있을 재), 邇(가까울 이).

주석

맹자는 ≪맹자·이루(離婁)上≫에서 이르길 :

▸ 道在邇而求諸遠, 事在易而求諸難. 人人親其親, 長其長, 而天下平.
(도재이이구제원, 사재이이구제난. 인인친기친, 장기장, 이천하평.)

"도(道)는 가까이(邇) 있는데(在), (사람들은) 먼 곳(遠)에서(諸) 찾고(求), 일(事)은 쉬운 곳(易)에 있는데(在) 어려운 곳(難)에서(諸) 찾는다(求). 사람마다(人人) 자기 부모를(其親) 친하게 잘 섬기고(親), 그 어른을(其長) 어른으로 공경하여 모시(長)면(而), 천하(天下)가 평온(平)해 질 것이다.)"

'在(있을 재)'는 '~어디 어디에 있다' 로, '而(말이을 이)'는 역접, 즉 '그런데'의 의미로 쓰인다. '諸(제)'는 '之於'의 축약에 해당되므로, '求諸遠(구제원)'는 '求之於遠(구지어원)'과 같고, '求諸難(구제난)'은 '求之於難(구지어난)'과 같다. 따라서 '求之於遠(구지어원)'의 뜻은 "먼데서(於遠) 그것을(之) 구한다(求)"가 된다. 뒤의 '親(친)'은 목적격 명사 '어버이 친'으로 해석하고, 앞의 '親(친)'은 술어 동사인 '친하게 섬긴다'로 해석해야 한다. '長(장)'의 해석법도 동일하여, 뒤의 '長'은 '어른 장'으로, 앞의 '長'은 '어른으로 공경하여 모신다'는 동사적 의미로 해석한다.

≪중용(中庸)≫23장의 공자 말씀도 도가 멀리 있지 않음을 얘기하고 있다.

▸ 子曰: 道不遠人, 人之爲道而遠人, 不可以爲道.

(자왈 도불원인 인지위도이원인 북이위도)

"공자(子)께서 말씀하시길(曰).. 도(道)는 사람에게서(人) 멀리 있지 않으니(不遠), 사람이(人之) 도를 행(爲道)하면서(而) 사람을 멀리하면(遠人), 도라 할(爲道) 수 없다(不可以)."

≪채근담(菜根譚)·후집(後集)≫ 35장에서 말한 아래 선가(禪家)의 말도 결국 진리는 멀리 있지 않고 가깝고 평범한 데 있다는 말을 나타낸다 하겠다.

▸ 禪宗曰, 饑來喫飯倦來眠. (선종왈, 기래끽반권래면)

"선종(禪宗)에 이르길(曰), '배고프면(饑來) 밥을 먹고(喫飯) 고단해지면(倦來) 잠을 잔다(眠)."[21]

관련 한자

1. [爾(이)성]- 爾(너 이)-邇(가까울 이)

≪爾雅≫(바를 아)-중국 훈고학(訓詁學) 서적으로 13경 중 하나.

'首爾(首爾) shǒu'ěr'-최근 지정된 '서울'의 중국식 표기.

21 https://blog.naver.com/cji11111/222492612560

mín wéi guì, shè jì cì zhī, jūn wéi qīng.

16. 民爲貴, 社稷次之, 君爲輕. 맹자(孟子)· 진심(盡心)下≫

민 위 귀, 사 직 차 지, 군 위 경.

번역

백성(民)이 가장 귀하고(爲貴), 종묘사직(社稷)이 다음이며(次之), 군주(君)가 가장 가볍다(爲輕).

한자 음훈

民(백성 민), 爲(할 위), 貴(귀할 귀), 社(토지신 사), 稷(곡식신 직), 次(버금 차), 之(그것 지), 君(임금 군), 輕(가벼울 경).

주석

'사직(社稷)'이란 '토지 신(社)'과 '오곡의 신(稷)'을 가리키는 말인데 후대에 '국가'의 의미로 확장된다.

맹자가 주장하는 '왕도(王道)정치'의 핵심은 백성과 함께 즐거워한다는 '여민동락(與民同樂)' 사상과 "백성이 가장 존귀하다(民爲貴)"는 '민본(民本)사상' 일 것이다. ≪맹자·진심下≫에 나오는 이 말은 종묘사직이나 임금보다 백성이 더 귀하다는 맹자의 민본사상 선언인 것이다. 따라서 맹자는 민본사상을 거스르는 걸(桀)·주(紂) 등의 폭군을 타도한 역성(易姓)혁명 조차도 두둔한다. 이는 아래 정도만 언급한 공자에 비해 진일보했다 하겠다.

▸ 君君臣臣父父子子. (군군신신부부자자). ≪논어·안연≫

"임금은 임금다워야 하고 신하는 신하다워야 하며, 아버지는 아버지다워야 하며 아들은 아들다워야 한다"

관련 한자

1. [民(민)성] 民(백성 민)-眠(잠 잘 면)
   遺民(남길 유) ↔ 流民(흐를 류), 熟眠(익을 숙)
2. 社(토지신 사, 회사 사, 단체 사, 모일 사)-원 뜻은 토지신이나 곡식신에 제사 지내는 장소 등을 가리킴. 후에 여러 뜻으로 인신(引伸)됨.
   社稷(곡식신 직) ↔ 辭職(사퇴할 사, 벼슬 직), 社說(회사 사, 말씀 설) ↔ 私設(사사로울 사, 베풀 설), 社會(단체 사, 모일 회) ↔ 司會(맡을 사, 모일 회), 社交(모일 사, 사귈 교)
3. [巠(경)성] 輕(가벼울 경)-經(경서/날/지날/다스릴/경험 경)-徑(지름길 경)-莖(줄기 경)-痙(떨 경)-勁(굳셀 경)-剄(목벨 경)-頸(목 경)
   輕薄(엷을 박), 經典(경서 경, 법 전), 經緯(날 경, 씨 위), 經歷(지날 경, 지낼 력), 經營(다스릴 경, 운영할 영), 月經(달 월, 경험 경), 捷徑(빠를 첩), 莖葉(잎 엽), 痙攣(쥐날 련), 勁直(곧을 직) ↔ 硬直(굳을 경), 刎頸之交(목벨 문, 의 지, 사귈 교).

qíong zé dú shàn qí shēn, dá zé jiān shàn tiān xià.

17. 窮則獨善其身, 達則兼善天下. ≪맹자·진심(盡心)上≫

궁 즉 독 선 기 신, 달 즉 겸 선 천 하.

번역

곤궁하면(窮則) 홀로(獨) 그 몸을(其身) 착하게(善) 하고(수양하고), 뜻을 얻으면(영달하면)(達則) 천하(天下)와 더불어 착하게(兼善) 한다(천하를 더불어 이롭게 한다).

한자 음훈

窮(궁할 궁), 則(곧 즉), 獨(홀로 독), 善(착할 선), 其(그 기), 身(몸 신), 達(이를/통달할 달), 兼(겸할 겸), 天(하늘 천), 下(아래 하).

주석

≪대학(大學)≫에 비록 "修身(수신), 齊家(제가), 治國(치국), 平天下(평천하)"란 말이 있지만, 영달하여 자신의 뜻을 펼칠 수 있음은 수신(修身) 여부와 관계없이 다분히 운명적일 수도 있다. 그래서 심지어 공자나 맹자조차도 이른바 세상에서 출세하여 뜻을 얻지는(達) 못했던 것이다.

맹자는 그래서 군자라면 세상에서 영달(榮達)하지 못한다 해도 실의(失意)에 빠지지 말고 꿋꿋하게 자신을 수양(修養)하라 말한 것이고, 만약 운이 좋아 입신양명하여 자신의 뜻을 펼칠 기회가 주어진다면 자신뿐 아니라 천하를 잘 경영하여 이롭게 한다는 말이다.

본 구절은 맹자 ≪맹자·진심 上≫에 나오는 말로 원문은 아래와 같다.

▸ 孟子曰, 尊德樂義, 則可以囂囂矣. 故士窮不失義, 達不離道.……

(맹자왈, 존덕락의, 즉가이효효의. 고사궁불실의, 달불이도)

"맹자가 이르길, 덕을 숭상하고(尊德), 의를 즐기면(樂義), 즉 그 기쁨에 취해 유유자적할 수 있을 것이다(可以囂囂). 그러므로 선비(士)는 곤궁해도(窮) 의를 잃지 않고(不失義), 뜻을 이루어도(達) 도에서 벗어나지 않는다(不離道).

▸ 古之人, 得志, 澤加於民, 不得志, 修身見於世.

(고지인, 득지, 택가어민, 부득지, 수신견어세)

"옛사람들은(古之人), 뜻을 얻으면(得志), 백성들에게(於民) 은택을 더해 주었고(澤加), 뜻을 얻지 못하면(不得志), 자신의 몸을 닦아(修身) 세상에 이름을 드러냈던 것이다(見於世)."

▸ 窮則獨善其身, 達則兼善天下.

(궁칙독선기신, 달칙겸선천하)

"곤궁하면 홀로 그 몸을 착하게 하고(수양하고), 뜻을 얻으면 천하와 더불어 착하게 한다(천하를 더불어 이롭게 한다). 」

관련 한자

1. [蜀(촉)성] 蜀(촉나라 촉)-獨(홀로 독)-觸(닿을/부딪힐 촉)-燭(촛불 촉)-濁(흐릴 탁)-屬(무리/엮을 속)-囑(부탁할 촉)

獨居(살 거), 觸媒(닿을 촉, 중매 매), 抵觸(밀 저, 부딪힐 촉), 華燭(빛날 화), 混濁(섞을 혼) 附屬(붙을 부), 囑託(부탁할 촉, 부탁할 탁). 囂(들렐 효/xiāo) fù guì bù néng yín, pín jiàn bù néng yí, wēi wǔ bù néng qū.

18. 富貴不能淫, 貧賤不能移, 威武不能屈. ≪맹자·등문공(盡心)하≫

부귀불능음, 빈천불능이, 위무불능굴.

번역

부귀(富貴)가 (그의 마음을) 방탕하게(淫) 할 수 없고(不能), 빈천(貧賤)이 (그의 절개를) 변하게(移) 할 수 없고(不能), 권세와(威) 무력이(武) (그의 뜻을) 굴복시킬(屈) 수 없으면(不能), (이런 이를 일러 대장부라 한다)

한자 음훈

富(부유할 부), 貴(귀할 귀), 不(아닐 불), 能(능할 능), 淫(방탕할/음란할 음), 貧(가난할 빈), 賤(천할 천), 移(옮길 이), 威(위엄 위), 武(굳셀 무), 屈(굽을 굴).

주석

이 말은 ≪맹자·등문공 하≫에 나온다. 문장을 간략히 쓰기 위해 뒤 구절 "此之謂大丈夫(차지위대장부)-이를 일러 대장부라 한다)"를 뺐다. 공손연(公孫衍)과 장의(張儀)가 대장부가 아니냐는 경춘(景春)의 말에 맹자가 부정하면서 대장부가 어떤 위인인지 결론지어 말한 것이다. 부귀영화와 빈천과 권세와 무력에도 변하거나 굽히지 않고 자신의 의(義)와 절개를 지킬 수 있는 사람을 대장부라 자리매김한 것이다.

'淫(음)'에 대해 어떤 책은 '음탕하다'[22]로 또 어떤 책은 '어지럽히다(亂)'[23]로, 어떤 사전은 '미혹할 음'[24]으로 제각각 해석하고 있다. 여기서는 주희(朱熹) 주(注)를 따라 '방탕하다'로 해석했고, '移(이)' '屈(굴)'에 대해서도 주희 설을 따랐다. 주희 주에 이르길- "淫(음)이란 그 마음을 방탕하게 함이요, 移(이)란 그 절개를 변하게 함이요, 屈(굴)은 그 뜻을 꺾는 것이다. (淫, 蕩其心也. 移, 變其節也. 屈, 挫其志也.)"라 했다.

관련 한자

1. [畐(복)성] 富(부유할 부)-副(버금 부)-福(복 복)-匐(길 복)-輻(바퀴살 복)-蝠(박쥐 복)-幅(폭 폭)
   富裕(넉넉할 유), 副業(업 업), 幸福(다행 행), 匍匐(길 포) 輻射(쏠 사), 幅(걸음 보)
2. [分(분)성] 分(나눌 분)-紛(어지러워질 분)-扮(꾸밀 분)-忿(성낼 분)-粉(가루 분)-盆(동이 분)-雰(안개 분)-貧(가난할 빈)-頒(나눌 반)
   分裂(찢을 렬), 紛糾(꼴 규), 扮裝(꾸밀 장), 忿怒(성낼 노), 粉碎(부술 쇄), 盆栽(심을 재), 雰圍氣(둘레 위, 기운 기), 淸貧(맑을 청), 頒布(펼 포)
3. [戔(전)성] 賤(천할 천)-淺(얕을 천)-踐(밟을 천)-錢(돈 전)-箋(글/편지 전). 賤視(볼 시), 淺薄(엷을 박), 實踐(실제 실), 金錢(쇠 금)

---

22 謝冰瑩 등, ≪新譯四書讀本≫, 三民書局, 1983, 343쪽.

23 楊伯峻, ≪孟子譯注≫, 中華書局, 1992, 141쪽.

24 민중서림편집국, ≪漢韓大字典≫, 민중서림, 2009, 1243쪽.

shēng yú yoū huàn, sǐ yú ān lè.

19. 生於憂患, 死於安樂. ≪맹자·고자(告子)하≫

생 어 우 환, 사 어 안 락.

번역

우환에서(於憂患) 살아나고(生), 안락에서(於安樂) 죽는다(死).

한자 음훈

生(날 생), 於(어조사 어), 憂(근심할 우), 患(근심 환), 死(죽을 사), 安(편안할 안), 樂(즐거울 락).

주석

자칫 글자대로 단순하게 "우환에 살고, 안락에 죽는다"로 해석하면 의미가 왜곡된다. 여기서의 의미는 "우환을 통해 비로소 살아남게 되고, 안락에 취해서 죽는다"이다.

'~에' 또는 '~에서'로 해석되는 어조사 '於(어)' 및 문장구조를 최대한 존중하여 "우환에서 살아나고..."로 해석하였다. 본 문장은 ≪맹자·고자 하≫에 나오는 말로, 어려움에 처한 사람들에게 적지 않은 용기를 줄 수 있는 명언으로 우환과 위기는 극복할 경우 생존이 보장되지만 안락에 빠지면 죽게 된다는 경구이다. 본 구절 위에 맹자는 또 닥쳐온 어려움과 곤란을 감내해야 할 이유를 아래와 같이 제시했다.

▸ 故天將降大任於是人也, 必先苦其心志, 勞其筋骨, 餓其體膚,

(고천장강대임어시인야, 필선고기심지, 노기근골, 아기체부)

"그러므로(故) 하늘은(天) 장차(將) 이 사람에게(於是人) 중임을(大任) 맡길 때(降), 반드시(必) 먼저(先) 그 사람의 마음을(其心志) 괴롭게 만들고(苦), 그 근골을(其筋骨) 수고롭게(勞) 하고, 그의 위와 장을(其體膚) 배고프게 하고(餓),"

▸ 空乏其身, 行拂亂其所爲, 所以動心忍性, 曾益其所不能.)

(공핍기신, 행불란기소위, 소이동심인성, 증익기소부능.)

"그의 몸을(其身) 곤궁하게(空乏) 하며, 행함에(行) 그 하는 바를(其所爲) 어긋나게 하여 교란시키는데(拂亂), 이것은 그의 마음을 격동시키고(動心), 그의 성정을 참게 하여(忍性), 그 부족한 능력(其所不能)을 증진시키고자(增益) 한 때문이다(所以)."

관련 한자

1. [生(생)성] 生(날 생)-牲(희생 생)-甥(생질 생)-笙(생황 생)-性(성품 성)-姓(성 성)-星(별 성)-腥(비릴 성)-醒(깰 성)

   生捕(사로잡을 포), 犧牲(희생 희), 甥姪(조카 질), 笙簧(피리 황), 性急(급할 급), 百姓(일백 백), 恒星(항상 항), 覺醒(깨달을 각).

2. [樂(락)성] 樂(즐길 락/음악 악/좋아할 요)-藥(약 약)

   娛樂(즐거워할 오, 즐길 락), 樂譜(음악 악, 악보 보), 樂山樂水(좋아할 요, 뫼 산, 물 수), 補藥(도울 보).

jiāng dà yǒu wéi zhī jūn, bì yǒu suǒ bú zhào zhī chén.

20. 將大有爲之君，必有所不召之臣. ≪맹자·공손추(公孫丑)≫

장 대 유 위 지군, 필 유 소 불 소 지 신.

번역

장차(將) 큰일을 할(大有爲) 군주는(君) 반드시(必) 불러들이지 못하는(不召) 신하(臣)가 있다(有).

한자 음훈

將(장차 장), 大(큰 대), 有(있을 유), 爲(할 위), 之(의 지/어조사 지), 君(임금 군), 必(반드시 필), 所(바 소), 不(아닐 불), 召(부를 소), 臣(신하 신).

주석

≪맹자·공손추≫에 나오는 이 말은 장차 큰일을 할 군주는 쉽게 부를 수 없는 신하에게 먼저 나아가 그에게 배우고 다시 그를 신하로 초빙해 썼다는 말로, 인재를 아끼고 등용하여 나라를 다스린 성군의 모습을 이르는 말이라 하겠다. 원문은 다음과 같다.

▸ 故, 將大有爲之君，必有不召之臣, 欲有謀焉，則就之.
(고, 장대유위지군，필유불소지신, 욕유모언，즉취지)
"그러므로 장차 큰일을 할 군주는 반드시 불러들이지 못하는 신하가 있어서, 도모하고 싶으면(欲有謀焉) 곧(則) 그에게(之) 나아가느니(就),"

▸ 其尊德樂道, 不如是, 不足與有爲也.

(기존덕락도, 불여시, 부족여유위야)

덕을 존중하고(尊德) 도를 즐겨야(樂道) 한다. 이와(是) 같지 않으면(不如) 더불어(與) 큰일을 하지(有爲) 못한다(不足).

▸ 故, 湯之於伊尹, 學焉而後臣之, 故, 不勞而王.

(고, 탕지어이윤, 학언이후신지, 고, 불로이왕)

"그러므로(故) 탕임금이(湯之) 이윤에게(於伊尹) 배운 뒤에(學焉而後) 그를 신하로 하였기(臣之) 때문에(故) 수고롭지 않게(不勞) 왕도 정치를 하였고(而王),"

▸ 桓公之於管仲, 學焉而後臣之, 故, 不勞而霸.

(환공지어관중, 학언이후신지, 고, 불로이패)

"환공이(桓公之) 관중에게(於管仲) 배운 뒤에(學焉而後) 그를 신하로(臣之) 하였기 때문에(故) 수고롭지 않게(不勞) 패자가 되었다(而霸)."

이윤(伊尹)은 상(商)나라의 유명한 재상이며, 관중(管仲)은 춘추시대 제나라 환공의 유명한 재상이다.

우리의 대통령들도 이런 통치 철학을 배울 수 있다면 얼마나 좋겠는가?

관련 한자

1. [召(소)성] 召(부를 소)-沼(늪 소)-昭(밝을 소)-照(비출 조)-詔(고할 조)-招(부를 초)-超(뛰어넘을 초).

召喚(부를 환), 湖沼(호수 호), 昭詳(자세할 상), 照明(밝을 명), 詔書(고할 조, 글 서) ↔ 調書(조사할 조), 招待(대접할 대), 超過(지날 과).

wú héng chǎn zhě, wú héng xīn.

21. 無恒産者, 無恒心. ≪맹자·등문공(滕文公)상≫

무 항 산 자, 무 항 심.

번역

일정한 생업(恒産)이 없는(無) 사람(者)은 일정한 마음(恒心)이 없다(無).

한자 음훈

無(없을 무), 恒(늘 항), 産(낳을 산), 者(사람 자), 心(마음 심)

주석

이 구절은 ≪맹자≫의 <양혜왕(梁惠王)>상편과 <등문공(滕文公)>상편에 나오는 말이다. <등문공> 상편에서는 등(滕)나라의 문공(文公)이 맹자에게 바른 정치를 묻자 맹자가 아래와 같이 대답한다.

▸ 民之爲道也, 有恒産者有恒心, 無恒産者無恒心.,

(민지위도야 유항산자유항심 무항산자무항심)

"백성들이(民之) 사는 방도는(爲道也) 일정한 생업이 있는 자는(有恒産者) 일정한 마음이 있고(有恒心), 일정한 생업이 없는 자는(無恒産者) 일정한 마음이 없습니다(無恒心)."

▸ 苟無恒心, 放辟邪侈, 無不爲已. (구무항심 방벽사치 무불위이)

"진실로(苟) 일정한 마음이 없으면(無恒心), 제 멋대로(放辟) 하고 간사(邪)

하고 사치(侈)하는 등 못하는 짓이(不爲已) 없습니다(無)."

예나 지금이나 인격 수양이 높은 사람을 제외하고, 일상생활의 일정한 수입이나 직업이 없으면 마음이 흔들리고 온갖 부정한 일을 도모하게 되는 경우가 허다하다. 따라서 최소한의 경제적 안정은 본인의 가치관 실현과 수양에 꼭 필요하다 하겠다.

이 말은 박정희 전 대통령과 함께 5.16 쿠데타를 일으키고 오랜 기간 국무총리를 역임했던 김종필 씨가 자신의 정치적 선택과 인생역정을 정당화하기 위해 생전에 즐겨 인용했으며, 그의 사후 묘비로도 남겨 더 유명한 구절이 되었다.[25] 그의 논리는 지금의 번영과 민주화라는 가치 달성은 그들의 권위주의 정권하에 이루어진 산업화가 밑거름이 되었다는 점을 강조한 것이고, 그들의 역사적 등장의 정당성과 필연성을 애둘러 표현한 것이다.

관련 한자

1. 放(방탕할 방), 辟(편벽될 벽), "放辟(방벽) : 제 멋대로 함", 邪(간사할 사), 侈(사치할 치)
2. '心(忄)(마음 심)' 부수자 : 대부분 마음과 관련 있다.
   快(쾌할/빠를 쾌)-快樂(즐길 락), 怪(괴이할 괴)-怪異(다를 이), 恨(한할 한)-怨恨(미워할 원), 悟(깨달을 오)-覺悟(깨달을 각), 情(마음 정)-情談(마음 정, 이야기 담), 愼(삼갈 신)-愼重(무거울 중), 憎(미워할 증)-愛憎(사랑 애)

25 http: //www.kookje.co.kr/news2011/asp/newsbody.asp?key=20180625.99099011995

3

≪중용(中庸)≫

≪중용≫은 ≪대학≫·≪논어≫·≪맹자≫와 더불어 사서(四書)라 칭한다. 이 책은 송나라 주희(朱熹)가 ≪예기≫ 49편 가운데 <대학>·<중용>을 떼어내어 ≪논어≫·≪맹자≫와 함께 사서라 이름을 붙인 것이다.

≪중용≫의 저자는 공자의 손자 자사(子思)로 알려져 있으나 정설이라 할 수는 없다.

≪중용≫은 33장으로 구성되어 있으며, 흔히 유교의 철학 개론서라 일컬어지며, 풍우란(馮友蘭)에 따르면 ≪대학≫이 순자 계열이라면 ≪중용≫은 맹자 계열이라고 할 수 있고, ≪대학≫이 유학의 정치철학이라면 ≪중용≫은 유학의 인생철학이라고 할 수 있다. (이강수 2007: 148)

≪대학≫의 내용은 전반부·후반부로 나뉘는데, 전반부에서는 주로 중용 또는 중화사상(中和思想)을 말하고, 후반부에서는 성(誠)에 대해 설명하고 있다.

'중용(中庸)'이란 무엇인지 한마디로 정의 내리기는 쉽지 않다. 주희의 해석에 의하면 아래와 같다. (성백효 2020: 86)

"중용(中庸)이란 편벽되지 않고 치우치지 않으며 지나침과 모자람이 없어서 평상한 이치이니, 천명(天命)에 마땅한 정교하고 세밀

함의 극치이다.(中庸者, 不偏不倚無過不及而平常之理, 乃天命所當然精微之極致也.)"

'중용(中庸)'을 '중화(中和)사상'으로 표현하기도 하는데, 한마디로 '중(中)'은 희로애락의 감정이 발로되기 이전의 순수한 마음의 상태를 말하는 것이고, 마음이 발하여 절도에 맞는 것을 화(和)라 일컫는다고 한다.

≪중용≫에서는 또 '성(誠)'을 중요시한다. 한마디로 '지성감천(至誠感天)'과 맥을 같이한다. 그래서 "성(誠)은 하늘의 도(道)이고, 성(誠) 되려는 것은 사람의 도다(誠者, 天之道也, 誠之者, 人之道也.)"라고 했다.

최근 '역린'이라는 영화에서 주 모티브로 삼아 유명해진 ≪중용≫의 아래 명대사를 보면 조선시대 최고의 사대부 애독서 ≪중용≫의 위력을 짐작하게 한다.

> "작은 일도 무시하지 않고 최선을 다해야 한다. 작은 일에도 최선을 다하면 정성스럽게 된다. 정성스럽게 되면 겉에 배어 나오고 겉에 배어 나오면 겉으로 드러나고 겉으로 드러나면 이내 밝아지고 밝아지면 남을 감동시키고 남을 감동시키면 이내 변하게 되고 변하면 생육된다. 그러니 오직 세상에서 지극히 정성을 다하는 사람만이 나와 세상을 변하게 할 수 있는 것이다."

(其次는 致曲이니, 曲能有誠이니, 誠則形하고 形則著하고, 著則明하고, 則動하고 動則變하고, 變則化니, 唯天下至誠이야 爲能化니라)

yán gù xíng, xíng gù yán.

22. 言顧行, 行顧言. ≪예기·중용(禮記·中庸)≫

언 고 행, 행 고 언.

번역

말할 때는(言) (추후의) 행동(行)을 고려하고(顧), 행동할 때는(行) (이미 한)말을(言) 고려하라(顧).

한자 음훈

言(말씀 언), 顧(돌아볼 고), 行(다닐 행).

문법설명

'言顧行(언고행)'에서 '顧(돌아볼 고)'는 '고려한다/생각한다' 등 의미의 술어 동사며, '行(다닐 행)'은 '행위·행동'이란 의미의 목적어로 쓰였다. 한문은 '동사+목적어' 순이다.

주석

언행일치(言行一致)를 강조한 말씀인바, 공자 역시 말의 신중을 대단히 중요하게 여겼고, 이에 관해 군자와 소인을 비교 언급하기도 했다. 예컨대, 공자는 ≪논어≫에서 아래와 같이 말하고 있다.

▸ 君子欲訥於言而敏於行. (군자욕눌어언이민어행) ≪논어·이인(里仁)≫

"군자는(君子) 말은(於言) (근신하여) 어눌하게(訥) 하면서(而), 행동에는(於

行) 민첩하게(敏) 하려 한다(欲)"

▸ 君子, 恥其言而過其行. (군자, 치기언이과기행) ≪논어·헌문(憲問)≫

"군자는(君子) 그 말이(其言) 그 행동보다(而..其行) 지나치는(過) 것을 부끄러워한다(恥)."

▸ 巧言令色, 鮮矣仁. (교언영색, 선의인) ≪논어·학이(學而) 등≫

"말 잘하고(巧言) 얼굴빛을 잘 꾸미는 자(令色) 가운데 어진 사람(仁)이 드물다(鮮矣)."

말에 관해서는 노자나 장자도 중요시 여겼다. 예컨대,

▸ 信言不美, 美言不信. (신언불미, 미언불신) ≪노자(老子) 81≫

"믿음직한 말(信言)은 듣기 안 좋고(不美), 아름다운 말(美言)은 미덥지 않다(不信)."

▸ 人不以善言爲賢. (인불이선언위현) ≪장자(莊子)≫

"사람(人)은 좋은 말 잘한다고(以善言) 현인이 되는 것(爲賢)은 아니다(不)."

관련 한자

1. [雇(고)성] - 雇(품살 고)-顧(돌아볼 고)
   雇用(쓸 용) - 품삯을 주고 남을 부림
   雇傭(품팔이 용) - 품삯을 받고 남의 일을 함.
   解雇(풀 해)
   顧客(손님 객) - 잘 돌봐야 할(顧) 손님(客).
   顧問(물을 문) - 자문(諮問)에 응하여(顧) 의견을 말하는 관직.
   回顧(돌 회)

4

≪춘추(春秋)≫·≪춘추좌씨전(春秋左氏傳)≫

≪춘추(春秋)≫는 오경(五經) 중 하나로 1,800여 조의 경문(經文)에, 16,500 자(字)의 편년체(編年體)로 쓰여진 역사서로서, 춘추시대(春秋時代-기원전 770년~403년) 노(魯)나라 은공(隱公)으로부터 애공(哀公)까지 총 242년간의 역사 기록이다. 지금은 주석서인 ≪춘추공양전(公羊傳)≫≪춘추곡양전(穀梁傳)≫≪춘추좌씨전(左氏傳)≫의 형태로 전해진다.

'춘추'라는 말은 '시간의 추이(推移)'를 상징하는 춘하추동(春夏秋冬)의 약칭으로서, 주(周)나라 때부터 ≪오월춘추(吳越春秋)≫≪여씨춘추(呂氏春秋)≫와 같이 편년체 역사서의 이름으로 불렸다.

이처럼 ≪춘추≫는 본래 노나라의 사관(史官)이 기록한 궁정연대기(宮廷年代記)였는데, 여기에 공자(孔子)가 독자적인 역사의식과 가치관을 가지고 필삭(筆削)을 가함으로써 후대에 존숭되게 되었다.

≪순자·권학(勸學)·유효(儒效)≫에서는 처음으로 ≪춘추≫를 경(經)으로서 다루고 있고, 한대(漢代)에 이르면 비로소 ≪춘추≫에 담겨 있는 공자의 미언대의(微言大義)를 밝히려는 춘추학(春秋學)이 성립되었다.

≪춘추≫는 단순한 역사적 사실만을 담고 있는 책은 아니며, ≪춘추≫의 경문 속에서는 사건이나 인물이 공자의 예(禮)와 명분을 중시하는 정치 이념 아래 비판 또는 평가되고 있다. ≪춘추≫는 사건에 의탁하여 대의명분을 피력한 책이며, 공자의 독특한 필법이 경문 전체에 일관하고 있다.

공자의 미언대의(微言大義)는 ≪춘추≫의 서술 방식이나 용어 사용의 일정한 원칙 속에서 드러나고 있는데, 경문의 내용이 지극히 간절(簡切)하여 그것을 해석한 전(傳)을 매개로 하지 않고는 원 뜻을 파악하기가 쉽지 않다.

이 전을 대표하는 것이 이른바 '춘추삼전'으로서 ≪공양전≫·≪곡양전≫·≪좌씨전≫인데, ≪좌씨전≫은 기록된 사실과 그에 관련된 사실(史實)을 통해 역사적·실증적으로 춘추대의(春秋大義)를 규명하고 있으며, ≪공양전≫·≪곡량전≫은 경문을 그 자체로 직접 해석, 기록된 사실의 내재적 의미를 설명하고 있다.

한대에 이르러 ≪공양전≫·≪곡량전≫·≪좌씨전≫의 순으로 학관(學官)에 채택되었으며, 이후 삼전이 금고문학파(今古文學派) 사이의 논쟁 속에서 태학(太學)의 교재로서 우열을 다투었으나, 후한(後漢)의 정현(鄭玄) 이후에는 ≪좌씨전≫이 가장 성행하였다.

현재 13경 속에는 3전이 각각 하나의 경전으로 포함되어 있으며, ≪춘추≫의 경문은 ≪좌씨전≫을 기준으로 하는 것이 보통이다. 우리나라에서도 삼국시대 이래로 ≪좌씨전≫을 유교의 주요 경전으로 삼고 애독하였다. ≪좌씨전≫은 노(魯)나라의 좌구명(左丘明)이 해석한 책이다.

jū ān sī wēi, sī zé yǒu bèi, yǒu bèi wú huàn.

23. 居安思危, 思則有備, 有備無患. ≪춘추좌씨전(春秋左氏傳)≫

거안사위, 사즉유비, 유비무환.

번역

편안히 살 때(居安), 위태로움을 생각하고(思危), 생각하면(思) 즉(則) 대비를 하고(有備), 대비를 하면(有備) 걱정이 없게 된다(無患).

한자 음훈

居(살 거), 安(편안할 안), 思(생각할 사), 危(위태할 위), 則(곧 즉), 有(있을 유), 備(갖출 비), 無(없을 무).

주석

이 말은 춘추시대 약소국인 鄭(정)나라가 송(宋)나라를 치는 과정에서 나온 말이다. 정나라는 강대국인 초(楚)나라 진(晉)나라와 동시에 화친을 맺었으나 오히려 양측의 공격을 받아 곤란에 빠지는 상황이 발생하게 된다. 그 과정에서 정나라는 진(晉)나라에 화친과 중재의 대가로 많은 선물을 바치게 되는데, 진나라 왕 진도공(晉悼公)은 이 선물의 많은 부분을 공이 많은 위강(魏絳)에게 하사하자 위강이 사양하면서 진도공에게 충고하면서 한 말이 바로 이 구절이다. 즉, 강대국으로서 태평할 때 나라의 위태로움을 미리 생각하고 대비해야 한다는 충언(忠言)인 것이다.

이와 유사한 말은 ≪상서(尙書)·주관(周官)≫에도 보인다.

▸ 居寵思危. (거총사위)

"총애를 얻어 편안히 거할 때(居寵), 위태로움을 생각하라(思危)."

≪논어·위령공(衛靈公)≫에는 아래와 같이 말하고 있다.

▸ 人無遠慮, 必有近憂. (인무원려, 필유근우)

"사람이(人) 멀리 생각하는(遠慮) 것이 없으면(無), 반드시(必) 가까운 근심이(近憂) 있다(有)."

안중근(安重根) 의사(義士)는 위 구절을 변형시켜 아래와 같이 말하였다.

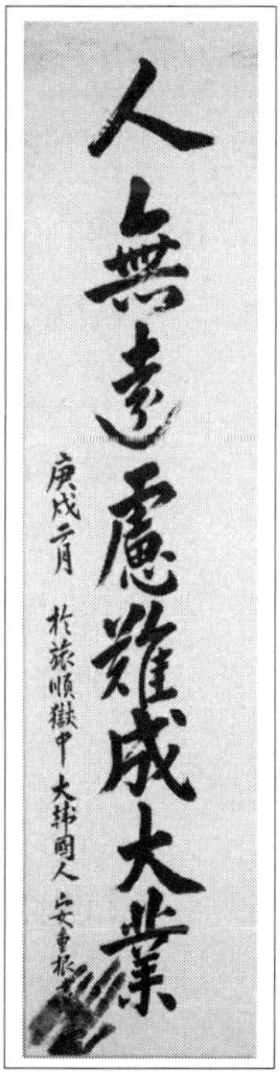

▸ 人無遠慮難成大業. (인무원려난성대업)

"사람이(人) 멀리 생각함이(遠慮) 없으면(無) 대업(大業)을 이루기 어렵다(難成)."

관련 한자

1. 晉(진나라 진), 悼(슬퍼할 도), 魏(위나라 위), 絳(진홍 강), 尙(높을 상), 寵(사랑할 총), 遠(멀 원), 慮(생각할 려), 近(가까울 근), 憂(근심 우), 難(얼울 난), 成(이룰 성), 業(업 업),

bēi ràng, dé zhī jī yě.

24. 卑讓, 德之基也. ≪춘추좌씨전(春秋左氏傳)≫

비 양, 덕 지 기 야

번역

(나를) 낮추고(卑) 양보(讓)하는 것은 덕의 기본(德之基)이다.

한자 음훈

卑(낮을 비), 讓(사양할 양), 德(덕 덕), 之(의/갈/어조사 지), 基(터 기), 也(어조사 야).

주석

≪春秋左傳 · 文公元年≫에는 이렇게 나와 있다.

▸ 忠, 德之正也. 信, 德之固也. 卑讓, 德之基也.

(충, 덕지정야. 신, 덕지고야. 비양, 덕지기야)

"忠(충)은 덕의 바름(德之正)이요 ; 信(신)은 덕의 공고함(德之固)이요 ; 낮추고(卑) 양보(讓)함은 덕의 기본(德之基)이다."

'之(지)'자의 훈을 보통 '갈지'로 새기나 여기서는 '~의'의 의미로 쓰여 '의 지'로 해석한다. '也'는 '~이다'란 의미의 문장 종결을 나타내는 허사다.

자원(字源)

1. '德(덕 덕)'자의 본뜻(字源): 갑골문에는 로 그려져 있는데, 길의 반쪽인 '彳(척)'과 눈(目) 위의 직선이 있는 '直(곧을 직)'가 합쳐진 형태의 글자로 "걷는데(彳) 눈을(目) 똑바로 앞을 본다"는 의미에서 본래 의미(本義)를 '행위가 단정함'으로 풀이한다.[26]금문(金文)에는 '心(마음 심)'자를 덧붙여 [27] 로 되어 있다.
2. 부수 '彳(조금걸을 척)': '德(덕 덕)'자의 부수는 '彳(척)'자다. 이 '彳(척)'는 갑골문에 길 네거리를 그린 (行-다닐 행) 자의 반쪽인 ''의 형상이다. 따라서 부수 '彳(척)'자가 들어간 자들은 대부분 '길을 걷다'는 의미의 글자들이 많다. 예컨대, '往(갈 왕)·復(돌아올 복)·從(따를 종)·後(뒤 후)·待(기다릴 대)' 등.

관련 한자

1. [卑(비)성] 卑(낮을 비)-碑(비석 비)-婢(계집종 비)-脾(지라 비)-牌(패 패)
   卑賤(낮을 비, 천할 천), 碑銘(비석 비, 새길 명), 奴婢(종 노, 계집종 비), 脾胃(지라비, 밥통위), 門牌(문 문, 패 패)
2. [襄(양)성] 襄(오를 양)-讓(사양할 양)-壤(흙 양)-孃(계집애 양)-釀(술 빚을 양)-攘(물리칠 양)
   讓渡(건넬 도), 土壤(흙 토), 釀酒(술 주), 攘夷(오랑캐 이)
3. [其(기)성] 其(그 기)-基(터 기)-箕(키 기)-期(기약할 기)-旗(기 기)-麒(기린 기)-棋(바둑 기)-碁(바둑 기)-欺(속일 기)

---

26 馬如森, ≪殷墟甲骨文實用字典≫, 上海大學出版社,2008, 48쪽. 李樂毅著 朴琪鳳譯, ≪漢字正解≫(제1책), 비봉출판사, 1994, 178쪽.

27 陳初生,≪金文常用字典≫,復文圖書出版社, 1992, 194쪽.

duō xíng bú yì bì zì bì.

25. 多行不義必自斃. ≪춘추좌씨전(春秋左氏傳)≫

다 행 불 의 필 자 폐.

번역

의롭지 못한 일(不義)을 많이 하면(多行) 반드시(必) 스스로 멸망한다(自斃).

한자 음훈

多(많을 다), 行(다닐 행), 不(아닐 불), 義(옳을 의), 必(반드시 필), 自(스스로 자), 斃(죽을 폐/넘어질 폐)

주석

춘추시대(春秋) 정(鄭)나라에 莊公(장공)이라는 왕이 있었는데, 그의 어머니 무강(武姜)은 장공(莊公)을 미워하며 동생 단(段)을 편애(偏愛)하였다. 장공이 왕이 되기 전에도 부왕에게 태자를 동생 단(段)으로 바꾸도록 수차례 아뢰기도 하였다. 형을 미워하고 동생 단을 총애한 이유는 장공이 태어날 때 거꾸로 태어나 자신이 엄청 고생했다는 이유 때문이라 한다. 어머니 강씨는 은공(隱公) 원년 여름(BC 722)에 장공이 즉위하자 동생 단(段)에게 영토를 주도록 여러 차례 강권하여 도성 근처 요지의 땅을 분배하여 주기도 했다.

그럼에도 어머니 강씨는 동생 단과 모의하여 왕위를 찬탈(簒奪)

하기 위해 군사를 비밀리에 모아 훈련을 시켰다. 이러한 음모를 알아챈 대부 祭仲(제중)이 그 심각성을 깨닫고 장공에게 신속한 대비를 주청(奏請)했으나 장공은 서두르는 기색도 없이 "多行不義, 必自斃(다행불의, 필자폐)-바르지 못한 일을 많이 하게 되면 반드시 스스로 망하게 되는 법이다."라 말하며 무시했다. 그러나 결국 어머니 강씨와 동생 단이 내통 모의하고 거사 날짜까지 잡기에 이르자 장공은 드디어 선수를 쳐 반군을 토벌하였고, 이웃 나라로 달아난 동생 단은 결국 자살하게 되었고, 어머니를 토굴에 유폐(幽閉)시켰다.

동생을 죽게 하고 어머니를 토굴에 가두었으나 대의에 따른 행동이라 여기고 많은 사람들이 이를 비난하지 않았다고 한다.[28]

관련 한자

1. [敝(폐)성] 弊(해질/나쁠/낡을 폐)-幣(비단/예물/돈 폐)-蔽(덮을 폐)-斃(죽을 폐)-敝(해질 폐)
   幣帛(예물 폐, 비단 백), 貨幣(돈 화, 돈 폐), 民弊(백성 민, 나쁠 폐), 弊社(낡을 폐, 회사 사), 斃死(넘어질 폐, 죽을 사).
2. 부수 '行(다닐 행)'자 : 중국의 최근 자전에는 '行' 부수를 없애고 '行'자를 '彳(척)'부수에 귀속시켰다. 사실 '彳'과 '行'은 뿌리가 같다. '行'은 길 네거리 고 '彳'은 의 왼쪽 반쪽  이다. '行' 부수자들은 대부분 '도로'나 '걷기'와 관련 있다. 예컨대, '街(거리 가)', '衛(지킬 위): 길 입구에서 지킴', 등.

28 http: //www.seongdongnews.com/news/articleView.html?idxno=26011

5

≪시경(詩經)≫

≪시경≫은 마치 한국 신라시기의 향가(鄕歌)처럼 약 2,600~3,000년 전 중국 북방지역 민간가요다. 또한 중국의 가장 오래된 시가(詩歌) 총집으로서 중국 순수 문학의 시조이자 유가 오경 중의 하나이기도 하다. 민간가요는 민간의 풍속과 민심을 파악하기 위해 파견한 채시관(采詩官)들이 채집한 것이 주류를 이루나 이 외에도 사대부들이 지은 것과 조정에서 제사용으로 지은 것도 있다. 본래는 민간 문학작품으로 출발했으나 총 3,000 여편 시를 공자가 300편으로 다듬고(공자의 산시설<刪詩說>) 이를 교육적으로 사용한 이래 유가의 존숭을 받으면서 유교 경전화 되었다.

≪시경≫의 시는 일반적으로 '육의(六義)'로 분류하는데, '시의 성질'로는 '風(풍)·雅(아)·頌(송)'으로, '시의 체제'로는 '賦(부)·比(비)·興(흥)'으로 나눈다.

'風(풍속 풍)'은 각 지역의 풍토와 인정을 알 수 있는 가요이며, '雅(바를 아)'는 왕조의 정성(正聲: 조정의 음악)이란 의미로 조정 의식에서 불렸던 노래이며, '頌(기릴 송)'은 제사를 지낼 때 신과 조상을 칭송하는 악가다.

'賦(펼 부)'는 정치 교화상의 선악을 직접 서술하는 형식의 시며, '比(비)'는 직접 비판하지 않고 비유해 읊는 형식의 시를 말하며, '興(일 흥)'은 먼저 다른 사물을 말하여 읊고자 하는 말을 일으키는(주희설) 시의 형식을 말한다.

본래 ≪詩經≫은 오랫동안 본래 '詩(시)'라고만 불러왔고, 서한 초기 신배공(申培公)의 ≪노시(魯詩)≫, 원고생(轅固生)의 ≪제시(齊詩)≫, 한영(韓嬰)의 ≪한시(漢詩)≫ 등 이른바 '삼가시(三家詩)'가 전해졌었으나 현재는 잃어졌다.

현재 ≪시경≫이라는 이름으로 전해지는 것은 서한 초 모형(毛亨)과 모장(毛萇)이 전한 ≪모시(毛詩)≫다.

≪시경≫의 첫 번째 시 <관저(關雎)>편에서 네 구절만 예 들어보면 아래와 같다.

關關雎鳩　(관관저구)-관관(關關) 우는 물수리 새(징경이새)는
在河之州　(재하지주)-냇물 모래톱에 노니네.
窈窕淑女　(요조숙녀)-그윽히 아름다운 숙녀(요조숙년)는
君子好逑　(군자호구)-군자의 좋은 짝이라네.

yán zhě wú zuì, wén zhě zú jiè.

26. 言者無罪, 聞者足戒. ≪시경·서(詩經·序)≫

언 자 무 죄, 문 자 지 계.

번역

말하는 이(言者)는 죄가 없고(無罪), 듣는 이(聞者)가 경계(戒)로 삼으면 족하다(足).

한자 음훈

言(말씀 언), 者(사람 자), 無(없을 무), 罪(허물 죄), 聞(들을 문), 足(넉넉할 족), 戒(경계할 계)

주석

위 격언은 ≪시경≫의 서문에 나오는 말로, ≪시경≫의 여섯 형식인 육의(六義) '풍(風)·아(雅)·송(頌)·부(賦)·비(比)·흥(興)' 중 '풍(風)'의 의미를 설명하면서 언급한 말이다. 문학적인 시가(詩歌) 형식을 이용해 넌지시 풍자할 때, 풍자의 말에 잘못은 없고 듣는 이가 이 말을 듣고 경계로 삼으면 족하다 라는 의미이다. 후대에 언로를 넓힐 때 주로 많이 쓰인 이 말은 1956년 모택동이 언급하면서 이른바 '백화제방(百花齊放)'이 시작되었다 한다.

- 百花齊放(일백 백, 꽃 화, 가지런할 제, 놓을 방): "온갖 꽃이 한꺼번

에 피다"는 의미로 모든 사상·학문·이념이 한꺼번에 발흥한다는 의미.

≪시경·서≫ 원문에 이르길..

▸ 故詩有六義焉 : 一曰風, 二曰賦, 三曰比, 四曰興, 五曰雅, 六曰頌.
(고시유육의언 : 일왈풍, 이왈부, 삼왈비, 사왈흥, 오왈아, 육왈송)
고로 시에는 육의가 있다. 첫째는 풍(風)이요, 둘째는 부(賦)요, 셋째는 비(比)요, 넷째는 흥(興)이요, 다섯째는 아(雅)요, 여섯째는 송(頌)이다.

▸ 上以風化下, 下以風刺上, (상이풍화하, 하이풍자상)
"위는(上) 풍으로(以風) 아래를(下) 교화하고(化), 아래는(下) 풍(以風)으로 위를(上) 풍자하니(刺),"

▸ 主文而譎諫 (주인 주, 글월 문, 말이을 이, 넌지시비출 휼, 간할 간),
"시가 형식에 치중하여(主文) 넌지시(譎) 간하는(諫) 것으로,"

▸ 言之者無罪, 聞之者足以戒, 故曰風." (언지자무죄, 문지자족이계, 고왈풍)
"말하는 자는 죄가 없고, 듣는 자가 경계하면 족하나니, 고로 풍(風)이라 하는 것이다."

관련 한자

1. [戒(계)성] 戒(경계할 계)-械(형틀 계)
破戒(깨뜨릴 파), 十戒, 機械(베틀 기)
2. 言論(말씀 언, 논할 론), 記者(기록할 기, 사람 자), 新聞(새 신, 들을 문)

tā shān zhī shí, kě yǐ gōng yù.

27. 他山之石, 可以攻玉. ≪시경·소아(小雅)·학명(鶴鳴)≫

타 산 지 석, 가 이 공 옥.

번역

다른 산(他山)의 돌(石)도 내 옥(玉)을 갈(攻) 수 있다(可以).

한자 음훈

他(다를 타), 山(뫼 산), 之(어조사 지), 石(돌 석), 可(가히 가), 以(써 이), 攻(칠 공), 玉(옥 옥)

주석

우리는 보통 어떤 일에 대해 '타산지석으로 삼는다'라고 하는데 이 말은 ≪시경≫에서 나온 말이다. 즉, 다른 산의 (거친) 돌이라도 내 옥(玉)을 가는데 쓸 수가 있다는 말로, 보통 돌을 소인(小人)에, 옥(玉)을 군자(君子)에 각각 비유하여, 소인들의 언행을 군자들이 반면교사로 삼아 수양과 학덕을 쌓아 나가는데 쓰일 수 있다는 의미로 풀이한다.

'攻(칠 공)'을 '공격하다'라고 쓰지만 여기서는 "옥을 갈아 다듬는다"라고 해석한다.

관련 한자

1. [可(가)성] 可(가히 가)-哥(형 가)-歌(노래 가)-苛(매울 가)-河(물 하)-何(어찌 하)-荷(짐 하).

■ '何(하)·河(하)'자도 '可(가)'성을 따르는 글자로 상고 시기에는 음이 매우 유사했다. 예컨대..
'何[*gaalʔ](갈)-河[*gaal](갈)-可[*khaalʔ](칼)'(鄭張尙芳 2013: 393)

■ 可望(바랄 망), 哥哥(형 가): 중국어의 형, 歌舞(춤 무), 苛斂誅求(거둘 렴, 벨 주, 구할 구): 세금을 혹독하게(苛) 거두고(斂) 목을 베서라도(誅) 빼앗아 들임, 河川(내 천), 何必(반드시 필), 出荷(날 출, 짐 하)

2. '攻(칠 공)'자의 구조 : 攵(뜻: 치다) + 工(음: 공)

[攵(칠 복)-부수자] 부수 '攴(攵)'자의 갑골문은 , ≪설문해자≫의 소전에는 의 형상으로 손에 작대기 같은 물건을 들고 있는 모양으로 무엇인가 때리는 모습이다. 이 부수자가 들어간 글자들은 모두 손으로 뭔가를 들고 치거나 행동하는 의미의 글자들이다.

• 改(고칠 개)- 갑골문에는 어린이(己)를 막대기로 때리는 모습→잘못을 고침.
• 敎(가르칠 교) 손에 작대기를 들고 아이를 때미면서 훈육시키는 의미.
• 敗(깨뜨릴 패): 손에 작대기를 들고 조개(또는 솥)를 깨뜨리는 형상.
• 敵(원수 적)- 손에 작대기를 들고 적에 대항하는 형상.
• 牧(칠 목)- (이 牧자는 牛<소 우> 부수자임) 손에 작대기를 들고 소(또는 양)를 몰고 있는 모양.

改善(좋을 선), 敎育(기를 육), 敗北(패할 패, 달아낼 배), 敵軍(군사 군), 牧師(다스릴 목, 스승 사)

6

≪주역(周易)≫

≪주역(周易)≫은 유교의 경전(經典) 중 삼경(三經)의 하나인 ≪역경(易經)≫에 속하며 본래 점치는 책이다. ≪주역(周易)≫은 주(周)나라의 역(易)이란 말이며, 원래 하(夏)나라의 연산역(連山易), 상(商)나라의 귀장역(歸藏易)이라는 역서가 있었다고 한다.

역이란 말은 '변역(變易)', 즉 '바뀌고 변한다'는 뜻으로 천지만물이 끊임없이 변화하는 자연현상의 원리를 설명하고 풀이한 것이다.

≪易經≫은 점에 관한 기록으로 64괘(卦)의 괘사(卦辭)와 384효(爻)의 효사(爻辭)가 있다. 易은 — (陽爻) 과 - - (陰爻)로 구성되어 있다.

주역은 8괘에서 시작하는데 최초로 만든 이는 복희씨(伏羲氏)라

하며, 주 문왕 8괘도도 있다. 중요한 것은 주역은 여덟 자연계로부터 그 상을 취하고 있는데, 건(乾: ☰, 하늘), 태(兌: ☱, 연못, 늪), 감(坎: ☵, 물), 이(離: ☲, 불), 진(震: ☳, 우레), 손(巽: ☴, 바람), 간(艮:

☶, 산), 곤(坤: ☷, 땅)이 그것이다.

지천태괘
地天泰卦
11 ䷊ 泰

주역이 비록 점치는 책이긴 하지만 주역이 내포하는 철학은 매우 심오하다. 주역은 우선 '만물의 교감'을 중시한다. 음양의 교류, 남녀 암수의 교감, 낮과 밤의 교체가 그것이다. 그래서 주역에서는 땅을 상징하는 곤괘(坤)가 위에 있고, 하늘을 상징하는 건괘(乾)가 밑에 있는 태괘(泰卦)를 길한 괘로 본다.

또 주역은 '발전과 변화'를 중시한다.

주역의 '역(易)'이란 말 자체가 '바꿀 역'으로 주역 자체가 '우주 만물은 변하며, 그 변화를 예측하여 현명하게 대처하고자 하는 것으로, 불교의 '모든 것은 변한다(諸行無常)'는 사상과 일맥상통한다.

주역에서는 무(無)인 태극에서 만물이 생겨나는 유(有)의 상태로 전환되는 길목에 바로 이른바 기미나 징조를 나타내는 '기(幾)'가 있는데 지혜로운 사람은 이 기미를 잘 살펴서 진퇴와 존망을 미리 알고 대처해야 한다고 주문한다.

jí rén zhī cí guǎ, zào rén zhī cí duō.

28. 吉人之辭寡, 躁人之辭多. ≪주역·계사하(周易·繫辭下)≫

길 인 지 사 과, 조 인 지 사 다.

번역

길한 사람은(吉人之) 말이 적으며(辭寡), 조급한 사람은(躁人之) 말이 어지러이 많다(辭多).

한자 음훈

吉(길할 길), 人(사람 인), 之(어조사 지), 辭(말씀 사), 寡(적을 과), 躁(조급할 조), 多(많을 다).

주석

'길인(吉人)'이란 덕을 갖춘 선량(善良)하고 훌륭한 사람을 말하며, '조인(躁人)'은 그 반대의 성정(性情)이 천박(淺薄)하고 조급(躁急)한 이를 이르는 말이다.

이 구절은 ≪주역·계사(周易·繫辭)하≫에 나오는데, 생각하는 마음에 따라 언사(言辭)가 달라지는 현상을 언급하고 있다. 즉:

▸ 將叛者其辭慙, 中心疑者其辭枝, (장반자기사참, 중심의자기사지)

"장차(將) 배반하려는 자는(叛者) 그 말에(其辭) 부끄러움이(慙) 있고, 마음에(中心) 의심을 가진 자는(疑者) 그 말이(其辭) 산만하고(枝)"

叛(배반할 반)/慙(부끄러울 참)/疑(의심할 의)/枝(가지 지)

▸吉人之辭寡, 躁人之辭多, 誣善之人其辭游, 失其守者其辭屈.

(길인지사과, 조인지사다, 무선지인기사유, 실기수자기사굴)

"선량하고 길한 사람은 말이 적으며, 조급한 사람은 말이 어지러이 많고, 착한 이를 모함(誣善)하는 사람은(之人) 그 말이(其辭) 들떠 있으며(游), 자신의 직분을(其守) 잃은 자는(失-者) 그 말이(其辭) 곧지 않다(屈)."

誣(무고할 무)/游(헤엄칠 유)/屈(굽을 굴)

'지(枝)'는 '가지'를 말하지만 여기서는 '곧은 줄기가 아닌 지엽적 가지와도 같은 산만함'을 가리키며, '유(游)'의 대표 훈은 '헤엄치다'이나 여기서는 "안정적이지 못한 상태로 물 위에 떠 있는 것처럼 들떠 있음"을 의미하며, '屈'은 "곧지 못하고 굽어 있다"는 뜻이다.

관련 한자

1. [喿(소)성] 躁(조급할 조)-操(잡을/부릴/지조 조)-燥(마를 조)-藻(마름 조)

躁急(급할 급), 操縱(놓을 종), 體操(몸 체, 부릴 조), 貞操(곧을 정, 지조 조)

乾燥(마를 건), 海藻(바다 해)

7

≪예기(禮記)≫

유가(儒家) 경전에서 예절을 설명해 놓은 세 개의 ≪예경≫이 있는데, 즉 ≪의례≫≪주례≫≪예기≫가 그것이고 이를 '삼례(三禮)'라고 부른다.

≪의례(儀禮)≫는 총 17편으로 서주부터 춘추시대까지 구체적인 삶에서의 예의에 관한 자료를 모아놓은 책으로 공자가 지었다고 한다.

≪주례(周禮)≫ 총 6편으로 주나라의 제도에 관한 기록이다.

≪예기(禮記)≫는 서한(西漢)의 대성(戴聖)이 편찬한 49편 ≪소대예기(小戴禮記)≫를 말한다. 이 책은 ≪의례≫의 경문에 대한 해설 보충서라고 하겠다. 공자 사후 진·한(秦·漢)까지 유학자들의 예에 관한 기록이 담겨 있다. 약 BC. 2세기 경 서한 유학자들이 ≪의례≫를 전수할 때 대략 두 가지 예에 관한 문헌을 참고했는데, 첫째가 대덕(戴德)의 편찬한 85편 ≪대대예기(大戴禮記)≫이고, 두 번째는 대성(戴聖)의 49편 ≪소대예기(小戴禮記)≫다. 정현(鄭玄)이 이 ≪소대예기≫에 주를 달아 ≪예기≫라 부른 것이다.

1190년 성리학파의 주희(朱熹)는 ≪예기≫ 중의 <대학(大學)> <중용(中庸)> 2편을 각각 별개의 책으로 편찬하여 유교 경전 ≪논어(論語)≫·≪맹자(孟子)≫와 더불어 사서(四書)에 포함시켰다. 사서는 보통 중국에서 유교 입문서로 사용되고 있다.

≪예기≫가 중요한 것은 ≪예기≫에 유가의 핵심 정치 철학사상인 '예치(禮治)사상'이 들어있다는 점이다. ≪예기·대전편≫에 아래와 같은 구절이 있다.

> 인도(人道), 즉 사람의 도리는 자기의 어버이를 자기 몸처럼 아끼는 것이다. 자기의 어버이를 자기 몸처럼 아끼므로 조상을 높이고, 조상을 높이므로 종법을 공경하고, 종법을 공경하므로 상하존비(上下尊卑), 친소원근(親疏遠近)의 순서로써 일족을 단결시키고 일족을 거두므로 종묘가 존엄해지고 종묘가 존엄해지므로 사직을 존중하고 사직을 존중하므로 온갖 관료를 아끼고, 온갖 관료를 아끼므로 형벌이 적절해지고 형벌이 적절해지므로 서민들이 편안해지고, 서민들이 편안해하므로 국가의 재정이 충분해지고, 국가의 재정이 충분해지므로 온갖 사람들의 뜻이 성취되고, 온갖 사람들의 뜻이 성취되므로 예절과 풍속이 형성되고, 예절과 풍속이 형성된 뒤에야 서민들이 부러워하고 즐거워하나니라 (이강수 2007: 35)

즉 내 어버이를 섬기는 '친친(親親)'의 '효(孝)'로부터 출발하여 조상을 받드는 종법(宗法), 나아가 종묘사직(宗廟社稷), 그리고 이를 통해 백성의 안락과 예절 풍속까지 아우를 수 있는 유교적 이상 사회의 건설을 제시하고 있는 것이다.

yù bù zhuó, bù chéng qì, rén bù xué, bù zhī dào.

29. 玉不琢, 不成器; 人不學, 不知道. ≪예기·학기(學記)≫

옥 불 탁, 불 성 기 ; 인 불 학, 부 지 도.

번역

옥(玉)은 쪼아 잘 다듬지 않으면(不琢) 쓸만한 물건(器)을 이룰 수 없고(不成), 사람(人)은 배우지 않으면(不學) 도(道)를 모른다(不知).

한자 음훈

玉(옥 옥), 不(아닐 불), 琢(쫄 탁), 成(이룰 성), 器(그릇 기), 人(사람 인), 學(배울 학), 知(알 지), 道(길 도).

주석

'琢(쫄 탁)'은 끌이나 정 따위로 옥을 쪼아 다듬는 것을 말하며, '器(그릇 기)'는 '밥사발' 류의 식기만을 가리키는 말이 아니라 '정교한 쓸만한 물건'이란 뜻으로 해석해야 의미가 통한다.

'화씨벽(和氏璧)' 고사에서도 알 수 있듯이 옥은 원석에 묻혀 있기에 다듬어 쪼아내지 않으면 정교하고 빛나는 옥으로 탄생되지 못한다. 사람도 마찬가지로 좋은 교육을 통해 갈고 닦아야 쓸모 있는 사람이 될 수 있다는 것이다.

<부수 玉(옥)과 王(왕)>

일반 한자 자전의 부수에는 '玉(구슬 옥)부'만 있고 '王(임금 왕)부'는 없으며, '王(왕)'자를 '玉(옥)'부에 귀속시켰다. '玉(옥)부' 글자들은 '珠(구슬 주)·球(공 구)'처럼 모두 '玉'이 아닌 점 없는 '王(왕)'자가 들어가 있는데, 이 글자들은 모두 '王(왕)'이 아닌 '玉(옥)' 부수자로 보아야 한다.

갑골문상의 玉(옥)자 (옥을 꿰어놓음)와 '王(왕)'자 (도끼)는 그 형태가 매우 달랐으나, ≪설문≫의 소전(小篆)에 오면 (玉), (王)으로 매우 유사해진다. 결국 후대에 유사해진 둘의 차이를 표시하고자 '玉(옥)'자에 점을 하나 더 추가한 것 뿐이다. 둘의 차이를 살펴보면 아래와 같다.

'玉(옥)'자는 갑골문에 로 옥을 실에 꿰어 놓은 형상인데, 금문에서는 로, 소전(小篆)에서는 임금 왕자 형태의 로 변했다.

'王(왕)'자는 갑골문에 도끼를 그린 로 형상화 되어 있고, 금문에는 로, 소전(小篆)에는 로 되어있다.

1. 玉(구슬 옥) 부수자-모두 옥과 관련있다.
   珍(보배 진)-珍貴(귀할 귀), 環(고리 환)-環境(상태 경), 理(다스릴 리: 옥을 다듬다)-理髮(터럭 발), 珠(구슬 주)-眞珠(참 진), 球(공 구: 공은 옥처럼 둥굴다)-地球(땅 지)
2. [王(왕)성] 자들 : 음만 '王(왕)'으로 읽는 형성자들.
   往(갈 왕)-狂(미칠 광)-旺(성할 왕)
   往復(되돌릴 복), 狂信(믿을 신), 旺盛(가득할 성)

dà dào zhī xíng, tiān xià wéi gōng.

30. 大道之行, 天下爲公. ≪예기·예운(禮運)≫

대도지행, 천하위공.

번역

대도(大道)가 행(行)해지면, 천하(天下)는 모든 사람(公) 것이 된다(爲). (사람들이 공유하게 된다.)

한자 음훈

大(큰 대), 道(도 도), 之(의 지), 行(행할 행), 天(하늘 천), 下(아래 하), 爲(할 위), 公(공평할 공).

주석

이 말은 ≪예기(禮記)≫에 나오는 말로서, 대도가 행해지면 왕이나 특정한 사람이 천하를 차지하는 것이 아니라 모든 사람들이 천하를 공유하는 공적인 체제가 된다는 말로 중국의 정치적 이상 사회인 대동(大同) 사회를 설명하는 구절인데, 신해혁명(辛亥革命)을 일으킨 손문(孫文)의 좌우명이기도 하다. 중국 정치 지도자들이 즐겨 쓰는 말로, 시진핑(習近平) 국가주석도 수차례 이 구절을 인용한 바 있는데, 2020년 11월 12일 '제3회 파리평화포럼'에서 시진핑(習近平)은 축사 말미에 이 구절을 인용했다.

'大道'하면 떠오르는 것이 김영삼 전 대통령의 좌우명 '大道無門

(큰 대, 길 도, 없을 무, 문 문)'인데, 중국에서는 오히려 이 구절이 애용(愛用)되지 않는다.

이 성어는 남송(南宋)의 선승(禪僧) 무문혜개(無門慧開)의 설법(說法)을 제자(弟子) 종소(宗紹)가 엮은 ≪선종무문관(禪宗無門關)≫에 나오는 말이다.

> "문(門)으로 들어온 것은 집안의 보배가 될 수 없다. 큰 길에는 문(門)이 없고, 길은 천(千) 갈래로 어디에나 있다. 이 관문(關門)을 뚫고 나가면, 세상(世上)을 당당(堂堂)히 걸으리라.(從門入者, 不是家珍. 大道無門, 千差有路. 透得此關, 乾坤獨步.)"[29]

관련 한자

1. [道(도성)-1] 道(길 도)-導(이끌 도).
   道理(이치 리), 道德(베풀/덕 덕), 善導(착할 선) ↔ 先導(먼저 선), 引導(끌 인) ↔ 人道(사람 인, 길 도) ↔ 仁道(어질 인)
2. [爲(위)성] 爲(할 위)-僞(거짓 위)
   爲政者(정사 정, 사람 자), 虛僞(빌 허).

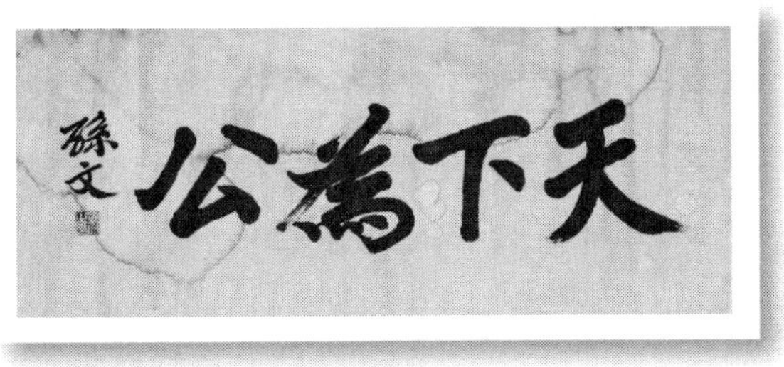

29 https://hanja.dict.naver.com/#/entry/ccko/7654742bd7e94d30b3f0c7d064e80d09

8
≪상서(尙書)≫

유가 오경(五經) 중의 하나로, 중국 상고시대(上古時代)인 요순(堯舜)임금·하(夏)·상(商)·주(周)나라의 정치적 사실을 기록한 가장 오래된 중국의 공문서(公文書)이자 사료(史料)집으로 ≪서경(書經)≫으로도 불린다. 공자가 편집하여 제자들을 가르쳤다 하며, 여러 사람의 여러 대에 걸쳐 지어진 것으로, 약 전국시대 중엽(BC. 4C경)에 이루어진 책으로 본다. 내용은 군왕과 대신 사이의 대화, 군왕에 대한 대신의 건의, 백성에 대한 군왕의 통고, 전쟁에 임하는 군왕의 맹서(盟誓), 군왕이 신하에게 특권과 책임을 부과하는 명령 등 다섯 종류의 문건으로 이루어져 있다.

원래는 ≪서(書)≫로 불리다 전한(前漢) 시대부터 존숭의 의미를 담아 '상(尙)'자를 붙여 ≪상서(尙書)≫라고 불렀고, 송나라 때 삼경(三經)에 든다는 의미로 ≪서경(書經)≫이라 칭해졌다.

주(周) 무왕(武王)의 상(商)나라 토벌과 백이(伯夷)·숙제(叔齊) 등 기록으로 보아 역사적 문건이라는 의미가 있으며, 주나라 역사서인 ≪주서(周書)≫안의 <홍범구주(洪範九疇): 기자의 무왕에 대한 답변>로 보면 군주의 덕치(德治)와 정치 철학을 밝힌 정치강령적 성격과 유가의 정치 도덕적 범주를 망라하고 있다.

<요전(堯典)>·<순전(舜典)>·<고요모(皐陶謨)>·<우공(禹貢)> 등은 요·순 임금 및 하(夏)나라에 관한 글이며, <탕서(湯誓)>·<탕고(湯誥)> 등 <상서(商書)>는 상나라에 관계된 기록이고, <태서(泰誓)>·<목서(牧誓)·<홍범(洪範)> 등 <주서(周書)>는 주나라 관련 기록이다.

내용 중에서 특히 주목할 만한 부분은 정치 철학에 관련 부분이다.

첫째는 민본주의(民本主義) 사상을 담고 있다. 예컨대, '民惟邦本, 本固邦寧.(민유방본, 본고방녕)'이 그것인데, "백성은 나라의 근본이니, 근본이 굳건해야 나라가 평안하다"라 했다.

둘째는 유명한 '홍범구주(洪範九疇)'에 관한 내용이다. <주서(周書)>의 '홍범'에는 주나라 무왕이 상(商)나라를 정복한 뒤 상나라의 현자 기자(箕子)에게 세상을 다스리는 방법을 묻자 기자가 질문에 답한 것이라 한다. 이 기자는 고조선 역사에도 '기자조선'으로 언급되는 인물인데 상나라의 왕족으로서 주왕(紂王)에게 간언하다가 투옥되어 있었다. '홍범구주(洪範九疇)'는 유가의 정치·도덕적 범주를 망라한 것이라 하겠다.

홍범구주는 총 아홉 개 영역에서 정치 철학을 논하고 있다. 구체적으로 각 영역별로 이른바 ① 5행(五行), ② 5사(五事), ③ 8정(八政), ④ 5기(五紀), ⑤ 황극(皇極), ⑥ 3덕(三德), ⑦ 계의(稽疑), ⑧ 서징(庶徵), ⑨ 5복(五福)과 6극(六極)을 잘 활용해야 한다는 내용이다.

yù rén wù zhī, mò ruò wù wéi.

31. 欲人勿知, 莫若勿爲. 한(漢)·매승(枚乘)≪상서간오왕(上書諫吳王)≫

욕 인 물 지, 막 약 물 위.

번역

다른 사람에게(人) 알려지지 않게(勿知) 하고 싶다면(欲), (차라리 그 일을) 안 하는 것(勿爲)만 못하다(莫若).

한자 음훈

欲(하고자할 욕), 人(사람 인). 勿(말 물), 知(알 지), 莫(말 막), 若(같을 약), 爲(할 위).

주석

매승(枚乘)(?—BC. 140년)은 서한(西漢) 초기 회음(淮陰) 사람인데, 추양(鄒陽) 등과 오왕(吳王) 유비(劉濞)의 수하에서 벼슬을 했다. 오(吳)는 한(漢)의 큰 제후국이었는데 한(漢) 경제(景帝)가 조착(晁錯)을 등용하여 각 제후국(諸侯國)의 영지(領地)를 축소하는 중앙집권 정책을 펼치려 하자 야심(野心)이 많은 유비(劉濞)는 여러 제후국과 연대하여 반란을 일으킨다. 이때 매승(枚乘)이 상소문 ≪상서간오왕(上書諫吳王)≫을 올려 간곡히 반란을 막으려 했는데, 위 구절은 여기에 나온다.

▸ 欲人勿聞, 莫若勿言 ; 欲人勿知, 莫若勿爲.

(욕인물문, 막약물언 ; 욕인물지, 막약물위)

"타인이(人) 못 듣게(勿聞) 하고 싶다면(欲), (차라리) 말하지 않는 것(勿言)만 같지 못하고(莫若), 타인(人)에게 안 알려지게(勿知) 하고 싶다면(欲) (차라리 그 일을) 하지 않는 것(勿爲)만 같지 못하다(莫若)."

그러나 유비는 결국 BC. 154년 반란을 일으키고 칠국(七國)의 반란이 평정되어 그는 죽임을 당하게 된다. 후에 경제(景帝)는 매승을 '홍풍도위(弘農都尉)'로 삼아 예우(禮遇)했나.

본 구절은 후에 ≪증광현문(增廣賢文)≫에서 아래와 같이 변형 인용되는데, 중국인들은 아래 구절을 더 많이 애용한다.

▸ "若要人不知, 除非己莫爲"
ruò yào rén bù zhī, chú fēi jǐ mò wéi

관련 한자

1. 枚(줄기 매), 乘(탈 승), 淮(강이름 회), 陰(그늘 음), 鄒(나라이름 추), 陽(볕 양), 劉(성 류), 濞(물소리 비), 景(볕 경), 帝(임금 제), 晁(아침 조). 錯(섞일 착), 諸(여러 제), 侯(임금 후), 諫(간할 간), 吳(오나라 오), 弘(넓을 홍), 農(풍성할 풍), 都(도읍 도), 尉(벼슬 위), 增(더할 증), 廣(넓을 광), 賢(어질 현).
2. [谷(곡)성] '곡성'에는 '谷(곡)-俗(속)-浴(욕)' 등이 있는 그들의 상고음(上古音) 관계는 다음과 같다. "谷[*kloog]: 俗[*ljog]: 浴[log]" (鄭張尙芳 2013: 338)

   峽谷(골짜기 협, 골 곡), 俗談(풍속 속, 말씀 담), 浴槽(목욕할 욕, 구유 조), 欲情(하고자할 욕, 뜻 정), 過慾(지날 과, 욕심 욕)

yǔ rén bù qiú bèi, jiǎn shēn ruò bù jí.

32. 與人不求備, 檢身若不及. ≪상서·이훈(伊訓)≫

여 인 불 구 비, 검 신 약 불 급.

번역

다른 사람에게는(與人) 완벽함(備)을 요구하지 않으며(不求), 자기 자신을 점검함(檢身)에는 미치지 못하는(不及) 듯(若) 하라.

한자 음훈

與(줄 여), 人(사람 인), 不(아닐 불), 求(구할 구), 備(갖출 비), 檢(검사할 검), 身(몸 신), 若(같을 약), 不(아닐 불), 及(미칠 급).

주석

타인에게는 너그럽게 대하고, 자신에게는 엄격하게 요구하라는 의미이다. '與(여)'는 '~에게'로 해석하며, '人'은 '타인'을 말하며, '備(비)'는 '모든 덕목을 두루 갖춘(備) 완전무결함'을 의미한다. '檢身(검신)'은 '동목구(動目句)'로 "자기 몸(身)을 점검(檢)하다"로 해석한다. 이 구절은 ≪상서·이훈(伊訓)≫에 나오는데, 상(商)나라 개국 왕인 탕(湯) 임금이 죽자 승상인 이윤(伊尹)이 탕의 아들 태갑(太甲)을 왕위에 옹립하고, ≪이훈≫을 지어 그를 가르쳤는데, 이 말은 사관(史官)이 이윤의 말을 기록한 것이라 한다. 이 구절 위에 다음과 같은 말이 있다.

▸ 居上克明, 爲下克忠, 與人不求備, 檢身若不及.

(거상극명, 위하극충, 여인불구비, 검신약불급)

"위에 있어서는(居上) 아래를 잘(克) 살펴야(明), 비로소 아래 있는 이가(爲下) 충성을(忠) 다한다(克). 타인에게는(與人) 완벽함을(備) 구하지 말고(不求), 자신을(身) 점검하고(檢) 살피는 데는 미치지 못한(不及) 듯 하라(若)."

관련 한자

1. 尙(높을 상, 오히려 상), 書(책 서), 伊(저 이), 訓(가르칠 훈), 居(살 거), 克(이길 극), 明(밝을 명), 忠(충성 충), 克(능할 극, 이길 극).
2. '與(줄/더불/편들/참여할 여)'자는 금문(金文)에 로 되어 있어. "손 네 개가 뭔가를 주고받는 모습"을 그린 글자로 본래 의미는 '주다' 이다. '더불다, 편들다, 참여하다' 등은 나중에 생긴 의미다.
   生死與奪(날 생, 죽을 사, 줄 여, 빼앗을 탈), 給與(줄 급, 줄 여), 寄與(부칠 기, 줄 여), 與信(줄 여, 믿을 신) 與民同樂(더불 여, 백성 민, 한가지 동, 즐거울 락), 與黨(편들 여, 무리 당), 關與(관계할 관, 참여할 여).
3. [與(여)성] 與[*laʔ](줄 여)-譽[*las](기릴 예)-輿[*las](수레/많을 여)-擧[*klaʔ](들/움직일 거)
   榮譽(영화 영, 기릴 예), 喪輿(죽을 상, 수레 여), 輿論(많을 여, 논할 론), 選擧(가릴 선, 들 거), 擧手敬禮(들 거, 손 수, 공경할 경, 예도 례), 擧行(들 거, 행할 행)
4. 求職(구할 구, 직분 직), 救援(구원할 구, 당길 원) ↔ 舊怨(옛 구, 원망할 원), 地球(땅 지, 공 구)

wéi shān jiǔ rèn, gōng kuī yī kuì.

33. 爲山九仞, 功虧一簣. ≪상서·여오(旅獒)≫

위 산 구 인, 공 휴 일 궤.

번역

아홉 길(九仞) (높은) 산을 만드는데(爲山), (흙) 한 삼태기(一簣)가 모자라 완공(功)하지 못한다(虧).

한자 음훈

爲(할 위), 山(뫼 산), 九(아홉 구), 仞(길 인), 功(공 공), 虧(이지러질 휴), 一(한 일), 簣(삼태기 궤).

주석

아홉 길이나 되는 높은 산을 쌓을 때도 만약 마지막 한 삼태기의 흙이 없거나 부족해서 채우지를 못하면 그동안의 모든 공이 헛수고가 된다는 뜻으로 중도에 포기하지 말고 끝까지 마무리해야 한다는 경구다.

'仞(길 인)'은 옛날 길이의 단위로 '8척(尺)'정도라 한다. 1척(尺)이 대략 30㎝ (척은 시대에 따라 다르지만 현재는 33㎝)라 할 때, 1仞(인)은 약 2.5미터 정도가 되며, 9仞은 약 23미터 정도의 길이다. 여기서 '구인(九仞-아홉 길)이라 함은 꼭 23미터의 산이라기보다는 "사람이 쌓을 수 있는 아홉 길이나 되는 높은 산" 정도로 보는 것이 좋다. '功虧(공 공, 이지러질 휴)'라 했으니, "그동안 쌓은 공(功)이 헛수고가 되었다

(虧)"는 의미고, 뒤의 '一簣(삼태기 궤)'는 "한 삼태기의 흙이 없으면"이란 뜻이다.

이 말은 ≪상서·여오편≫에 나오는 말이다. 주(周) 무왕(武王)이 은(殷)나라 주왕(紂王)을 무찌르고 새 왕조를 열었는데 여(旅: 나그네 려)라는 오랑캐 나라에서 '오(獒: 개 오)'라는 진귀한 개를 선물로 보냈다. 무왕이 이를 심히 좋아하자 동생인 소공(召公) 석(奭)이 혹시 무왕이 이 때문에 정사에 소홀할까 염려하여 이 말을 했다 한다. 여기서 '오(獒)'는 현재 세계적으로 유명한 티벧의 명견 사자개 '짱아오(藏獒)'를 가리킨다.

'공휴일궤(功虧一簣)'의 반대말은 '화룡점정(畫龍點睛: 그림 화, 용 룡, 점 점, 눈동자 정)'이라 할 수 있다.

관련 한자

1. [工(공)성] '功(공)'자는 '工(공)'으로 소리를 얻는 '工聲'계 글자다. '工(공)'의 고문자형에 대해서는 학설이 분분하여 아직 정론이 없는데, 갑골문에는  이나  형태로, 금문에는  로 나온다.
   工(장인 공)-功(공 공)-攻(칠 공)-貢(바칠 공)-恐(두려울 공)-鞏(굳을 공)-空(빌 공)-控(당길 공)
   工場(마당 장), 功德(덕 덕), 攻擊(부딪칠 격), 貢獻(바칠 헌), 恐怖(두려워할 포), 鞏固(굳을 고), 空想(생각할 상), 控除(제거할 제).
2. [刃(인)성] 刃(칼날 인)-忍(참을 인)-認(알 인)-仞(길 인)
   忍耐(견딜 내), 檢認定(검사할 검, 정할 정)

mǎn zhāo sǔn, qiān shòu yì.

34. 滿招損, 謙受益. ≪상서·대우모(大禹謨)≫

만 초 손, 겸 수 익.

번역

교만은(滿) 손해(損)를 불러오고(招), 겸손하면(謙) 이익(益)을 받는다(受).

한자 음훈

滿(찰 만), 招(부를 초), 損(덜 손), 謙(겸손할 겸), 受(받을 수), 益(더할 익).

주석

현대는 자기자랑 시대라 할 정도로 점점 겸손(謙遜)의 덕목(德目)을 잊어가고 있지만, "교만(驕慢)하면 손해(損害)를 보고, 겸손하면 이익(利益)을 본다."는 말은 만고(萬古)의 진리가 아닐 수 없다.

'滿(찰 만)'자는 여기서 '謙(겸손할 겸)'의 반대말인 '교만(驕慢)'으로 해석한다.

≪상서·대우모(大禹謨)≫ 원전에는 아래와 같이 나와 있다.

▸ 惟德動天, 無遠弗屆.

(오직 유, 덕 덕, 움직일 동, 하늘 천, 없을 무, 멀 원, 아닐 불, 이를 계)

"오직(惟) 덕(德)만이 하늘을 감동(動天)시킬 수 있나니, 멀어서(遠) 이르지 못할(弗届) 곳이 없다(無). (아무리 멀어도 도달할 수 있게 된다.)"

▸ 滿招損, 謙受益, 時乃天道."

(찰 만, 부를 초, 덜 손, 겸손할 겸, 받을 수, 때 시, 이에 내, 하늘 천, 길 도)

"교만하면 손해를 부르고, 겸손하면 이익을 보나니, 항상 이것이(時乃) 천도(天道)이니라."

관련 한자

1. [滿(만)성] 滿(찰 만)-瞞(속일 만)
   ■ 滿船(배 선), 充滿(채울 충, 넘칠 만), 欺瞞(속일 기)
2. [召(소)성] 召(부를 소)-昭(밝을 소)-紹(이을 소)-沼(늪 소)-照(비칠 조)-詔(고할 조)-招(부를 초)-超(넘을 초)
   ■ 召還(돌아올 환), 昭詳(자세할 상), 紹介(끼일 개), 湖沼(호수 호), 照明(밝을 명), 詔書(글 서), 招待(대접할 대), 超過(뛰어넘을 초, 지날 과),
   ■ '召(소)'로 소리를 얻는 글자 군으로 '刀'자도 포함되며, 소속 자들이 '소·조·초'로 각각 다른데, 이는 수천 년간의 음운 변화 결과다. 상고시기에는 이들 한자음이 매우 가까웠다. (鄭張尙芳 2013: 301) 예컨대,
   '데우스[*dews](召)-디에우스[*tjews](照)-테우[*thew](超)'
3. [兼(겸)성] 兼(겸할 겸)-謙(겸손할 겸)-廉(청렴할 렴)-簾(발 렴)-嫌(싫어할 혐)
   ■ 兼愛(사랑 애), 謙遜(겸손할 손), 淸廉(맑을 청), 垂簾聽政(드리울 수, 들을 청, 정사 정), 嫌惡(미워할 오)

9

'소학(小學)'의 여러 의미

1. 고대 초급 교육기관으로서 '대학(大學)'의 상대어.

① '대학(大學)' 의 의미 :

- 고대 최고 교육기관 : 고대 왕실의 태자(太子) · 왕자(王子) · 제후(諸侯)와 공경대부(公卿大夫)의 적자(嫡子)들을 위한 최고지도자 양성 학교.
- 사서(四書) 중 하나 : ≪논어(論語)≫ · ≪맹자(孟子)≫ · ≪중용(中庸)≫ · ≪대학(大學)≫ 등 사서(四書) 중 하나.

② 고대 '소학(小學)'의 의미 : 고대 중국에서 8세에 입학하여 일상 예절과 예(禮) · 악(樂) · 사(射) · 어(御) · 서(書) · 수(數)에 관한 글을 배우는 곳. (이강수 2007: 137).

2. 자형(字形) · 훈고(訓詁) · 음운(音韻) 등을 연구하는 일종의 문자학.

3. 남송(南宋) 유자징(劉子澄)이 주희(朱熹)의 지도로 편찬한 초급교재.

4. 현재의 초등학교 : 중국에서는 우리의 초등학교를 '小學'이라 부름.

조선 왕자 교습서(敎習書)

≪천자문(千字文)≫(양(梁)·주흥사(周興嗣)), ≪유합(類合)≫(성종 때 서거정(徐居正)), ≪훈몽자회(訓蒙字會)≫(중종 때 최세진(崔世珍)), ≪소학(小學)≫(宋·유자징(劉子澄)), ≪동몽선습(童蒙先習)≫(중종 때 박세무(朴世茂)), ≪효경(孝經)≫(증자(曾子)), ≪격몽요결(擊蒙要訣)≫(선조 때 이이(李珥)).

≪소학(小學)≫

중국 남송(南宋) 때 주희(朱熹-朱子)가 제자 유자징(劉子澄)에게 소년들을 학습시켜 교화시킬 수 있는 내용의 서적을 편집하게 하고 주희가 직접 교열(校閱) 가필(加筆)한 책으로 ≪소학서(小學書)≫라고도 한다.

≪소학≫은 ≪대학≫에 대응하는 말인데, 소년들의 초보교육을 위해서 일상적 예의범절과 어른을 섬기고 벗과 사귀는 도리 등을 가르치는 것을 목적으로 했다.

6권의 구성은 내편, 외편의 2편으로 되어 있는데, 내편은 입교(立敎)·명륜(明倫)·경신(敬身)·계고(稽古)의 4개 항목을 기본으로 하여 유교의 윤리사상을 논하였으며(경서를 인용), 외편은 가언(嘉言)·선행(善行)의 2개 항목 밑에 한(漢)부터 송(宋)까지의 현자(賢者)들의 언행을 기록하여 내편과 대조시켰다. 중국 전통사회에서의 개인의 도덕적 수양서로 충효(忠孝)사상을 중심으로 한 유교적 윤리관을 강조한 책이다.

qín jǐn hé huǎn.

35. 勤謹和緩. ≪소학(小學)·선행편(善行篇)≫

근 근 화 완.

번역

부지런하고(勤), 삼가고(謹), 온화하고(和), 느긋하자(緩).

[정사에 부지런하고(勤), 몸가짐을 삼가며(謹), 화합하는 마음으로 사람을 대하고(和), 유유히(緩) 일을 처리한다.]

한자 음훈

勤(부지런할 근), 謹(삼갈 근), 和(화할 화), 緩(느릴 완).

주석

본 구절은 ≪송사(宋史)·조방전(趙方傳)≫과 ≪소학(小學)·선행편(善行篇)≫에 나오는 말이다. ≪소학≫의 기재에 따르면, 대제(待制) 유기지(劉器之)라는 사람이 처음 과거에 급제했을 때 두 명의 동료와 함께 참정(參政) 장관(張觀)을 알현하였다. 세 사람이 가르침을 청하자, 이르길..

▶ 某自守官以來, 常持四字, 勤謹和緩.

(모자수관이래, 상지사자, 근근화완)

"나는(某) 관직을 맡은(守官) 후로(自..以來) 항상(常) 네 글자를(四字) 마음에 간직하고 지켰는데(持), 그것은 부지런함(勤), 삼가함(謹), 온화함(和), 느긋함(緩)이었다."

그러자 한 후생(後生)이 그에게 '부지런함, 삼감, 온화함'은 들어 익히 알고 있지만 '緩(느릴 완)' 자에 대해서는 아직 들어보지 못했다 라고 의미를 묻자 장관(張觀)이 정색을 하면 말하길..

▶ 何嘗教賢緩不及事? 且道世間甚事, 不因忙後錯了?

(하상교현완불급사? 차도세간심사, 불인망후착료)

"어찌(何嘗) 어진 선비에게(賢) 일을 더디게 해서(緩) 제 때에 처리하지 못하게(不及事) 가르치겠는가(教)? 다시(且) 말하지만(道), 세상(世間) 어떤 일이든(甚事) 바쁘게 서두르면(忙後) 그르치지(錯) 않는 것이 있단 말인가(不因...了).")

관련성어 및 한자

▶ 勤爲無價之寶, 愼是護身之符. ≪명심보감(明心寶鑑)·정기편(正己篇)≫

(근위무가지보, 신시호신지부)

"부지런함(勤)은 값을 매길 수 없는(無價之) 보배며(爲...寶), 삼감은(愼) 몸을 보호하는(護身之) 병부다(是...符)."

1. [堇(근)성] 堇(노란 진흙 근)-勤(부지런할 근)-謹(삼갈 근)-槿(무궁화 근)-僅(겨우 근)-饉(흉년들 근)-懃(은근할 근)-靳(미나리 근). 勤勉(힘쓸 면), "勤勤孜孜(힘쓸 자): 아주 부지런하게 사는 모양", 謹弔(조문할 조), 謹賀(하례 하), 僅少, 饑饉(주릴 기), 慇懃(은근할 은)
2. 弛緩(늦출 이, 느릴 완), 緩急(급한 급), 緩行列車(다닐 행, 벌일 열, 수레 차)

10

≪노자(老子)≫

노자(老子)는 인명이고, ≪노자(老子)≫는 책명이다. 사마천(司馬遷)의 ≪사기(史記)≫에 따르면 노자는 춘추시대 초(楚)나라 사람으로 성은 이(李), 이름은 이(耳), 자(字)는 담(聃)이며, 도가(道家)의 창시자다. 도가(道家)가 학파라면 도교(道教)는 종교단체라 할 수있다. 노자의 인물과 책에 대해 여러 학설이 있는데, 이것은 자기 이름을 남기기 싫어한 은자(隱者)이기에 생긴 혼란이라 하겠다. 일반적인 학설에 의하면, ≪노자≫는 춘추시대(BC. 770-476) 후기에 생존했던 이이(李耳)의 사상을 후세사람들이 전국시대(BC. 475-222) 중엽쯤 정리해 펴낸 것이라 하겠다.[30]

노자는 배움을 학문을 하는 '위학(爲學)'과 도(道)를 구하는 '위도(爲道)'를 구분했는데, 전자가 날마다 더해가는 것이라면, 후자는 날마다 덜어가는 것이다. 노자는 천지 만물의 근원은 '도(道)'라 보았는데 이 '도'를 구하기 위해서는 덜고 또 덜어서 '무위(無爲)'의 경지에 이르러야 도달할 수 있다고 보았다.

노자는 '도'는 천지 만물의 근본이며 천지 만물의 존재와 생성변

30 이강수, ≪중국 고대철학의 이해≫, 지식산업사, 2007 8쇄. 129쪽.

화의 중심축에 해당하는 실체라고 생각했다. 노자는 심지어 이 '도'가 이 세계의 주재자인 '상제(上帝)'보다도 더 근본적인 존재일 수 있다고 보았다(象帝之先). 반면 개별적인 사물의 본성은 '덕(德)'이라 했다.

노자의 '도(道)'는 천지 만물을 창조하지만 자신이 창조한 사물들을 간섭하거나 지배하지 않으며, 자기 공을 내세우지도 않고 이른바 주재(主宰)하지도 않는다. 이것은 고대 중국인들의 '인격천(人格天)' 내지는 '의시천(意志天)' 관념과 정면 배치되는 획기적인 사고인 것이다. 노자에게서 '하늘(天)'은 이른바 어질지도 않고(天地不仁), 편애하지도 않는(天道無親) 자연으로서의 하늘인 것이다.

노자의 '도'는 아무것도 안 하지만 그러나 그에 의해 이루어지지 않는 것은 아무것도 없으며(道常無爲而無不爲), 그 어떤 의지나 목적을 갖지도 않는다.

그러나 노자에게 궁극적인 최고의 이상은 바로 '자연(自然)'이다. 그는 사람은 땅을 본받고, 땅은 하늘을 본받고, 하늘은 도를 본받으며, 도는 자연을 본받는다라고 했다.(人法地, 地法天, 天法道, 道法自然) '자연'이란 천지 만물을 존재하게 하고 움직이게 하는 '도'의 본질적인 성향을 묘사한 것이라 하겠다.

노자의 인생관은 '유약함이 굳세고 강한 것을 이긴다(柔弱勝剛强)'는 말이나 '최고의 선은 물과 같다(上善若水)'는 말에서 알 수 있듯이 다투지 않고 겸손하게 나를 내세우지 않고 세상의 흐름에 따라 세상과 더불어 함께 사는 인생을 권하고 있다.

shàng shàn ruò shuǐ.

36. 上善若水. ≪노자(老子)·8≫

상 선 약 수.

번역

최상의 선(上善)은 물과 같다(若水).

한자 음훈

上(위 상), 善(착할 선), 若(같을 약), 水(물 수).

주석

2015년 8월 4일 반기문 유엔 사무총장이 버락 오바마 미국 대통령에게 54세 생일 기념 선물로 친필 선물한 휘호(揮毫)로 더욱 유명해진 글귀다.

반기문 유엔 사무총장과 버락 오바마[31]

31 https://www.hankyung.com/international/article/2015080700201

≪노자≫제8장에 나오는 이 구절은 아래와 같다.

▸ 上善若水, 水善利萬物而不爭, 處衆人之所惡, 故幾於道.

(상선약수, 수선리만물이불쟁, 처중인지소악, 고기어도)

<上(위 상), 善(착할 선), 若(같을 약), 水(물 수), 利(이로울 리), 萬(일만 만), 物(만물 물), 而(말이을 이), 不(아닐 불), 爭(다툴 쟁), 處(살 처), 衆(무리 중), 人(사람 인), 之(의/갈/어조사 지), 所(바 소), 惡(악할 악), 故(연고/옛 고), 幾(거의/몇 기), 於(어조사 어), 道(도/길 도)>

"최고의 선(上善)은 물과 같다(若水). 물(水)은 만물을 이롭게(善利萬物) 하지만(而) 다투지 않고(不爭), 뭇 사람들이(衆人之) 싫어하는 곳에(所惡) 처하기에(處...故) 거의 도에(於道) 가깝다(幾)."

노자는 흔하디 흔한 물을 통해 인생의 철리(哲理)를 말해주고 있다. 무엇과도 다투지 않고 만물을 이롭게 하면서도 낮은 곳에 처(處)하는 물의 공덕(功德)으로 지혜를 배우는 것이다.

관련 한자

1. 明若觀火(밝을 명, 같을 약, 볼 관, 불화): 밝기가(明) 불을(火) 보는 것(觀)과 같다(若).
2. '若(같을 약)'자는 갑골문에  (≪漢語大字典≫ 5:3187)로 나타나 있는데, 학자들은 이를 "손을 들어 머리를 잘 빗질하는 모습"이라 보고 본래의 의미를 '順(순할 순)'으로 해석한다. (馬如森 2008:23, 陳初生 1992:65).
3. [善(선)성] 善(착할/좋을 선)-繕(기울 선)-膳(드릴/반찬 선)
   善惡(착할 선, 악할 악), 最善(가장 최, 좋을 선), 修繕(고칠 수), 膳物(만물 물).

tiān dào wú qīn, cháng yǔ shàn rén.

37. 天道無親, 常與善人. ≪노자(老子)·79≫

천 도 무 친, 상 여 선 인.

번역

하늘의 도(天道)는 편애(親)함이 없으나(無), 늘(常) 착한 사람과(善人) 함께 한다(與).

한자 음훈

天(하늘 천), 道(도 도), 無(없을 무), 親(친할 친), 常(항상 상), 與(더불 여), 善(착할 선), 人(사람 인).

주석

노자가 주장하는 하늘은 누구도 편애하지 않는 불편부당(不偏不黨/치우칠 편, 무리 당)한 자연 그 자체로서의 하늘이나 결국은 착한 이를 돕게 되고, 착한 이와 함께 하게 된다는 말이다. 왜냐하면 '착한 이(善人)'의 행동이 바로 '하늘의 도(天道)'와 일치하기 때문이다. 이 구절은 ≪노자·79≫에 나오는 말인데 아래와 같다.

▸ 和大怨, 必有餘怨, 安可以爲善?
(화대원, 필유여원, 안가이위선)

"큰 원한(大怨)은 아무리 잘 화해(和)시켜도 반드시(必) 그 여원(餘怨)이 남는다(有). 그러니 어찌(安) 잘했다고(爲善) 할 수 있겠는가(可以)?"

▸ 是以聖人執左契, 而不責於人. (시이성인집좌계, 이불책어인)

"이런 까닭으로(是以) 성인(聖人)은 채무자로서의 좌계(左契)를 들고(執), 다른 사람에게(於人) 그저 줄 뿐 취하는 법이 없다(不責).

▸ 有德司契, 無德司徹. 天道無親, 常與善人.

(유덕사계, 무덕사철, 천도무친, 상여선인)

"덕 있는 이는(有德) 좌계(契)를 관장하여(司) (사람들에게 줄 뿐 취하지는 않으며), 덕 없는 이는(無德) 철(徹-주나라의 조세)을 관장한다(司). (사람들에게 받기만 하고 주지 않는다). 하늘의 도(天道)는 편애함이 없으나(無親), (천도에 부합하는 행동으로 인해) 늘(常) 착한 사람(善人)과 함께한다(與)."[32]

[설명] 옛날에 돈거래를 할 때, 대나무 조각 증표의 반 쪼개 왼쪽 것(左契)은 채무자가 가지고 채권자는 오른쪽 것(右契)을 가졌다 한다.

관련 한자

1. 和(화할 화), 怨(원망할 원), 必(반드시 필), 有(있을 유), 餘(남을 여), 安(어찌 안<편안한 안>), 可(가이 가<옳을 가>), 以(써 이), 爲(할 위), 是(이 시), 聖(성인 성), 執(잡을 집), 左(왼 좌), 契(맺을 계), 而(말이을 이), 不(아닐 불), 責(취할 책<꾸짖을 책>), 於(어조사 어), 有(있을 유), 德(덕 덕), 司(맡을 사), 徹(통할 철).

32 余培林, ≪新譯老子讀本≫, 三民書局, 1982. 116쪽.

zhī zú bù rǔ, zhī zhǐ bú dài.

38. 知足不辱, 知止不殆. ≪노자(老子)·44≫

지 족 불 욕, 지 지 불 태.

번역

만족을 알면(知足) 욕을(辱) 당하지 않고(不), 멈출 줄 알면(知止) 위태롭지(殆) 않다(不).

한자 음훈

知(알지), 足(족할 족), 不(아닐 불), 辱(욕될 욕), 知(알 지), 止(그칠 지), 殆(위태할 태).

주석

≪노자≫ 44장 원문은 다음과 같다.[33]

▸ 名與身孰親 ? (이름 명, 더불 여<줄 여>, 몸 신, 누구 숙, 친할 친)
"명예와(名與) 자신의 몸(身) 중 어느 것(孰)이 더 친(親)한가?"

▸ 身與貨孰多 ? (몸 신, 더불 여, 재화 화, 누구 숙, 많을 다)
"자신의 몸과(身與) 재물(貨) 중 어느 것이(孰) 더 중요한가(多)?"

▸ 得與亡孰病 ? (얻을 득, 더불 여, 망할 망, 누구 숙, 병 병)
"(명성과 재물을)얻는 것과(得與) (생명을) 잃는(亡) 것 중 어느 것(孰)이 더

33 余培林 註譯, ≪新譯老子讀本≫, 三民書局, 1982. 참조.

해로운가(病)?"

▶ 是故甚愛必大費 (이 시, 연고 고, 심할 심, 사랑 애, 반드시 필, 큰 대, 쓸 비)

"이런 까닭에(是故), (명예를) 지나치게 좋아하면(甚愛) 반드시(必) 크게(大) 잃게(費) 되고, "

▶ 多藏必厚亡 (많을 다, 감출 장, 반드시 필, 두터울 후, 망할 망)

"(재물을) 지나치게 많이(多) 쌓아 저장(藏)해 두면 반드시(必) 크게(厚) 잃는다(亡)."

▶ 知足不辱, 知止不殆, 可以長久. (지족불욕, 지지불태, 가이장구)

"만족(足)을 알면(知) 욕되지(辱) 않고(不), 멈출(止) 줄 알면(知) 위태롭지(殆) 않나니(不), (이렇게 하면 신체와 생명을) 오래 보존할(長久) 수 있는 것이다(可以). "

여기서 "身親(신친)·貨多(화다)·亡病(망병)·愛費(애비)·藏亡(장망)·足辱(족욕)·知殆久(지태구)"는 각각 협운(叶韻: 화합할 협, 운 운)이다.

관련 한자

1. [久(구)성] 久(오랠 구)-柩(널 구)-咎(허물 구)-灸(뜸 구)
2. [止(지)성] 止(그칠 지)-址(터 지)-祉(복 지)-趾(발 지)-芷(구리때 지)
3. [台(태)성] 殆(위태할 태)-怠(게으를 태)-颱(태풍 태)-笞(볼기칠 태)-跆(밟을 태)-胎(아이밸 태)

   危殆(위태할 위), 怠慢(게으를 만), 颱風(바람 풍), 笞刑(형벌 형), 跆拳道(주먹 권/길 도), 孕胎 (아이밸 잉)

dà qiǎo ruò zhuō, dà biàn ruò nè.

39. 大巧若拙, 大辯若訥. ≪노자(老子) · 45장≫

대 교 약 졸, 대 변 약 눌.

번역

최고로 정교(大巧)한 것은 졸렬(拙)한 듯(若)하며, 큰 웅변(大辯)은 어눌(訥)한 듯(若)하다.

한자 음훈

大(큰 대), 巧(공교할 교), 若(같을 약), 拙(졸할 졸), 辯(말 잘할 변), 訥(말더듬을 눌).

주석

현대인의 삶에서 노자의 말은 항상 우리의 의표를 찌르는 역발상 그 자체라 할 수 있다. 노자는 45장에서 위의 말과 더불어 "가장 완벽한 것(大成), 꽉 찬 것(大盈), 곧은 것(大直)은 각각 이지러진 듯(缺) 비어(沖)있는 듯, 굽은(屈) 듯해 보인다고 했다. 또 고요함과 차가움이 오히려 조급함과 더위를 이긴다고 얘기하고 있다. ≪노자≫45장에는 다음 같이 나온다.

▸ 大成若缺, 其用不弊. 大盈若沖, 其用不窮 ;

(대성약결, 기용불폐. 대영약충, 기용불궁).

“가장 완벽한 것은(大成) 이지러진듯하나(若缺) 그 쓰임은(其用) 다함이 없고(不弊); 크게 충실한 것은(大盈) 마치 비어 있는듯하나(若沖) 그 쓰임은(其用) 다함이 없다(不窮) ; ”

▸ 大直若屈, 大巧若拙, 大辯若訥. 靜勝躁, 寒勝熱, 淸靜爲天下正.
(대직약굴, 대교약졸, 대변약눌. 정승조, 한승열, 청정위천하정)
“가장 곧은 것은 굽은 듯하고, 가장 정교한 것은 졸렬한 듯하며, 큰 웅변은 어눌한 듯하다. 고요함(靜)이 조급(躁)을 이기며(勝), 한랭(寒)이 더위(熱)를 이기는(勝) 까닭에, 맑고 고요함(淸靜)이 천하의 모범(天下正)이 되는 것이다(爲).

관련 한자

1. [出(출)성] 出(날 출)-黜(내쫓을 출)-拙(졸할 졸)
   露出(드러낼/이슬 로), 黜黨(무리 당), 拙劣(못할 렬)
2. [辡(변)성] 辨(분별할 변)-辯(말잘할 변)-辮(땋을 변)-辦(힘쓸 판)-瓣(꽃잎 판). 辨別(다를 별), 辯護(보호할 호), 辮髮(터럭 발), 辦公費(쓸 비), 花瓣(꽃 화)
3. ‘內(내성)’설명 : ‘內聲’에는 ‘納(들일 납), 衲(기울 납)’이 있는데, 학자들은 訥(말더듬을 눌)’ 도 ‘內(내성)’에 귀속시키고 있다.[34] 이 글자들의 상고음은 매우 유사했다. 즉, 內[*nuubs]: 衲[*nuub]: 納[*nuub]: 訥[*nuud](鄭張尙芳 2013: 427)
4. [內(내)성] 內(안 내)-衲(장삼/중/기울 납)-納(바칠 납)-訥(말더듬을 눌)
   內助(도울 조), ‘衲衣(중 납, 옷 의): 승려가 입는 검은 옷’, 納稅(세금 세), 訥辯(말잘할 변).

34 權少文, ≪說文古均解二十八部字聲系今釋≫, 甘肅岳麓人民出版社, 1987, 420쪽
鄭張尙芳, ≪上古音系≫, 上海教育出版社, 2013, 428쪽

dà shàn yòng rén zhě wéi zhī xià.

40. 善用人者爲之下. ≪노자·68장≫

선 용 인 자 위 지 하.

번역

사람을(人) 잘 쓰는(善用) 자는(者) 그 사람(之)의 아래가(下) 된다(爲).

한자 음훈

善(착할 선), 用(쓸 용), 人(사람 인), 者(사람 자), 爲(할 위), 之(그것 지), 下(아래 하)

주석

이 말은 사람을 잘 쓰고자 하면 오히려 자신을 낮출 줄 알아야 한다는 말이다. ≪노자≫ 68장에 다음과 같이 기재되어 있다.

▸ 善爲士者不武, 善戰者不怒, 善勝敵者不與, 善用人者爲之下.

(선위사자불무, 선전자불로, 선승적자불여, 선용인자위지하.)

"장군 역할(爲士)을 잘하는(善) 자는(者) 용맹(武)을 드러내지 않고(不), 전투(戰)를 잘하는(善) 자는(者) 쉽게 화내지 않으며(不怒), 적을(敵) 잘 이기는(善勝) 자는(者) 적과 교전하지 않고(不與), 사람을(人) 잘 쓰는(善用) 자는(者) 그 사람(之)의 아래가(下) 된다(爲)."

[설명] 여기 '士(선비 사)'는 장수(將帥)를 가리키며, '爲士(위사)'라는

말은 '장수 역할을 하다'로 해석한다. '與(더불 여)'자는 '더불어 교전하다'는 의미로 쓰였다.

▸ 是謂不爭之德, 是謂用人之力, 是謂配天之極.

(시위불쟁지덕, 시위용인지력, 시위배천지극)

"이것을 일러(是謂) 다투지 않는 덕(不爭之德)이라 하고, 사람을 쓰는(用人之) 능력(力)이라 하고(是謂), 하늘의 도(天)에 배합하는(配..之) 최고의 준칙(極)이라 한다(是謂)."

진정한 장군은 겉으로 용맹한 척하지도 않으며, 쉽사리 화를 내지도 않고, 함께 겨루지도 않고, 그렇게 이기는 사람인 것이다. 스스로 자신을 낮추고 상대의 아래가 되어 그를 내 의지대로 쓸 수 있다면 이는 용인술의 극치가 아닐 수 없다.

관련 한자

1. 부수 '用(쓸 용)'자 : 갑골문에 '用(용)'자는 [35] 등으로 쓰였는데 이것이 무엇인지 아직 정설이 없다. 우성오(于省吾)는 '用'자가 '통(桶)'의 모양을 그린 것으로 나중에 '甬(용)'가 생겨났다고 주장했다.[36]
2. [用(용)성]: 학자들[37]에 따르면 '用聲'자에는 '通(통할 통)-桶(통 통)-痛(아플 통)-甬(길 용)-俑(허수아비 용)-勇(날쌜 용)-踊(뛸 용)-庸(쓸/떳떳할 용)-誦(욀 송)'이 있다. 通過(지날 과), 鐵桶(쇠 철), 悲痛(슬플 비), 勇敢(굳셀 감), 舞踊(춤출 무), 中庸(가운데 중, 떳떳할 용), 暗誦(어두울 암)

---

35 徐中舒 主編, ≪甲骨文字典≫, 四川辭書出版社, 1995, 354쪽.

36 ≪甲骨文字詁林≫(4冊), 于省吾主編, 中華書局,1999, 3406쪽.

37 權少文(1987: 865),鄭張尙芳(2013: 535).

qū zé quán.

41. 曲則全. ≪노자·22장≫

곡 즉 전.

번역

굽으면(曲) 즉(則) 온전해진다(全).

한자 음훈

曲(굽을 곡), 則(곧 즉, 법칙 칙), 全(온전할 전).

주석

노자는 부드럽고 유연함을 중시한다. 들판의 풀은 유연하게 휘어지기에 태풍이 불어도 꺾이지 않지만 강하고 곧은 참나무는 태풍에 쉽게 부러지고 만다. ≪장자≫에 나오는 얘기처럼 곧은 소나무는 재목(材木)으로 베어지지만 굽은 소나무는 잘리지 않고 보존된다는 의미로 해석해도 되겠다.

≪老子·22장≫ 원문에는 아래와 같이 기록되어 있다.

▸ 曲則全, 枉則直. (굽을 왕, 곧 즉, 곧을 직)

"휘면(曲) 즉(則) 온전(全)해지고, 굽으면(枉) 즉(則) 곧게(直) 된다."

▸ 窪則盈, 敝則新. (웅덩이 와, 곧 즉, 찰 영, 해질 폐, 곧 즉, 새 신)

"움푹 파이면(窪) 즉(則) 채워지게(盈) 되고, 해지면(敝)(낡으면) 즉(則) 새로워진다(新)."

▸ 少則得, 多則惑(적을 소, 곧 즉, 얻을 득, 많을 다, 곧 즉, 미혹될 혹)

"적으면(少) 즉(則) 얻게(得) 되고, 많으면(多) 즉(則) 미혹(惑)된다."

▸ 是以聖人抱一爲天下式(이 시, 써 이, 성인 성, 안을 포, 한 일, 할 위, 하늘 천, 아래 하, 법 식)

"이런(是) 이치로(以) 성인은(聖人) 하나를 품어(抱一), 천하의 법식(天下式)으로 삼는다(爲)."

관련 한자

1. '則(곧 즉/법 칙)'자는 여기서 '곧 즉'으로 해석했지만, 글자의 원래 의미는 '법칙 칙'이 더 가깝다. '則(칙)'자는 금문에  의 형상으로 '鼎(솥 정)'자와 '刀(칼도)'가 합쳐진 글자로 "쇠 솥에 칼로 뭔가를 새긴다"는 의미의 글자다.[38] 또 ≪한한대자전≫[39]에서는 "쇠솥에 중요한 법칙을 새겼다는 데서 법칙의 뜻이 생겨났다"고 했다. ≪설문해자≫에는 "等畫物也(등화물야)."라 해서 본래 의미가 "등급에 차이가 있는 물체"로 보았다.
2. [則(칙성)-1] 則(즉, 법칙 칙)-側(곁 측)-測(헤아릴 측)-惻(슬퍼할 측)-廁(뒷간 측). 側近(가까울 근), 觀測(볼 관), 惻隱(가엾을 은), 廁間(사이 간)
3. 曲線(굽을 곡, 줄 선), 作曲(지을 작, 노래 곡),
4. [全(전)성] 全(온전할 전)-栓(마개 전)-銓(저울질할 전)-筌(통발 전) 全部(모두 전, 나눌 부), 消火栓(사라질 소, 불 화, 마개 전), 銓衡(저울대 형) ↔ 典型(법 전, 모형 형), 轉形(옮길 전, 모양 형), 箭形(화살 전)

38 ≪漢語大字典≫(1: 340).

39 민중서림편집국(2009), ≪漢韓大字典≫, 서울: 민중서림, 256쪽.

wéi wú wéi, zé wú bú zhì.

42. 爲無爲, 則無不治. ≪노자·3장≫

위 무 위, 즉 무 불 치.

번역

'무위(無爲-아무것도 하지 않음)'의 방법으로 (나라를)다스린다면(爲), 즉(則) 다스리지 못할 것이(不治) 없게 된다(無).

한자 음훈

爲(할 위), 無(없을 무), 則(곧 즉), 不(아닐 불), 治(다스릴 치).

주석

'爲無爲'는 동목구(동사+목적어)로 앞의 '爲(위)'는 '다스린다'란 뜻의 동사고 뒤의 '무위(無爲)'는 '무위법(無爲法)'을 이르는 말로 '인위적 방법이 아닌 자연 그대로의 아무것도 하지 않는 방법'을 말한다. '無不治(무불치)'는 '다스리지 못할 것(不治)'이 '없다(無)'는 뜻이다.

이 구절은 ≪노자≫48장의 "無爲而無不爲(무위이무불위)-무위(無爲)를 행하면 되지 않는 일(不爲)이 없다(無)."는 말과도 일맥상통한다. 노자는 인위적이지 않은 '무위(無爲)'와 '자연(自然)'을 최고의 이상(理想)인 '道(도)'로 간주한다.

노자는 심지어 이 구절 위에서 다음과 같이 말하였다.

▸ 不尙賢, 使民不爭 ; 不貴難得之貨, 使民不爲盜.

(불상현, 사민불쟁. 불귀난득지화, 사민불위도)

"현자(賢)를 숭상하지 않으면(不尙) 백성들이(使民) 다투지 않게(不爭) 되며 (백성들로 하여금 다투지 않게 되며), 얻기 어려운 재화(難得之貨)를 귀중하게 여기지 않으면(不貴) 백성들을(使民) 도둑으로 만들지 않는다(不爲盜)"

이른바 현자(賢者)라고 존경한다 소란을 떨면 결국 그로 인해 다툼이 생기게 되며, 얻기 힘든 금은 보화를 귀중히 여기면 그 물건들을 차지하고자 싸우고 도둑질이 생겨나게 된다는 말이다. 금덩이와 다이아몬드를 누구도 거들떠보지 않는다면 그것으로 인해 생기는 다툼과 도적질은 없어질 것이 뻔하다.

관련 한자

1. [爲(위)성] 爲(할 위)-僞(거짓 위)

   無爲徒食(없을 무, 헛될 도, 먹을 식), 僞善(착할 선), 僞裝(꾸밀 장),

2. [無(무)성] 無(없을 무)-舞(춤출 무)-蕪(거칠 무)-撫(어루만질 무)-廡(곁채 무). 無知(알 지), 舞蹈(밟을 도), 荒蕪地(거칠 황, 땅 지), 愛撫(사랑 애)

3. [則(칙성)-2] 則(곧 즉/법 칙)-側(곁 측)-厠[40](뒷간 측)-惻(슬퍼할 측)-測(헤아릴 측).

   然則(그러할 연, 곧 즉), 規則(법 규, 법 칙), 兩側(두 량), 測量(분량 량).

40 '화장실'이란 의미의 '厠(뒷간 측)'을 '廁'이라고도 쓰나, 문자학적으로는 '廁'이 정자(正字)라 하겠다. 왜냐하면 '廁'의 부수 '广(집 엄)'는 집을 의미하나 '厠'자의 부수 '厂(낭떠러지 한)'은 집과 상관없는 '낭떠러지'를 뜻하기 때문이다. '广'과 '厂'은 비록 모양이 비슷하나 뜻은 완전히 다르기 때문에 혼동하면 안된다.

dà dào fèi, yǒu rén yì.

43. 大道廢, 有仁義. ≪노자·18장≫

대 도 폐, 유 인 의.

번역

'대도(大道)'가 폐(廢)하고 나니, '인의(仁義)'가 있다(有).

한자 음훈

大(큰 대), 道(길 도), 廢(폐할 폐), 有(있을 유), 仁(어질 인), 義 (옳을 의).

주석

'대도(大道)'가 없어지게 되니, 비로소 '인(仁)'이니 '義(의)'니 하는 덕목을 부르짖는 사회가 되었다는 말로서, 이른바 '인의예지(仁義禮智)'가 강조되는 율법적 윤리적 단계의 사회가 인간이 이룰 수 있는 최고의 영역이라 착각하지 말고 '대도(大道)'가 편만한 초인격적(超人格的, trans-personal) 사회를 이상으로 삼아야 한다는 말일 것이다.[41] 결코 '인(仁)·의(義)'가 부정되는 약육강식의 세계를 지향한다는 말이 아니라 '인·의' 마저도 뛰어넘는 사회를 이뤄야 한다는 말이다.

≪노자≫ 18장에는 이 말 뒤에 아래의 말이 이어진다.

41 오강남, ≪도덕경≫, 2003, 현암사. 90쪽

▸ 智慧出, 有大僞 ; 六親不和, 有孝慈 ; 國家混亂, 有忠臣.

(지혜출, 유대위 ; 육친불화, 유효자 ; 국가혼란, 유충신)

"교묘한 지략(智慧)이 나오자(出) 비로소 커다란 속임수(大僞)가 나오고(有), 육친이 불화(六親不和)하게 되니 비로소 효(孝)와 자애(慈)가 생겨나며(有), 국가(國家)가 혼란하자(混亂) 충신(忠臣)이 생겨난다(有)."

효도(孝道)와 자애(慈愛)는 너무나 당연하여 대도가 행해지는 세상에서는 저절로 이루어지는 덕목(德目)일 것이다. 그러나 사회적으로 효도와 자애를 부르짖게 되었다면 이미 그 사회의 구성원 누군가가 효도하지 않았거나 또 자애롭지 않기 때문에 강조하게 되었다는 말이다. 이순신 장군이 조선(朝鮮)을 구한 명장(名將)이지만 만약 당시 조선이 부국강병(富國强兵)의 태평성대(太平聖代)였다면 임진왜란 자체도 있을 수 없었을 뿐만 아니라 나라가 위기에 빠질 이유도 없었을 것이니 명장과 충신(忠臣)이 나올 이유가 없게 되는 것이다.

관련 한자

1. [道(도성)-2] 道(길 도)-導(이끌 도)

   道路(길 로), 傳道(전할 전, 도리 도), 導火線(불 화, 줄 선)

2. 廢(폐할 폐) ↔ 閉(닫을 폐)

   廢業(업 업), 密閉(빽빽할 밀)

   • 廢門(폐할 폐, 문 문) : 문 자체를 없애버림.

   • 閉門(닫을 폐, 문 문) : 문을 닫음.

3. 노자적 입장에서 유교의 삼강오륜(三綱五倫)이란 대도(大道) 붕괴 후의 사회적 주장에 불과.

   ► 오륜(五倫): 父子有親(부자유친), 君臣有義(군신유의), 夫婦有別(부부유별), 長幼有序(장유유서), 朋友有信(붕우유신).

hé guāng tóng chén.

44. 和光同塵. ≪노자·4장≫

화 광 동 진.

번역

빛을(光) 부드럽게 하여(和) 속세의 티끌과(塵) 하나가 된다(同).

한자 음훈

和(화할 화), 光(빛 광), 同(한가지 동), 塵(티끌 진)

주석

이 구절은 아래 ≪노자≫제4장 구절 중 "和其光, 同其塵(화기광, 동기진)"을 네 글자로 축약한 것이다. 즉, 도(道)란 '날카롭고(銳) 얽히고(紛) 번쩍이는 것(光)'들을 '무디게 하고 풀고 부드럽게' 만든다는 것으로 무위자연(無爲自然) 상태의 최고의 도(道)를 말한 것이다. 본 구절의 '유별나게 빛나는(光)' 자체가 자연스럽지 못하다는 노자식 세계관인 것이다.

출전인 ≪노자≫제4장 구절은 다음과 같다.

▸ 道冲, 而用之或不盈. 淵兮似萬物之宗.

(도충, 이용지혹불영. 연혜사만물지종)

"도(道)는 비어 있어(冲) 그것을 사용함에(用之) 차고 넘치지 않는다(不盈). 연못처럼 그윽하고 깊구나(淵兮)! 만물의 근원인 듯하여라(似萬物之宗).

▸ 挫其銳, 解其紛, 和其光, 同其塵. (좌기예, 해기분, 화기광, 동기진.)

"그 날카로운 것을(其銳) 무디게 만들고(挫), 그 얽힌 것을(其紛) 풀어주고(解), 그 빛을(其光) 부드럽게 하여(和) 그 속세의 티끌과(其塵) 하나가 된다(同).

▸ 湛兮似或存, 吾不知誰之子, 象帝王之先.

(담혜사혹존, 오불지수지자, 상제왕지선)

"침잠하여 사라짐이여(湛兮)! 자고로 존재해 온 듯하여라(似或存). 누구의 아들인지(誰之子) 난 알 수 없지만(吾不知), 하늘님보다 먼저(帝王之先)인 듯하구나(象).

관련 한자

1. 冲(빌 충), 盈(찰 영), 淵(깊을/못 연), 銳(날카로울 예), 紛(어지러워질 분), 挫(꺾을 좌), 湛(잠길 침/필 잠/깊을 잠). ≪설문해자≫ : "湛(잠), 沒也(몰야)."
2. "韜光養晦(감출 도, 기를 양, 그믐 회)-빛을 감추고 밖에 비치지 않도록 한 뒤, 어둠 속에서 은밀히 힘을 기른다." 이는 과거 등소평 국가주석의 대외 외교이념이었으며, 약자가 모욕을 참고 견디면서 힘을 갈고 닦을 때 많이 인용된다.

   나관중(羅貫中)의 소설 ≪삼국지연의(三國志演義)≫에서 유비(劉備)가 조조(曹操)의 식객 노릇을 할 때 살아남기 위해 일부러 몸을 낮추고 어리석은 사람으로 보이도록 하여 경계심을 풀도록 만들었던 계책이다.
3. [光(광)성] 胱(오줌통 광)-恍(흐릿할 황)-滉(물깊고넓을 황)-晄(밝을 황)

   膀胱(오줌통 방, 오줌통 광), 恍惚(흐릿할 황, 흐릿할 홀), 李滉(퇴계 이황)

tiān dì bù rén, yǐ wàn wù wéi chú gǒu.

45. 天地不仁, 以萬物爲芻狗. ≪노자·5장≫

천 지 불 인, 이 만 물 위 추 구.

번역

천지(天地)는 어질지 않으니(不仁), 만물(萬物)을 짚으로 만든 개(芻狗) 취급한다(以...爲).

한자 음훈

天(하늘 천), 地(땅 지), 不(아닐 불), 仁(어질 인), 以(써 이), 萬(일만 만), 物(만물 물), 爲(할 위), 芻(꼴 추)

주석

이 구절은 ≪노자≫ 5장의 아래 구절에서 나온 말이다.

▸ 天地不仁, 以萬物爲芻狗；聖人不仁, 以百姓爲芻狗.

(천지불인, 이만물위추구；성인불인, 이백성위추구)

"천지는 어질지 않으니 만물을 짚으로 만든 개 취급한다. 성인(聖人)은 어질지 않으니(不仁) 백성들을(百姓) 짚으로 만든 개(芻狗)로 여긴다(以...爲)."

'芻狗(추구)'란 '짚으로 만든 개'인데 고대에 제사를 지낼 때, 짚으로 개의 형상을 만들어 제물로 바치고 제사를 마친 연후에는 하찮게 불태워버리는 존재다.

즉 천지(하늘)은 특별히 어느 대상을 편애(偏愛)하지 않고 자연 그대로 내버려 두는 잔인한(?) 존재로, 만물을 하찮은 '짚으로 만든 개(芻狗)' 따위로 여긴다는 말이다. 즉 하늘(천지)은 사자가 얼룩말을 잡아먹든 말든, 태풍이 착한 이들의 집을 허물어 버리든 말든 내버려 두며, 태양 빛을 선한 자에게나 악한 자에게나 골고루 비춰 주듯 결코 차별(差別)하거나 편애하지 않는다는 말이다.

이 말은 철학자 니체의 "우주는 완전하지도 아름답지도 고귀하지도 않다. 또한 이러한 것들 중 어느 것이 되기를 원하지도 않는다. 우리가 갖고 있는 어떠한 미학적 그리고 도덕적 판단도 우주에는 적용되지 않는다"[42]라는 말과 일맥상통하는 철학적 언사가 아닐 수 없다.

관련 한자

1. 聖(성인 성), 人(사람 인), 百(일백 백), 姓(성 성)
2. [句(구)성] 句(글귀 구)-拘(잡을 구)-鉤(갈고리 구)-苟(진실로 구)-狗(개 구)-枸(구기자 구)-駒(망아지 구)
   警句(경계할 경), 拘束(묶을 속), 鉤狀(형상 상), 苟且(진실로 구, 또 차)-진실로 떳떳하고 또 버젓하지 못함, "走狗(달릴 주)-사냥꾼 앞에서 달리는 개"→앞잡이, 枸杞子(구기자 기, 씨 자)
3. '也(야성)'설명 - '也성'에는 '也(야): 地(지): 馳(치): 弛(이): 施(시)'. 상고음이 '랄[*laalʔ](也): 렐스[*l'els](地): 흐리얄[*hljalʔ](弛): 흐리얄[*hljal](施)' 로 음이 비슷.
4. [也(야)성] - 地(땅 지): 池(못 지): 馳(달릴 치): 弛(늦출 이): 施(베풀 시)
   地圖(그림 도), 天池, 背馳(등 배)↔配置(나눌 배, 둘 치), 弛緩(느슨할 완), 布施(베풀보)

42 https://blog.naver.com/binaneyo/222829767381 [2022.8.19.검색]

duō yán shuò qióng.

46. 多言數窮. ≪노자·5장(老子·5章)≫

다 언 삭 궁.

번역

말(言)이 많아지면(多) 자주(數) 궁색(窮)해진다.

한자 음훈

多(많을 다), 言(말씀 언), 數(자주 삭/셈 수), 窮(궁할 궁)

주석

이 구절은 ≪노자≫5장의 아래 구절에서 나온 말이다. 즉, 우주가 텅비어 있지만 텅빈 풀무가 만물을 생육해낼 수 있는 것처럼, 사람도 말이 많아지면 오히려 궁색해지니 차라리 마음을 비우고 고요히 지키고 있는 것만 못하다는 말이다.

▸ 天地不仁, 以萬物爲芻狗; 聖人不仁, 以百姓爲芻狗.(이전 설명 참고)
(천지불인, 이만물위추구 ; 성인불인, 이백성위추구)

▸ 天地之間, 其猶橐籥乎? 虛而不屈, 動而愈出. 多言數窮, 不如守中.
(천지지간, 기유탁약호? 허이불굴, 동이유출. 다언삭궁, 불여수중)

"천지지간(天地之間)은 (텅비어) 그것이(其) 마치 풀무(橐籥)와도 같구나(猶...乎)! 비어 있지만(虛而) 다함이 없고(不屈), 움직(動)일수록 더 많이(而愈) 나온다(出). 말이 많으면(多言) 자주(數) 궁색해지니(窮) 차라리 그 가운데를 지키느니만(守中) 못하다(不如)."

관련 한자

1. 芻(꼴 추), 猶(오히려 유, ~과 같다), 橐(풀무 탁), 籥(피리 약), 屈(굽을 굴), 愈(더욱 유), 數(자주 삭), 窮(다할 궁),
2. 多情多感(마음 정, 느낄 감), 言論(논할 론), 數尿症(자주 삭, 오줌 뇨, 증세 증), 數學(셈 수, 배울 학), 貧窮(가난할 빈, 궁할 궁)
3. 부수 '弓(활 궁)'-은 갑골문에 로 활을 그린 문자인데, (금문) · (소전)을 거쳐 현재의 모습이 되었다. (≪漢語大字典≫2: 987)
4. '弓' 부수자 들과 단어들-대부분 활과 관계있다.
   引(끌 인)-萬有引力(일만 만, 있을 유, 힘 력), 張(베풀 장/당길 장)-緊張(팽팽할 긴, 당길 장), 彈(탄알 탄/퉁길 탄)-彈劾(퉁길 탄, 캐물을 핵), 弦(활시위 현)-上弦(위 상), 弛(늦출 이)-解弛(풀 해), 彎(당길 만/굽을 만)-彎曲(굽을 만, 굽을 곡)
5. [弓聲] 弓(활 궁)-躬(몸 궁)-窮(궁할 궁/다할 궁)
   洋弓(바다 양), 國弓(나라 국), 鞠躬(굽힐 궁), 實踐躬行(실제 실, 밟을 천, 몸 궁, 행할 행): 실제로 이행하고 몸소 행함. 困窮(괴로울 곤, 궁할 궁), 無窮(없을 무, 다할 궁)

11

≪장자(莊子)≫

≪장자(莊子)≫는 ≪남화진경<南華眞經>≫이라고도 불리는, 장자(莊子: 본명은 장주<莊周>)가 지은 책이다. 장자는 노자(老子)와 더불어 도가(道家) 사상의 양대 비조(鼻祖)로 중국불교의 발전 및 산수화와 시가(詩歌)에도 많은 영향을 미쳤다.

한나라(漢) 사마천(司馬遷)의 ≪사기(史記)·열전(列傳)≫에 의하면 장자는 전국시대 송(宋)나라의 몽(蒙)에서 태어났고, 이름은 주(周)이며, 고향에서 칠원(漆園)의 하급 관리를 지냈다 한다. 그는 초(楚)나라 위왕(威王) 시대에 활동했으므로, 맹자와 같은 시대 사람이다. <열전>에 의하면 장자의 가르침은 주로 노자의 말을 인용한 것이지만 장자가 다룬 주제가 훨씬 광범위하다고 한다. 장자는 자신의 문학적·철학적 재능을 발휘하여 유가(儒家)와 묵가(墨家)[43]의 가르침을 반박했다.

장자는 말로 설명하거나 배울 수 있는 도(道)는 진정한 도가 아니라고 가르쳤다. 도는 시작도 끝도 없고 한계나 경계도 없으며, 인생은 도의 영원한 변형에 따라 흘러가는 것이고, 도(道) 안에는 좋

43 묵가(墨家)란 겸애설(謙愛說)을 주장한 묵자의 추종자들과 그들의 사상을 말한다.

은 것, 나쁜 것, 선한 것, 악한 것 또한 없다고 했다. 사물은 저절로 흘러가도록 내버려 두어야 하며 사람들은 이 상태가 저 상태보다 낫다는 가치판단을 해서는 안 되며, 참으로 덕이 있는 사람은 환경, 개인적인 애착, 인습, 세상을 낫게 만들려는 욕망 등의 집착에서 벗어나 자유로워져야 한다고 주장했다.

장자는 도(道)가 이 세상에 충만되어 있으므로 개구리와 개미, 심지어 풀이나 기와 조각, 똥 오줌에도 도가 깃들어 있다고 단정했다.

따라서 그의 이런 주장은 기이한 그의 행적으로 곧잘 드러난다. 예컨대 그의 부인이 죽었을 때 그는 슬퍼하는 대신 대야를 두드리며 노래를 불렀다고 한다. 지인 혜시가 그 이유를 묻자 대답하길 "아내에게는 애당초 생명도 형체도 기(氣)도 없었다. 유(有)와 무(無)의 사이에서 기가 생겨났고, 기가 변형되어 형체가 되었으며, 형체가 다시 생명으로 모양을 바꾸었다. 이제 삶이 변하여 죽음이 되었으니 이는 춘하추동의 사계절이 순환하는 것과 다를 바 없다. 아내는 지금 우주 안에 잠들어 있다. 내가 슬퍼하고 운다는 것은 자연의 이치를 모른다는 것과 같다. 그래서 나는 슬퍼하기를 멈췄다"라 대답했다 한다.

shuǐ zhī jī yě bú hòu, zé qí fù dà zhōu yě wú lì.

47. 水之積也不厚, 則其負大舟也無力. ≪장자 소요유(莊子·逍遙遊)≫

수지적야불후, 즉기부대주야무력.

번역

물의 쌓임이(水之積也) 두텁지 않으면(不厚)(물이 깊지 않으면), 즉(則) 큰 배를(大舟) 짊어지는데(其負..也) 힘이 없게 된다(無力)(큰 배를 띄울 수 없다)

한자 음훈

水(물 수), 之(의 지), 積(쌓을 적), 也(어조사 야), 不(아닐 불), 厚(두터울 후), 則(곧 즉/법칙 칙), 其(그 기), 負(질 부), 大(큰 대), 舟(배 주), 無(없을 무), 力(힘 력), 逍(거닐 소), 遙(멀/거닐 요), 遊(놀 유).

주석

'也(어조사 야)'는 멈춤이나 휴지(休止)의 기능을 하는 조사(助辭)적 용법의 허사(虛辭)이다. 따라서 '也'는 자연스럽게 주어와 술부(述部)를 나누는 경계 역할을 하게 되니, 앞 구절에서 '水之積(수지적)'은 주어가 되고, 뒷부분 '不厚(두텁지 않음)'는 술부(述部)가 된다. '負大舟(부대주)'는 '동사+목적어' 구조로서 '큰 배(大舟)를 짊어진다(負)'는 뜻이 된다.

이 구절은 물이 깊어야 큰 배를 띄울 수 있다는 말인바, 사람도 충분히 학문과 수양을 쌓아야 중책을 맡거나 큰일을 해낼 수 있다는 말이겠다.

≪장자≫에는 이 말 뒤에 대구(對句) 격인 유사(類似)한 말을 또 했다.

▸ 風之積也不厚, 則其負大翼也無力.

(풍지적야불후, 즉기부대익야무력)

"바람의 쌓임이(風之積也) 두텁지 않으면(不厚)(큰 바람이 불지 않으면), 즉(則) 큰 날개를(其...大翼) 짊어진에(負..也) 힘이 없게 된다(無力)(큰 날개로 날아오를 수 없다)."

관련 한자

1. '舟(배 주)' 부수자 : '舟(주)'자는 갑골문에 , 금문(金文)에는  모양으로 나타나 있는데[44], 학자들은 보통 '목선(木船)'을 그린 문자로 해석한다.[45]
2. '舟(배 주)' 부수자들 : 대부분 배와 관련 있는 글자들이다.
   航(배 항)-航空(하늘/빌 공), 船(배 선)-造船(만들 조), 艦(싸움배 함)-戰艦(싸울 전), 舶(큰배 박)-大舶(큰 대),
3. [責(책)성] 責(꾸짖을 책)-積(쌓을 적)-績(실낳을/실적 적)-蹟(자취 적).
   問責(물을 문), 積弊(나쁠 폐), 積雪(눈 설), 紡績(실 뽑을 방, 실낳을 적), 成績(이룰 성, 실적 적), 遺蹟(남길 유) = 遺跡(발자취 적)

44 ≪漢語大字典≫(5: 3055).

45 馬如森, ≪殷墟甲骨文實用字典≫, 上海大學出版社, 2008, 200쪽.

zhì rén wú jǐ, shén rén wú gōng, shèng rén wú míng.

48. 至人無己, 神人無功, 聖人無名. ≪장자·소요유(莊子 逍遙遊)≫

지인무기, 신인무공, 성인무명.

번역

지극한 경지에 이른 사람은(至人) 자기를 내세우지 아니하고(無己), 신의 경지에 이른 사람은(神人) 공을 내세우지 아니하며(無功). 성인은(聖人) 이름을 얻고자 하는 생각이 없다(無名).

한자 음훈

至(이를 지), 人(사람 인), 無(없을 무), 己(몸 기), 神(귀신 신), 功(공 공), 聖(성인 성), 名(이름 명).

주석

'소요유(逍遙遊)'는 장자의 핵심 사상이라 할 수 있는데, '자신(己)·공(功)·명예(名)'에 집착하고 이들 가치를 추구하는 '일반 사회적 인격체'와 달리 이들에 초연하여 어떤 속박도 없는 '자유자재(逍遙)' 할 수 있는 인간이야말로 장자가 꿈꾸는 최고의 인격체인 것이다.

'지인(至人)'과 '신인(神人)'과 '성인(聖人)'은 동일한 성인을 달리 부른 것이라 할 수 있으나 굳이 사전적 의미로 구별한다면, '지인(至人)'은 도덕적 수양이 최고 고상한 사람을 가리키며, '신인(神人)'은 정신세계가 완전히 초탈한 사람을 가리키며, '성인(聖人)'이란 말 그대로 사상적 수양이 완벽한 인간을 가리킨다 하겠다.

'무기(無己)'란 외계와 자신의 경계가 없는 자기를 잊은 상태로 '무아(無我)'와 같은 개념이며, '무공(無功)'이란 단순하게 '공이 없다'는 말이 아니라 '공(功)'에 대한 집착이 이미 끊어져 공을 집착하지도 내세우지도 않는다는 의미다. '무명(無名)'이란 '이름이 없는' 것이 아니라 명예욕에 초탈하여 명성을 얻고자 하는 생각 자체가 없음을 말하는 것이다.

관련 한자

1. '示(보일 시)' 부수 : 갑골문에 '示'자는  모양인데, 이것이 무엇을 나타내는지 학설이 분분하다. 어떤 이들은 '신주(神主)'의 모양이라 하고[46], 어떤 이들은 '돌제사상(石桌)'[47]이라고 하기도 한다. 그러나 중요한 점은 이 부수자가 들어간 자들은 대부분 '제사나 귀신'과 관계된 글자들이다. 예컨대..
2. '示(시)' 부수자들 : 祭祀(제사 제, 제사 사), 社(모일/단체/토지신 사)-社稷(토지신 사, 곡식신 직), 祈(빌 기)-祈禱(빌 도), 神(귀신 신)-鬼神(귀신 귀), 祝(빌 축)-祝福(복 복), 禍(재앙 화)-禍根(뿌리 근).
3. '申(신)성' 申(납/펼/알릴 신) 電(번개 전) 神(귀신 신) 紳(큰띠 신). 申告(알릴 신, 알릴 고), 電氣(기운 기), 神聖(거룩할 성), 紳士(큰띠 신, 선비 사)
4. '申(납 신)·電(번개 전)·神(귀신 신)' : 이 세 글자의 본래 의미는 모두 '번개'를 나타낸 글자인데 후에 그 뜻이 각자 발전해 나간 것이다.

46 于省吾≪甲骨文字詁林≫(2: 1063), 徐中舒≪甲骨文字典≫(1995: 11), 黃偉嘉≪漢字部首例解≫(2012: 77).

47 王延林, ≪常用古文字字典≫, 文史哲出版社, 1993, 10쪽.

dé yú ér wàng quán.

49. 得魚而忘筌. ≪장자·외물(外物)≫

득 어 이 망 전.

번역

물고기를(魚) 얻으면(得...而), 통발은(筌) 잊는다(忘).

한자 음훈

得(얻을 득), 魚(고기 어), 而(말이을 이), 忘(잊을 망), 筌(통발 전)

주석

원전에는 아래와 같이 나와있다.

▸ 筌者所以在魚, 得魚而忘筌 ; (전자소이재어, 득어이망전)

"통발(筌者)은 그 존재 목적(所以)이 물고기(魚)를 잡는 데 있는(在) 것이니, 물고기를 얻었으면(得魚而) 통발은 잊는다(忘筌)."

▸ 蹄者所以在兎, 得兎而忘蹄 ; (제자소이재토, 득토이망제)

"올무(蹄者)는 존재 이유가(所以) 토끼를 잡는 데 있는(在兎) 것이니, 토끼를 얻었으면(得兎而) 올무는 잊는다(忘蹄)."

▸ 言者所以在意, 得意而忘言. (언자소이재의, 득의이망언.)

"말(言者)의 존재 이유는(所以) 뜻을 담기 위한 것에 있으니(在意), 뜻을 이해하고 나면(得意而) 말은 잊는다(忘言)."

'筌(통발 전)'은 대나무로 엮어 만든 물고기 잡는 통발이며, '蹄(올무/굽 제)'는 작은 짐승 포획용 '올무'를 말한다. 여기서의 '所以'는 목적을 나타내는 말이며, '在(재)'는 '－에 있다'는 말로 "筌者所以在魚"는 "통발(筌者)은 그 존재하는 목적(所以)이 물고기(魚)를 잡는 데 있다(在)"로 해석함이 좋겠다.

통발이나 올무는 물고기나 토끼를 잡기 위한 도구이니 사용 목적을 달성하면 존재의 의미가 없어지게 된다. 언어 또한 이와 같은 데 말 자체에 매달려 서로 다투는 일이 적지 않다. 이는 본말이 전도(轉倒)된 일이 아닐 수 없다.

관련한자

1. [全(전)성]-2 <41.曲則全(곡즉전).>조 참조.
   全(온전할/모두 전)-栓(마개 전)-銓(저울질할 전)-詮(설명할 전)-筌(통발 전)
   全體(몸 체), 血栓(피 혈), 詮釋(풀 석), 忘筌(잊을 망, 통발 전)
2. '魚(물고기 어)' 부수 : '魚(어)'자는 갑골문에는  로, 금문에는 로 나타나 모두 물고기를 세워서 그린 글자다.(≪漢語大字典≫ 7: 4674)
   鮮(고울 선)-新鮮(새 신), 鯨(고래 경)-捕鯨(사로 잡을 포), 鮑(절인 고기 포).
3. [魚(어)성] 魚(물고기 어)-漁(고기잡을 어)
   養魚(기를 양), 魚雷(우뢰 뢰), 魚網(그물 망), 漁村(마을 촌), 漁撈(잡을 로)

hǔ bào zhī wén lái tián.

50. 虎豹之文來田. ≪장자·응제왕(應帝王)≫

호 표 지 문 래 전.

번역

호랑이(虎)와 표범의(豹之) 무늬(文)는 사냥을(田) 불러온다(來).

한자 음훈

虎(범 호), 豹(표범 표), 之(의 지), 文(무늬/글월 문), 田(사냥할 전-畋과 동일).

주석

여기서 '文'자는 '글월 문'이 아닌 '무늬 문'으로 해석해야 한다. 갑골문에서는  이나  등의 '사람의 몸에 문신을 한' 형태로 지금의 '글월'이란 의미는 나중에 생긴 것이다. 여기서는 '文(문)'이 '무늬'란 의미로 해석되는데, 이는 오히려 글자의 본래 의미에 더 가까운 뜻이라 하겠다. '田(밭 전)'은 본래 갑골문에서 네모 난 밭을 형상화 한 글자인데, 여기선 '사냥하다'란 의미로 쓰였다. 사실 갑골문 시절에도 '田'이 동사의 '사냥하다'란 의미로 쓰이기도 했다.

위 구절의 원전(原典)을 찾아보면 아래와 같다.

▸ 虎豹之文來田, 猨狙之便執斄之狗來藉. ≪장자·응제왕≫

(호표지문래전, 원저지편집리지구래적)

<猨(원숭이 원), 狙(원숭이 저), 便(민첩할 편), 執(잡을 집), 斄(삵<狸> 리) 종류, 狗(개 구), 來(올 래), 藉(묶을 적, 깔개 자)>

"호랑이(虎)와 표범(豹)의 무늬(文)는 (아름답기에) 사냥을(田) 불러오고(來), 원숭이(猨狙)의 민첩한(便) 재롱과 여우(斄)를 잘 잡는(執) 개(狗)는 (줄에) 묶임을 당한다(來藉)"

[설명] '便'은 (재롱 등의) 민첩함(便)을 말하며, '藉'는 '깔개 자'가 아니라 '묶을 적(秦昔切)'[48]으로 해석한다.

관련 한자

1. [虎(호)성] 虎(범 호)-琥(호박 호)-號(부르짖을 호)
   虎視眈眈(노려볼 탐), 琥珀(호박 박), 符號(부신 부)
2. [文(문)성] 文(글월 문)-紋(무늬 문)-蚊(모기 문)-紊어지러울 문
   文盲(소경 맹), 指紋(손가락 지), 見蚊拔劍(볼 견, 뺄 발, 칼 검), 紊亂(어지러울 란)
3. '田(밭 전)' 부수 : 갑골문에 '田(전)'자는  또는  (≪漢語大字典≫4:2524)의 형태로 밭을 그린 글자다. 따라서 '田(전)' 부수자가 들어간 자들은 대부분 밭과 관계있다. 男(사내 남)-得男(얻을 득), 界(지경 계)-境界(지경 경), 畓(논 답)-門前沃畓(문 문, 앞 전, 기름질 옥).

48 黃錦鋐 등(1983: 122), ≪漢語大字典≫(5: 3310) 등은 陸德明≪經典釋文≫의 '藉, 繫也'에 근거하여 '묶다'로 해석했다. 음은 '秦昔切'.

jūn zi zhī jiāo dàn ruò shuǐ.

51. 君子之交淡若水. ≪장자·산목(山木)≫

군 자 지 교 담 약 수.

번역

군자의(君子之) 사귐은(交) 묽기가(淡) 물과(水) 같다(若).

한자 음훈

君(어진이 군)[49], 子(접미사 자), 之(의 지), 交(사귈 교), 淡(묽을 담), 若(같을 약), 水(물 수).

주석

≪장자·산목(山木)≫ 원문에는 아래와 같이 되어 있다.

▸ 君子之交淡若水, 小人之交甘若醴.

(군자지교담약수, 소인지교감약례)

"군자의(君子之) 교제(交)는 묽기가(淡) 물과(水) 같으며, 소인의(小人之) 사귐은(交) 달기가(甘) 단술(醴)과 같다(若)"

49 ≪漢韓大字典≫(민중서림, 2009)에는 '君子'의 '君'의 훈을 '스승 군'이라 했으나, 여기서는 ≪우리말한자어 속뜻사전≫(전광진, LBH교육출판사)을 따랐다.

관련한자

1. '水(氵)(물 수)' 부수 : '水(수)'자는 갑골문에  의 형태로 물이 흐르는 모양을 그린 글자다. (≪漢語大字典≫ 3: 1545) 부수의 편방(偏旁)으로 쓰일 때는 '氵'의 형태로 붙여지며, 이 '氵(물 수-삼수변)' 부수가 들어간 자들은 대부분 물과 관계된 글자다.
2. '氵(물 수)' 부수자들 : 江(강 강)-江邊(가 변), 池(못 지)- '白頭山(백두산) 天池(하늘 천)', 泳(헤엄칠 영)-水泳, 注(물댈 주)-注油(기름 유), 河(물 하)-河川(내 천), 洞(골/마을 동)-洞里(마을 리), 流(흐를 류) 流出(날 출), 洗(씻을 세)-洗劑(약제 제).
3. '淡(묽을 담)'자는 '氵(물 수) + 炎(불꽃 炎)' 조합으로 이루어진 글자로 '氵'는 뜻을, '炎(염-담)'은 음을 나타낸다.
4. [炎(염)성] 炎(불꽃/염증 염)-淡(묽을 담)-談(말씀 담)-痰(가래 담)-毯(담요 담).

   현재 한자음으로는 '炎(염)'과 '淡(담)' 등의 음이 서로 다르지만 3,000년 전 한자음은 서로 비슷했다. 예컨대,

   'ㅎ람[ɦlam](炎) : 라암[l'aam](淡)' (鄭張尙芳 2013: 516)

   暴炎(사나울 폭, 불꽃 염), 肝炎(간 간, 염증 염), 淡水湖(호수 호), 談話(말씀 화), "喀痰(뱉을 객): 가래를(痰) 뱉다(喀)." ↔ "客談(손 객, 말씀 담)-객(客) 쩍은 말(談)". "毯子(담요 담, 어조사 자): 담요"
5. [交(교)성] 交(사귈 교)-校(학교 교)-絞(목맬 교)-較(견줄 교)-郊(성 밖 교)-狡(교활할 교)-餃(경단 교)-蛟(교룡 교)-咬(씹을 교)

   交流(흐를 류), 學校(배울 학), 絞殺(죽일 살), 比較(견줄 비) 郊外(밖 외), 狡猾(교활할 활).

jūn zi dàn yǐ qīn, xiǎo rén gān yǐ jué.

52. 君子淡以親, 小人甘以絕. ≪장자·산목(莊子·山木)≫

군 자 담 이 친, 소 인 감 이 절.

번역

군자는(君子) 담백함으로써(淡以) 친해지고(親), 소인은(小人) 달콤함으로써(甘以) 절교한다(絕).

한자 음훈

君(어진이 군), 子(접미사 자), 淡(묽을 담), 以(써 이), 親(친할 친), 小(작을 소), 人(사람 인), 甘(달 감), 絶(끊을 절).

주석

≪장자·산목≫에 나오는 이 말은 군자는 사람과 사귐에 비록 처음에는 담백하지만 갈수록 친해지는데 반해 소인배들은 처음에는 감미롭게 교류를 시작해도 쉽사리 절교한다는 말이다. 즉, 군자의 사귐은 담백하지만 오래가고, 소인배들의 사귐은 달콤하지만 짧다는 말일 것이다.

≪장자≫에는 이 구절 바로 위에 또 다른 명언이 있다.

▸ 君子之交淡若水, 小人之交甘若醴.

(군자지교담약수, 소인지교감약례)

"군자의(君子之) 사귐(交)은 묽기(淡)가 물(水)과 같고(若), 소인배들의(小人

之) 사귐(交)은 달기(甘)가 단술(醴)과 같다(若)."

관련 한자

1. '絕(끊을 절)'자는 ≪설문해자≫에 의하면 '糸(실 사)+刀(칼 도)+卩(병부 절)' 의 세 글자가 합쳐졌고, "칼(刀)로 실(糸)을 끊다"에서 뜻이 나왔다고 해석한다.[50]
2. '糸(실 사)' 부수[51] : 갑골문에 '糸(사)'자는  로, 금문에는  로 쓰였는데, 실타래를 그린 글자다. 따라서 부수 '糸(실 사)'자가 들어간 자들은 대부분 실과 관계된 글자들이다. ≪漢語大字典≫(5: 3361)
3. '糸(사)' 부수자들 : 실과 관계된 글자들이다.
   約(묶을 약)-約束(다발 속), 紛糾(어지어울 분, 얽힐 규), 細(가늘 세)-細分(나눌 분), 紹(이을 소)-紹介(끼일 개), 結(맺을 결)-結婚(혼인할 혼), 絃(줄 현)-絃樂器(음악 악, 그릇 기), 絞(목맬 교)-絞首刑(머리 수, 형벌 형), 絶(끊을 절)-絶交(사귈 교), 絹(비단 견)-絹織物(짤 직, 만물 물), 綱(벼리 강)-綱領(요점 령), 線(줄 선)-線路(길 로), 續(이을 속)-續開(열 개).
4. '親(친)'자는 갑골문에는 없고 금문(金文)에  이 모양으로 나타나는데, 이는 음을 나타내는 '辛(매울 신)'자와 뜻을 나타내는 '見(볼 견)'자가 합쳐진 글자다. 서호(徐灝)는 '見(견)'자가 들어간 것은 서로 바라보다 친하게 됨을 나타낸 것이라 해석했다.(陳初生 1992:836,837) '親(친)'은 '친할/어버이 친' 두 뜻으로 쓰인다.

50 湯可敬, ≪說文解字今釋≫(下), 岳麓書社, 1997, 1845쪽..

51 '糸'자는 본래 음훈은 '실 멱'이나, '絲(실 사)'의 속자(俗字)인 '실 사'로 쓰기도 한다.

12

≪순자(荀子)≫

순자(荀子: BC. 약 325-238)는 중국 전국시대(戰國時代) 조(趙)나라 출신으로 이름은 순황(荀況), 자(字)는 순경(荀卿) 또는 손경(孫卿)으로 불렸으며, 제(齊)나라 직하(稷下)라는 학궁(學宮)에서 학문을 연구했고, 공맹(孔孟)사상을 가다듬고 체계화했다는 평가를 받는다. 그의 대표작은 ≪순자(荀子)≫이며, 순자가 죽은 후 몇 세기 동안 그의 영향력은 맹자보다 컸다 한다. 10세기에 성리학이 일어나면서 그의 영향력이 약해졌고, 12세기 송(宋)나라 때 ≪맹자≫가 유교의 사서(四書)에 포함되고 맹자가 유교의 두 번째 성인으로 추앙됨으로써 그는 이단으로 몰리게 된다.

순자는 유가(儒家)로 분류되지만 법가(法家)의 이론적 시조(始祖)가 되었다는 점에서 매우 중요한 사상가라 할 수 있다. 도통(道統)면에서 보면, 공자의 인(仁)사상을 중요시하는 증자(曾子) 계열에서 맹자가 나왔다면, 예(禮) 사상을 중시하는 자하(子夏) 계열에서 순자가 나왔다 할 수 있다.

맹자가 그의 '왕도(王道)정치'의 이론적 배경으로 성선설(性善說)을 주장하고 선(善)한 인간의 본성에 바탕을 둔 덕치(德治)와 인정(仁政)을 주장했다면, 순자는 인간의 본성은 악하다는 '성악설(性惡

說)'을 바탕으로 인간의 성품을 개조하고 교화하여 다스려야 한다는 '예치설(禮治說)'을 주장했다.

맹자는 사람은 선(善)한 본성, 즉 '인<仁>·의<義>·예<禮>·지<智>' 등 '사덕(四德)'을 가지고 태어났기에, 요(堯)·순(舜) 임금과 같은 성인이 될 수 있다고 본 반면, 순자는 인간에게 '사덕(四德)'이나 '사단(四端)'과 같은 선천적 도덕관념은 없지만, 선(善)을 알고 학습할 수 있는 지각(知覺) 능력이 있기에 후천적인 학습과 교육에 의해 우(禹) 임금 같은 성인이 될 수 있다고 주장했다.

순자는 사람은 태어나면서부터 이익(利益)을 좋아하고 질투(嫉妬)와 미워하는 마음이 있고 좋은 소리와 빛깔을 탐내는 마음을 갖고 태어나기 때문에 인간의 본성 자체는 악(惡)하다고 보았다. 또 인간의 욕구는 무한(無限)한데 물자가 유한(有限)하므로 필연적으로 다툼이 발생하기 마련이라 보았고, 이에 성인들의 규범인 '예(禮)'에 따라 교육하고 다스려야 한다는 것이 '예치설(禮治說)'이다. 또 그는 사람의 본성이 악하기에 경우에 따라 '예치' 이상의 형벌이 필요하다 주장하는데, 이 관점이 그의 제자인 한비자(韓非子: BC. 280경-233)와 이사(李斯: BC. 280경-208)에 의해 후에 '법가(法家)' 사상으로 발전하게 된다.

이사와 한비자의 법가사상은 진(秦)나라 진시황의 천하통일과 분서갱유(焚書坑儒)라는 역사적 공과(功過)로 이어지게 되며, 이후 유가와 법가는 사상적으로 완전히 결별(訣別)하게 되고, 순자의 사상도 유가에서 배척(排斥) 받게 되는 결정적 계기가 되었다.

qiè ér bù shě, jīn shí kě lòu.

53. 鍥而不舍, 金石可鏤. ≪순자(荀子)·勸學(권학)≫

결 이 불 사, 금 석 가 루.

번역

조각을(鍥而) 중도에 포기하지 않으면(不舍,), 쇠와 돌에도(金石) 새겨 넣을 수 있다(可鏤).

한자 음훈

鍥(새길 결), 而(말이을 이), 不(아닐 불), 舍(집/버릴 사), 金(쇠 금), 石(돌 석), 可(가히 가), 鏤(새길 루).

주석

'舍(사)'는 '捨(버릴 사)'와 같다. 다수의 자전에서 '鍥'을 '새길 계'로 표기하고 있으나, '새길 결'이 맞다. 왜냐하면, ≪광운(廣韻)≫의 '鍥' 두 반절 '苦結切(刻也)' '古屑切(鎌別名也)'에 의하면 음이 '결'일 수 밖에 없다.

이 구절은 ≪순자·권학편≫에 나오는데, 원전에는 "鍥而舍之, 朽木不折 ; 鍥而不舍, 金石可鏤."로 되어 있다. 즉, "조각하다(鍥而) 중도에 그것을 그만두면(舍之) 썩은 나무도(朽木) 새겨 꺾을 수 없지만(不折) ; 조각을(鍥而) 중간에 포기하지 않고 꾸준히 하면(不舍) 쇠와 돌에도(金石) 끝내 새겨 넣을 수 있다(可鏤)"는 포기 없는 끈질긴 전진과 노력을 강조한 말이다. 순자의 또 다른 명언인 "반걸음을 쌓지 않으면 천리에 이를 수 없고; 작은 물줄기를 쌓지 않으면 강과 바다를 이룰 수 없다(不積跬步, 無以至千里 ; 不積小流, 無以成江海)"란 구절 역시 바로 이 위에 있다.

≪순자≫는 인간은 비록 악한 본성을 가지고 태어나지만 끊임없이 옛 선왕(先王)의 도를 배워나간다면 결국 우(禹) 임금 같은 성인도 될 수 있다는 후천적 학습을 주장했다. 그래서 그의 저서인 ≪순자≫ 첫 장도 끊임없는 학습을 강조한 '권학편'이고, 첫 마디가 "학습은 중단할 수 없는 것으로, 마치 푸른색은 쪽 풀에서 취한 것이지만 쪽 풀보다 더 파랗고, 얼음은 물에서 이루어진 것이지만 물보다 차다."는 이른바 '청출어람(青出於藍)'을 선언한 것이다. (學不可以已. 青取之於藍, 而青於藍. 冰水爲之, 而寒於水.)

관련 한자

1. 대동(戴侗)의 ≪육서고(六書故)≫에 따르면 '契'는 갑골문에  (㓞)로 쓰여 있고, '칼(刀)로 무언가를 새긴 모양'을 형상화 한 글자다.[52] 진태하 선생님은 이 글자가 고대 한(韓)민족이 만든 글자로서 '글(字)'과 어원이 같다 하셨는데, 탁견이 아닐 수 없다. 契·㓞의 정장상방 상고음은 [*kheed]로 '글'과 유사하다.
2. [契(계)성] 契(맺을 계, 종족이름 글)-潔(깨끗할 결)-鍥(새길 결) 契約(묶을 약), 契丹(글단→거란, 붉을 단), 純潔(순수할 순).

52 王延林, ≪常用古文字字典≫, 1987(1993 대만: 문사철 영인본), 261쪽.

yù bú yù zhě, shí yě.

54. 遇不遇者, 時也. ≪순자·유좌(宥坐)≫

우 불 우 자, 시 야.

번역

(좋은 운을) 만나고(遇) 안 만나고는(不遇者), 때가 있기 마련이다(時也).

한자 음훈

遇(만날 우), 不(아닐 불), 者(놈 자). 時(때 시), 也(어조사 야).

주석

본 구절은 ≪순자·유좌편≫에 기록된 공자의 말인데 공자가 주유열국(周遊列國)시절 진(陳)과 채(蔡)나라 사이에서 칠일 동안이나 아무것도 먹지 못하고 곤경에 빠져 있자 제자 자로(子路)가 공자께 말하길..

▸ 爲善者天報之以福. (위선자천보지이복)

"착한 일을 하는 자(爲善者)에게는 하늘(天)이 그(之)에게 복으로써(以福) 갚는다(報)."라고 했거늘 (스승님께서는 이미)"

▸ 累德積義懷美. (누덕적의회미)

"덕(德)이 누적되어 있으시고(累德) 의(義)가 쌓여 있으시며(積義) 미선(美

善)을 품고 계시온데(懷美)"

어찌 이리 곤란을 당하십니까?라고 하니 공자께서 역사상의 여러 사람의 예를 들면서 하는 말이

▸ 夫遇不遇者, 時也. 賢不肖者, 材也. 君子博學深謀不遇時者多矣!

(부우불우자, 시야. 현불초자, 재야. 군자박학심모불우시자다의)

"대저(夫) (좋은 운을) 만나고(遇) 안 만나고는(不遇者) 때(時)에 달려있으며(也), 어질거나(賢) 못난 것은(不肖者) 자질(材)에 있는 것(也)이다. 군자(君子)가 박학(博學)하고 지혜와 꾀가 깊고 넓어도(深謀) 때(時)를 만나지 못한(不遇) 예(者)가 많다네(多矣)!"라고 대답했다 한다.

즉 아무리 능력이 출중해도 좋은 운을 만나고 못 만나고는 때에 달려있다는 말이다. 인간의 운명에는 좋을 때도 있고 나쁠 때도 있는 법, 비록 불우한 환경에 처하더라도 비관만 해서도 곤란하고 또 좋은 환경을 만났다 해도 함부로 교만한 태도를 취해서는 안 될 것이다.

관련 한자

1. [遇(우)성] 遇(만날 우)-偶(짝/우연/허수아비 우)-愚(어리석을 우)-寓(붙여 살/맡길 우)

   不遇(아닐 불, 만날 우), 配偶(짝 배, 짝 우), 偶發(우연 우, 필 발), 偶像(허수아비 우, 형상 상), 愚問賢答(물을 문, 어질 현, 대답할 답), 寓話(맡길 우, 말씀 화)

bù jī kuǐ bù, wú yǐ zhì qiān lǐ ; bù jī xiǎo liú, wú yǐ chéng jiāng hǎi.

55. 不積跬步, 無以致千里; 不積小流, 無以成江海.

≪순자·권학편(勸學篇)≫

부적규보, 무이치천리; 부적소류, 무이성강해.

번역

(작은) 반걸음이(跬步) 쌓이지 않으면(不積) 천리에(千里) 이를(致) 수 없고(無以), 작은 물이(小流) 쌓이지 않으면(不積) 강과 바다를(江海) 이룰(成) 수 없다(無以).

한자 음훈

不(아닐 불), 積(쌓을 적), 跬(반걸음 규), 步(걸음 보), 無(없을 무), 以(써 이), 致(이를 치), 千(일천 천), 里(리 리) ; 小(작을 소), 流(흐를 류), 成(이룰 성), 江(강 강), 海(바다 해).

주석

이 말은 ≪순자·권학편(勸學篇)≫에 나오는 말로 천리 길도 한 걸음부터이며, 거대한 강과 바다도 작은 시냇물이 합쳐지지 않으면 이룰 수 없다는 경구다. 매사 기초부터 차근차근 진행하지 않으면 큰 일을 해낼 수 없다는 이치다. 관련 명언으로 ≪노자(老子)≫와 ≪중용(中庸)≫에도 다음과 같은 말이 보인다.

▸ 千里之行, 始於足下. **(천리지행, 시어족하.)** ≪노자(老子)·64장≫

<千(일천 천), 里(거리 리), 之(의 지), 行(다닐 행), 始(처음 시), 於(어조사 어), 足(발 족), 下(아래 하)>

"천리의(千里之) 여행(行)도 발 아래(足下)에서(於) 시작한다(始)."

우리 속담의 "천리 길도 한 걸음부터"와 일치하는 구절이다.

▸ 行遠必自邇, 登高必自卑. **(행원필자이, 등고필자비.)** ≪중용(中庸)·15장≫

<行(다닐 행), 遠(멀 원), 必(반드시 필), 自(부터/스스로 자), 邇(가까울 이), 登(오를 등), 高(높을 고), 卑(낮을 비)>

"먼 곳을(遠) 가려면(行) 반드시(必) 가까운 곳(邇)부터(自) 시작해야 하고, 높은 곳에(高) 오르려면(登) 반드시(必) 낮은 데서(卑)부터(自) 시작해야 한다."

관련 한자

1. [里(리)성] 里(마을/거리 리)-理(이치/다스릴 리)-裡·裏(속 리)-鯉(잉어 리)-狸·貍(삵 리).
   里長(마을 리, 어른 장) ↔ 十里(거리 리), 物理(만물 물, 이치 리) ↔ 理髮(다스릴 리, 터럭 발), 表裏不同(겉 표, 속 리, 아닐 불, 같을 동), 鯉魚(물고기 어)
2. [至(지)성] 至(이를 지)-致(치)-室(집/방 실)-窒(막힐 질)-姪(조카 질).
   "디그스[*tjigs](至): 디그스[*tigs](致): ㅎ리그[*hlig](室)"(鄭張尙芳 2013: 569)
   至極(다할 극), 致死(이를 치, 죽을 사) ↔ 致辭(보낼 치, 말씀 사), 研究室(갈 연, 생각할 구, 방 실), 窒息(숨쉴 식), '姪女(계집 녀): 조카 딸'

13

≪한비자(韓非子)≫

진(秦)나라 진시황(秦始皇)은 한비자의 전제(專制) 정부에 관한 이론에 깊은 감명을 받아 BC. 221년 중국을 통일한 후 이를 통일국가의 정치원리로 삼았다. 그의 이름을 따라 ≪한비자(韓非子)≫로 명명된 그의 저서는 당시 법가(法家) 이론의 집대성(集大成)적 저작이다.

한비자의 생애에 대해서는 알려진 바가 거의 없다. 그는 전국시대(BC. 475-221)의 약소국이었던 한(韓)나라의 귀족 출신이었다. 한비자는 유가인 순자(荀子)의 문하에서 공부했으나, 나중에 순자와 결별하고 다른 학파를 따랐다. 자신의 충고가 한왕(韓王)에게 무시당하자 한비자는 자신의 생각을 글로 쓰기 시작했다. 그는 말솜씨가 별로 없었기 때문에 자신의 이론에 대해 있을지도 모를 반론에 대한 논박(論駁)도 글로 썼다.

BC. 221년 통일 후 시황제(始皇帝)가 된 당시의 진왕(秦王) 정(政)은 한비자의 글을 읽고 이를 높이 평가했다. BC. 234년 진(秦)은 한(韓)을 공격했고, 한왕(韓王)은 한비자를 진(秦)에 협상자로서 파견했다. 진왕은 한비자를 보고 매우 기뻐하며 그에게 높은 직위를 주려고 했다.

진(秦)의 승상(丞相)이자 이전에 한비자와 같은 스승 밑에서 공부한 이사(李斯)는 한비자가 자신보다 더 뛰어났기에 왕의 총애(寵愛)를 잃을까 두려워, 한비자가 이심(二心)을 가졌다고 모함하여 그를 투옥(投獄)시켰다. 이사는 한비자를 속여 그가 스스로 독약을 마시고 자살하게 했다.

≪한비자≫는 대다수 중국의 고전(古典)들처럼 집단적 저작물로 보이지만 각 장의 대부분의 내용은 일관성을 띠고 있다.

이 책은 총 55편으로 이루어져 있는데, 전체적인 내용은 군주의 권력의지의 지향점인 절대적 군주권(君主權)의 수립 및 국가 전체의 질서 정립이라는 문제의식을 다루고 있다.

≪한비자≫속에는 또 다양한 다른 사상들이 등장한다. 예컨대, 도가와 법가의 혼합을 이룬 황로(黃老)사상이나 법가의 사상가들인 상앙(商鞅), 신불해(申不害) 등의 사상도 보인다. 상앙의 경우에는 법(法)을 이야기할 때, 신불해의 경우는 술(術)을 이야기할 때 그 근거로 매우 많이 사용된다.

또 군주에 대한 상주문(上奏文)이거나 한비(韓非) 학파의 교과서로 쓰였을 법한 내용도 다수 발견된다.

qiǎo zhà bù rú zhuō chéng.

56. 巧詐不如拙誠. ≪한비자·설림(說林)≫

교사불여졸성.

번역

교묘한 속임수는(巧詐) 졸렬한 정성(拙誠)만 못하다(不如).

한자 음훈

巧(공교할 교), 詐(속일 사), 不(아닐 불), 如(같을 여), 拙(졸할/서툴 졸), 誠(정성 성).

주석

'巧詐(간교한 속임수)'와 '拙誠(졸렬한 정성)'은 대립적 개념이며, '不如(불여)'는 '-만 못하다'는 의미이다.

≪한비자(韓非子)≫의 이 구절은 아래 두 이야기 끝에 나온 말이다. 첫 번째 이야기는 다음과 같다.[53]

중국 위(魏)나라 문후(文侯)가 악양(樂羊)이라는 장수를 시켜 중산국(中山國)을 공격할 때였다. 당시 중산국 왕은 악양의 아들 악서(樂舒)를 인질로 잡고 공격 중지를 요구했으나 악양은 아랑곳하지 않고 총공격을 했다. 이에 화가 난 중산국왕은 악양의 아들을 죽여 그의 몸뚱이로 국을 끓여 악양에게 보냈다. 그러나 악양은 태연히 그 국을

53 두산백과 <巧詐不如拙誠>[2022.9.13.검색] https://terms.naver.com/entry.naver?docId=3651316&cid=40942&categoryId=32972

들이키고는 공격을 가해 결국 중산국을 함락시켰다. 후에 위나라 왕 문후는 "자기 자식의 살을 먹는 사람이 누구인들 먹지 않겠습니까?" 라는 신하의 말을 듣고 마음속으로 악양을 의심하였다고 한다.

두 번째 이야기는 이렇다. 노(魯)나라의 맹손씨(孟孫氏)가 사냥을 나가 새끼 사슴 한 마리를 잡았다. 잡은 새끼 사슴을 신하인 진서파(秦西巴)를 시켜 끌고 오게했는데 어미 사슴이 따라오면서 서글피 울자 그는 불쌍히 여겨 새끼를 놓아주었다. 이 사실을 안 맹손은 크게 노하여 진서파를 내쫓아버렸으나 얼마 지나지 않아 맹손은 진서파를 다시 불러 아들의 스승으로 삼았다 한다. 그 이유는 새끼 사슴도 차마 어쩌지 못하는데 내 아들에게 함부로 하겠느냐는 것이다.

상반된 위 두 이야기를 두고 한비자는 다음과 같이 말했다.

▸ 巧詐不如拙誠. 樂羊以有功而見疑, 秦西巴以有罪而益信. 由仁与不仁也.

(교사불여졸성. 악양이유공이견의, 진서파이유죄이익신. 유인여불인야.)
"교묘한 속임수(巧诈)는 졸렬한 정성(拙诚)만 못하다(不如). 악양(樂羊)은 공을 세웠(有功)지만(以..而) 의심을 받았고(見疑), 진서파(秦西巴)는 죄를 지었(有罪)지만(以..而) 더욱 신뢰를 받았다(益信). (이는) 한 사람은 어질고(仁) 한 사람은 어질지 않았(不仁)기 때문이다(由..也)."

≪회남자≫에도 "巧不若拙(기교는 서투름 보다 못하다)"이란 유사한 말이 있다.

관련 한자

1. 拙速(서툴 졸, 빠를 속), 拙劣(못할 렬), 拙作(지을 작) ↔ 傑作(뛰어날 걸)
2. 詐欺(속일 사, 속일 기), 精誠(쓿을 정, 정성 성).

qiān zhàng zhī dī, kuì yú yǐ xuè.

57. 千丈之堤, 潰於蟻穴. ≪한비자 · 유로(喻老)≫

천 장 지 제, 궤 어 의 혈.

번역

천 장이나 되는(千丈之) 둑도(堤) 개미구멍에(蟻穴) 무너진다(潰).

한자 음훈

千(일천 천), 丈(장/어른 장), 之(의 지), 堤(둑 제), 潰(무너질 궤), 於(어조사 어), 蟻(개미 의), 穴(구멍 혈).

주석

본 구절은 ≪한비자 · 유로(喻老)≫의 아래 구절에서 나온 말이다.

▸ 千丈之堤, 潰於蟻穴, 以螻蟻之穴潰 ; 百尺之室, 以突隙之煙焚.
(천장지제, 궤어의혈, 이루의지혈궤; 백척지실, 이돌극지연분)
"천 장이나 되는 (긴) 둑도(千丈之堤), 개미구멍에 무너지니(潰於蟻穴), 땅강아지와 개미구멍에 무너지는 것이요(以螻蟻之穴潰) ; 백 척이나 되는 (높은) 집도(百尺之室), 굴뚝 틈의 연기에 불타버린다(以突隙之煙焚)."

여기서 '螻(루)'는 '땅강아지'를 말하며, '突隙(굴뚝 돌, 틈 극)'은 '굴뚝의 갈라진 틈'을 이르는 말로 '突'을 '갑자기 돌'로 해석하면 안 된다.

관련 한자

1. '堤(제)'와 '是(시)' : '堤(둑 제)'자는 '土(뜻)+是(음)'의 결합으로 이루어진 형성자인데, 현재 음으로는 '제(堤)'와 '시(是)' 간에 음 차이가 크다. 그러나 상고 시기의 한자음은 두 자간의 음 차이가 크지 않았다. 예컨대
   "데에[*tee](堤) : 디에[*djeʔ](是)" (鄭張尙芳 2013: 467)
2. [是(시)성] 是(~~옳을~~/이 시)-匙(숟가락 시)-堤(둑 제)-題(표제/제목/이마 제)-提(끌 제).
   是非(~~옳을~~ 시, 아닐 비) ↔ 是日(이 시, 날 일), 堤防(둑 방, 막을 방), 題目(이마 제, 눈 목), 提起(일어날 기)
3. [貴(귀)성] 貴(귀할 귀)-遺(남길/끼칠 유)-潰(무너질 궤)-櫃(함 궤)-饋(먹일 궤).
   貴賤(천할 천), 遺産(남길 유, 낳을 산) ↔ 流産(흐를 류, 낳을 산), 胃潰瘍(발통 위, 종기 양)
4. 穴居(구멍 혈, 살 거), 墓穴(무덤 묘, 구멍 혈).
5. '虫(벌레 훼/충)' 부수 : 본래 '虫'은 '벌레 훼'이며, '蟲'자가 '벌레 충'인데, 요즘은 '蟲'자의 속자로 '虫'를 쓴다. '虫'자는 갑골문에 의 모양으로, 대다수 학자들은[54] 이 글자의 본래 의미를 '뱀(蛇)'으로 해석하고 있다. 현재의 '벌레'라는 의미는 나중에 생긴 뜻이라 하겠다. '虫'자가 들어간 자들은 벌레와 관계있다.

54 馬如森(2008: 298), 王延林(1993: 679).

14

≪회남자(淮南子)≫

≪회남자(淮南子)≫는 BC. 139년에 서한(西漢)의 회남왕(淮南王) 유안(劉安)이 지어 한무제(漢武帝)에게 바친 일종의 백과사전으로, 전 21권이다. ≪여씨춘추(呂氏春秋)≫와 함께 제자백가(諸子百家) 중 잡가(雜家)의 대표작이다. 한편으로는 노자(老子) 사상을 중심으로 제자백가를 통합하려 한 전한(前漢) '황로학(黃老學)'의 결정체로 보기도 한다.

유안(劉安)이 전국의 빈객(賓客)과 방술가(方術家)를 모아서 편찬한 것으로, ≪한서(漢書) · 회남왕전(淮南王傳)≫에는 <내서(內書)> 21편, <외서(外書)> 다수, <중편(中篇)> 8권을 제작했다고 했지만, 현재는 <내서> 21편만 전해진다.

제자백가의 학설을 집성한 것이기 때문에 사상적 통일성은 약하며, 도가(道家), 음양가(陰陽家), 법가(法家), 유가(儒家), 병가(兵家) 등 주장이 모두 수록되어 있다.

≪한서 · 예문지(藝文志)≫에서는 ≪회남자≫를 ≪여씨춘추≫와 함께 잡가(雜家)에 넣었지만, 그렇다고 여러 학파의 학설을 아무렇게나 늘어놓고 있는 것은 아니다. 예컨대, <요략편(要略篇)>에서는 복잡다단(複雜多端)한 현상을 있는 그대로 서술하면서도 그

것을 관통하고 있는 통일적 논리를 파악하려 하고 있다. 만물을 꿰뚫는 '이법(理法)' 또는 '원리(原理)로서의 도(道)'를 주장하는 점에서 ≪회남자≫는 노장(老莊)사상을 승계하는 도가(道家) 계열에 속한다고 할 수 있다.

유안(劉安)은 한고조(漢高祖)의 서자(庶子)인 회남여왕(淮南厲王) 유장(劉長)의 아들이며, 아버지가 문제(文帝) 때에 모반죄로 죽은 뒤 두 동생 형산왕(衡山王) 유발(劉勃), 여강왕(廬江王) 유사(劉賜)와 함께 그 영토를 나누어 반아서 회남왕(淮南王)이 되었다. 당시 한의 조정은 제후왕의 권력을 줄여서 중앙으로 집중시키고 있었다. 무제(武帝)의 즉위와 더불어 그러한 정책은 보다 강력하게 추진되었다. BC. 122년에 이르러 유안(劉安)도 모반(謀反)의 음모가 있다는 혐의를 받자 자살하고 나라는 몰수되었다. 한(漢) 정부는 그와 같은 중앙집권 정책을 군신(君臣) 질서를 존중하는 유교의 이데올로기로 추진하려고 하였다. 문학을 애호하는 회남왕의 궁정에 참집(參集)하였던 빈객(賓客)과 학자 중에는 그와 같은 한(漢) 조정(朝庭)의 정책에 반발하는 자가 많았으며 그 때문에 ≪회남자≫와 같은 잡가적(雜家的)인 서적이 생긴 것이라고 생각된다.

qǐ huǒ bú ruò qǔ suì, jì jí bú ruò záo jǐng.

58. 乞火不若取燧, 寄汲不若鑿井.

≪회남자(淮南子)·남명훈(覽冥訓)≫

걸 화 불 약 취 수, 기 급 불 약 착 정.

번역

불을 빌리는 것은(乞火) 부싯돌을 얻는 것(取燧)만 못하고(不若), (남의 집) 우물을 긷는 것은(寄汲) 우물을 파는 것(鑿井)만 못하다(不若).

한자 음훈

乞(빌 걸), 火(불 화), 不(아닐 불), 若(같을 약), 取(가질 취), 燧(부싯돌 수), 寄(부쳐있을 기), 汲(길을 급), 鑿(뚫을 착), 井(우물 정).

주석

'乞火'는 '술어동사(빌리다)+목적어(불을)' 형태의 '불을 빌리다'는 의미로 앞 구절의 주어에 해당된다. '若(같을 약)'은 '~와 같다'란 뜻으로 '不若'은 '~같지 못하다' 의미. '取燧(취할 취, 부싯돌 수)'도 '동+목 구조'로 '부싯돌을 얻다'의 의미다. '기급(寄汲)'은 "남의 집 우물을 긷다"는 뜻인데, '汲(길을 급)'자가 '물을 긷다'는 핵심 의미를 나타내며, '寄(부쳐있을 기)'는 '떳떳한/주인'의 상대적 개념인 '피동·종속적' 한정(限定) 부가(附加) 의미로 쓰였다 하겠다.

위 경구는 서한(西漢) 초기 약 2100년 전에 쓰인 글로서 당시에는 지금처럼 라이터나 성냥이 없어 불 지피기가 쉽지 않았던 시기였다.

따라서 종종 불을 꺼뜨릴 경우 옆집에서 불을 빌려왔을 것이다. 그러나 매번 그렇게 남에게 의지하여 사는 것 보다는 차라리 불을 지피는 방법, 즉 부싯돌을 구해서 불을 직접 피우는 법을 터득하는 것이 훨씬 전략적인 방법이라는 것을 알려주는 말인 것이다. 또 매일 장기적으로 남의 집 눈치 보며 옆집에서 우물물을 길어 쓰는 것 보다는 당장 어렵더라도 내 집의 우물을 직접 파는 것이 더 낫다는 것을 말해 주는 것이다.

쉽게 남에 의지하기보다는 당장 어렵더라도 스스로 방법을 모색하는 것이 장기적 관점에서 훨씬 전략적이라는 말일 것이다. 물고기를 구차하게 매번 구걸하기 보다는 차라리 물고기 잡는 법을 배우는 것이 더 요긴한 것과 마찬가지다.

관련 한자

1. [取(취)성] 取(취할 취)-娶(장가들 취)-趣(달릴 취)-聚(모일 취)
   取消(사라질 소), 再娶(다시 재), 聚合(합할 합), 趣向(향할 향),
2. [及(급)성] 及(미칠 급)-級(등급 급)-吸(숨 들이쉴 흡)
   波及(물결 파), 階級(섬돌 계), 吸煙(연기 연)
3. [奇(기)성] 奇(기이할 기)-寄(부쳐 있을 기)-騎(말탈 기)-椅(기댈 의)-畸(기이할 기)
   奇蹟(자취 적), 寄贈(부칠 기, 보낼 증), 騎兵(병사 병), 椅子(접미사 자), 畸形(모양 형)
4. 乞食(빌 걸, 밥 식), 乞網(그물 망)

tiān dì zhī dào, jí zé fǎn, yíng zé sǔn.

59. 天地之道, 極則反, 盈則損. ≪회남자·태족훈(泰族訓)≫

천 지 지 도, 극 즉 반, 영 즉 손.

번역

천지의(天地之) 도(道)는 극에 달하면(極則) 되돌아오고(反), 가득 차면(盈則) 덜어진다(損).

한자 음훈

天(하늘 천), 地(땅 지), 之(의 지), 極(다할 극), 則(곧 즉), 反(돌이킬 반), 盈(찰 영), 損(덜 손).

주석

우주의 섭리는 극(極)에 달하면 반전(反轉)이 오게 되고 가득 차면 기울게 마련이다. "화무십일홍(花無十日紅): 예쁜 꽃은 열흘 가지 않는다." "권불십년(權不十年): 권세는 10년 가지 않는다."라 했기에 겸손해야 하고, "고진감래(苦盡甘來): 고생 끝에 낙이 온다(쓴 것이 다하면 단 것이 온다)"이기에 현재의 고난은 참고 이겨낼 수 있는 것이다. 이 말과 유사(類似)한 말이 ≪명심보감(明心寶鑑)·성심편(省心篇)하≫에도 있다.

▸ 器滿則溢, 人滿則喪. (기만즉일, 인만즉상)

"그릇은(器)가득차면(滿則) 넘치고(溢), 사람이(人) 가득 차면(滿則) 잃는다(喪)."

또 ≪명심보감(明心寶鑑)≫에는 ≪상서(尙書)≫를 인용한 이런 글도 실려있다.

▸ 滿招損, 謙受益. (만초손, 겸수익).

"가득 차면(滿) 덜어지고(招損), 겸손하면(謙) 이익을 본다(受益)."

관련 한자

1. [反(반)성] 反(돌이킬 반)-返(돌아올 반)-飯(밥 반)-叛(배반할 반).
   反擊(칠 격), 背叛(등 배), 返納(바칠 납)-殘飯(남을 잔)
2. [천자문(千字文) 일부]

▸ 天地玄黃, 宇宙洪荒,
(하늘 천, 땅 지, 검을 현, 누를 황, 집 우, 집 주, 넓을 홍, 거칠 황)

하늘은(天) 검고(玄) 땅은(地) 누르며(黃) 우주는(宇宙,) 넓고(洪) 거칠다(荒).

▸ 日月盈昃, 辰宿列張,
(날 일, 달 월, 찰 영, 기울 측, 별 진, 별자리 수/잘 숙, 벌일 열, 베풀 장)

"해와(日) 달이(月) 차고(盈) 기울며(昃), 별(辰)과 별자리(宿)는 벌려져(列) 늘어서 있다(張)."

▸ 寒來暑往, 秋收冬藏,
(찰 한, 올 래, 더울 서, 갈 왕, 가을 추, 거둘 수, 겨울 동, 저장할 장)

"추위가(寒) 오고(來) 더위가(暑) 가니(往) 가을엔(秋) 거두고(收) 겨울엔(冬) 저장한다(藏)."

3. 損失(잃을 실), 損害(해칠 해)

měng shòu bù qún, zhì niǎo bù shuāng.

60. 猛獸不群，鷙鳥不雙. ≪淮南子(회남자)·說林訓≫

맹 수 불 군，지 조 불 쌍.

번역

맹수는(猛獸) 무리 짓지 않고(不群), 사나운 새는(鷙鳥) 둘이 함께 날지 않는다(不雙.).

한자 음훈

猛(사나울 맹), 獸(짐승 수), 不(아닐 불), 群(무리 군), 鷙(맹금 지), 鳥(새 조), 不(아닐 불), 雙(쌍 쌍).

주석

호랑이 같은 맹수(猛獸)나 독수리 같은 맹금류(猛禽類)는 자신이 최고이기에 두려워하거나 거칠 것이 없다. 그래서 그들은 무리를 지어 다니지 않을 수 있는 것이다. 사람의 경우, 호연지기(浩然之氣)를 갖춘 충직(忠直)한 군자라면 이와 같이 결코 세속(世俗)에 어울리지 않을 수 있는 것이다. ≪회남자·설림훈≫에 나오는데, 원문은 아래와 같다.

▸ 日月不並出, 狐不二雄, 神龍不匹, 猛獸不群, 鷙鳥不雙.

(일월불병출, 호불이웅, 신룡불필, 맹수불군, 지조불쌍.)

"해(日)와 달(月)은 나란히 나오는(並出) 법이 없고(不), 여우는(狐) 수컷 두 마리가(二雄) 함께 하지 않으며(不), 신룡(神龍)은 두 마리가 나란히 짝하지 않으며(不匹), 맹수(猛獸)는 무리를 짓지 않고(不群), 사나운 새는(鷙鳥) 두 마리가 함께 날지 않는다(不雙)."

관련 한자

1. [孟(맹)성] 孟(맏 맹)-猛(사나울 맹)
   孟仲叔季(맏 맹, 버금 중, 셋째동포 숙<아재비 숙>, 끝 계<계절 계>), 仲裁(가운데 중, 마를 재), 猛禽(날짐승 금), 猛毒(독 독), 猛將(장수 장), 猛烈(세찰 렬)
2. [君(군)성] 君(임금 군)-郡(고을 군)-群(무리 군)-窘(막힐 군)-裙(치마 군).
   君爲臣綱(할 위, 신하 신, 벼리 강), 郡廳(관청 청), 群衆(무리 중), 窘塞(막힐 색), 紅裙(붉을 홍)
3. [執(집)성] 執(잡을 집)-鷙(맹금 지)
   執權(권세 권), 執拗(꺾을 요), 執着(붙을 착), 固執(굳을 고)
4. 浩(넓을 호), 然(그럴 연), 氣(기운 기), 忠(충성 충), 直(곧을 직), 並(아우를 병), 出(날 출), 狐(여우 호), 雄(수컷 웅), 神(귀신 신), 龍(용 룡),
5. 匹(짝 필, 마리 필, 혼자 필)
   匹敵(짝 필, 겨룰 적), 配匹(짝 배, 짝 필), 馬匹(말 마, 마리 필), 匹夫匹婦(혼자 필, 사내 부, 여자 부)
6. [瓜(과)성] 瓜(오이 과)-狐(여우 호)-孤(외로울 고)-弧(활 호)
   瓜田不納履(밭 전, 아닐 불, 들일 납, 신 리), 狐假虎威(빌릴 가, 범 호, 위엄 위), 孤軍奮鬪(군사 군, 떨칠 분, 싸움 투), 括弧(묶을 괄, 활 호).

15

≪관자(管子)≫

BC. 600년 경에 지어진 책으로, 공자가 태어나기 100년쯤 전인 춘추(春秋)시대에 제(齊)나라 환공(桓公)을 모셨던 재상(宰相) 관중(管仲)과 그 계열에 속하는 학자들의 언행록(言行錄)이다. 한(漢)나라의 유향(劉向)이 그때까지 전하던 기록에서 중복된 부분을 제외하고 86편으로 정리했으나, 지금은 그 가운데 76편만이 전한다. 직접 정치에 관여한 사람만이 체득할 수 있는 현실주의적 경제 정책과 지배 정책을 많이 담고 있다.

춘추시대(BC. 722-BC. 481)에 제나라는 지금의 산동성(山東省) 일대에 자리 잡고 있었다. 제나라는 환공(BC. 685-BC. 643 재위)이 다스릴 때 가장 융성했는데, 그 힘을 지탱해 준 재상이 바로 관중이고 그의 언행을 중심으로 모아 엮은 책이 ≪관자(管子)≫이다.

관중(管仲)의 이름은 이오(夷吾), 자는 중(仲)이다. 출생과 사망 연대는 명확하지 않으나, 영상[潁上, 지금의 안휘성(安徽省)]에서 태어났다고 한다. 청년 시절에는 친구 포숙(鮑叔)에게 많은 도움을 받았는데, 두 사람의 우정은 '관포지교(管鮑之交)-관중(管仲)과 포숙아(鮑叔牙)'라는 고사로 남을 만큼 유명하다.

≪관자≫의 내용은 잡다하다. 관자(관중의 존칭) 자신이 쓴 것으

로 보이는 9편을 제외하면, 한나라 초기까지 수백 년에 걸쳐 서서히 집대성된 것으로 보인다.

한나라의 유향이 조사한 바에 따르면, 관중의 저작은 564편이나 되는데 구성이 난잡한 데다 중복되는 부분이 많았다고 한다. 그래서 그가 86편으로 정리했다. 그러나 그 뒤에 10편이 없어져 현재는 76편만이 남아 있다. ≪관자≫의 사상은 ≪한서(漢書)·예문지(藝文志)≫에서는 도가(道家)로, 그 뒤에 나온 ≪수서(隋書)·경적지(經籍志)≫에서는 법가(法家)로 분류했다. 이때부터 일반적으로 법가로 분류되는데, 그 어느 범주에도 속하지 않는 성격도 가지고 있다.

관중은 "국가 도덕의 근본은 예의염치(禮義廉恥)이다. 이것이 없으면 나라는 망한다. 이것을 세우기 위해 법이 있어야 하며, 상벌(賞罰) 또한 분명해야 한다."고 하였다. 이것이 바로 관중(管仲)의 법치(法治)였다.[55]

---

55 http://100.daum.net/encyclopedia/view/51XX10100035

cāng lǐn shí ér zhī lǐ jié, yī shí zú ér zhī róng rǔ.

61. 倉廩實而知禮節, 衣食足而知榮辱.

≪관자(管子)·목민편(牧民篇)≫

창름실이지예절, 의식족이지영욕.

번역

창고가(倉廩) 가득 차야(實而) 예절을(禮節) 알고(知), 의식이(衣食) 풍족해야(足而) 영예와 치욕(榮辱)을 안다(知).

한자 음훈

倉(곳집 창), 廩(곳집 름), 實(열매 실), 而(말이을 이), 知(알 지), 禮(예도 례), 節(마디 절), 衣(옷 의), 食(밥/먹을 식), 足(넉넉할/발 족), 榮(영화 영), 辱(욕될 욕).

주석

'倉(창)'자의 훈(訓) '곳 집'은 현대어로 '창고(倉庫)'다. '而(말이을 이)'자는 순접(順接)으로 '-이면/-라야'로 해석한다.

자고(自古)로 가난하고 배고프면 예의염치(禮義廉恥)를 논하기 힘든 것이고, 풍요로운 삶 속에 넉넉한 마음도 생기는 법이다. 우리 속담의 "쌀독에서 인심 난다" 말도 이와 같다 하겠다. 그래서 앞에서 언급했다시피, 맹자도 "無恒産者, 無恒心(무항산자무항심) : 일정한 생업이 없는 자는(無恒産者) 일정한 마음이 없다(無恒心)"이라 한 것이다.

관련 한자

1. 管鮑之交(대롱 관, 절인고기 포, 의 지, 사귈 교)
2. [倉(창)성] 倉(곳집 창)-創(비롯할 창)-蒼(푸를 창)-槍(창 창)-滄(푸를 창)-瘡(부스럼 창)-艙(선창 창)-愴(슬퍼할 창).
   倉庫(곳집 고), 創黨(무리 당), 蒼空(하늘 공<빌 공>), 竹槍(대 죽), 滄海一粟(바다 해, 조 속), 蓐瘡(자리 욕), 船艙(배 선) 悲愴(슬플 비)
3. [知(지)성] 知(알 지)-智(슬기 지)-蜘(거미 지)-踟(머뭇거릴 지)
   熟知(익을 숙), 智慧(슬기로울 혜), 蜘蛛(거미 지, 거미 주)
4. [衣(의)성] 衣(옷 의)-依(의지할 의).
   衣裳(치마 상), 依賴(맡길 뢰)
5. [食(식)성] 食(먹을/밥 식, 밥 사)-蝕(좀먹을 식)-飾(꾸밀 식).
   食糧(먹을 식, 양식 량), 食板(밥식, 널빤지 판), "簞食瓢飮(단사표음)/대밥그릇 단, 밥 사, 표주박 표, 마실 음/ <대 그릇에 담은 밥과 표주박에 담은 음료-가난한 사람이 먹는 보잘 것 없는 음식>", 腐蝕(썩을 부), 假飾(거짓 가).
6. [熒(형)성] 榮(영화 영)-營(경영할 영)-螢(반딧불 형)
   榮轉(구를 전), 經營(다스릴 경<경서 경, 날실 경, 지날 경>), "螢雪之功(눈 설, 의 지, 공로 공): 등불을 밝힐 수 없어 반딧불과 눈빛으로 공부하여 세운 공"
7. [辱(욕)성] 辱(욕될 욕)-褥(요 욕)-縟(채색/요 욕)
   侮辱(업신여길 모), 恥辱(부끄러워할 치), 褥瘡(부스럼 창)-産褥(낳을 산)
8. 廩(곳집 름)-凜(찰 름)

tài shān bù cí tǔ shí, gù néng chéng qí gāo.

62. 泰山不辭土石, 故能成其高. ≪관자 · 형세해(形勢解)≫

태 산 불 사 토 석, 고 능 성 기 고.

번역

태산은(泰山) (작은) 흙과 돌을(土石) 사양하지 않고(不辭) 받아들이기에(故) 그처럼 높아(其高)질 수 있는 것이다(能成).

한자 음훈

泰(클 태), 山(뫼 산), 不(아닐 불), 辭(사양할/말씀 사), 土(흙 토), 石(돌 석), 故(연고/옛 고), 能(능할 능), 成(이룰 성), 其(그 기), 高(높을 고).

주석

'辭(사)'는 '말씀 사'의 훈도 있지만 여기서는 '사양할 사'로, '不辭(불사-사양하지 않는다)'는 술어 동사 역할을 하고 뒤의 '土石(토석)'이 목적어다. '故(고)'는 '옛 고'가 아니라 '연고 고', 즉 '그러므로'로 해석하며, '能(능)'은 '~를 할 수 있다'로 해석한다. '成其高(성기고)'는 '동사+목적어'구로 "그 높음(其高)을 이룬다(成)"의 뜻.

이 말은 본래 춘추시대 제나라를 첫 패권국가로 만든 관중(管仲-管子)이 한 말로 태산(泰山)은 한 줌의 흙과 돌도 사양하지 않고 모두 받아들인 까닭에 그토록 높은 산이 될 수 있는 것으로 인재의 등용을 강조한 말이다. 원문에 말하길

▸ 海不辭水, 故能成其大；泰山不辭土石, 故能成其高.

(해불사수, 고능성기대；태산불사토석, 고능성기고)

"바다(海)는 물을(水) 사양하지 않고(不辭) 받아들인 까닭에(故) 그 거대함을(其大) 이룰 수 있었고(能成), 태산은(泰山) 작은 흙과 돌을(土石) 사양하지 않고(不辭) 받아들였기에(故) 그 큰 높음을(其高) 이룰 수 있는 것이다(能成)."라 했다.

후대의 ≪사기·이사열전(史記·李斯列傳)≫에도 비슷한 말이 있다.

▸ 是以泰山不讓土壤, 故能成其大；河海不擇細流, 故能就其深.

("이런 까닭(是以)에 태산(泰山)은 토양(土壤)을 마다하지 않기에(不讓..故), 그 거대함(其大)을 이룰 수 있고(能成), 강과 바다(河海)는 작은 물줄기(細流)를 가리지 않고(不擇) 받아들이기에(故) 그 깊음(其深)을 이룰 수 있는(能就) 것이다.")라고 말했다.

관련 한자

1. [古(고)성] 古(옛 고)-苦(괴로울/쓸 고)-枯(마를 고)-故(옛/연고 고)-姑(시어미 고)-辜(허물 고)-固(굳을 고)-痼(고질 고)-罟(그물 고)-蛄(땅강아지 고)-詁(주낼 고)-胡(오랑캐 호)-湖(호수 호)-糊(풀 호)-瑚(산호 호).

   復古(돌아올 복), 苦痛(아플 통), 枯渴(목마를 갈), 故鄕(옛 고 , 시골 향), 姑婦(며느리 부), 無辜(없을 무), 堅固(굳을 견), 痼疾(병 질), 訓詁(가르칠 훈), 胡亂(어지러울 란), 湖畔(두둑 반), 糊口(입 구), 珊瑚(산호 산)
2. 辭(말씀/사양할/사퇴할 사).

   祝辭(빌 축, 말씀 사), 辭讓(사양할 사, 사양할 양), 辭職(사퇴할 사, 벼슬 직)

16

≪사기(史記)≫[56]

≪사기(史記)≫는 중국 한(漢)나라 무제(武帝) 때 사마천(司馬遷)이 저술한 역사서로, 중국 24史(사)의 하나이자 정사(正史)의 으뜸으로 꼽힌다. 내용은 <본기(本紀)> 12권, <서(書)>8권, <표(表)>10권, <세가(世家)>30권, <열전(列傳)>70권으로 구성되어 있다. 중국 고대 전설시대로부터 한(漢) 무제(武帝)까지 역사를 기록하고 있다.

<본기(本紀)>는 중국 전설상의 5제(帝)부터 한나라 무제에 이르기까지 제왕(帝王)의 역사를 기록한 것이고, <세가(世家)>는 제후의 집안 계보와 사적을 나라별로 기록한 것인데, 특별히 공자를 <공자세가>에 포함시켜 기록하고 있다. <열전(列傳)>은 뛰어난 정치가·군인·학자 등 개인의 전기(傳記)를 기록한 것이고, <서(書)>는 역법(曆法)·천문(天文)·법제(法制)·예법(禮法)·음악(音樂)·치수(治水)에 이르는 제도 문물의 변천과 학술의 전망 및 발달사를 기록한 것이고, <표(表)>는 <본기>의 제왕과 제후들의 흥망을 표로 정리해 놓은 연표다.

≪사기≫는 합리주의 정신에 따라, 영웅 중심주의에 편향되지 않

---

56 ≪新譯史記(列傳)≫, 崔大林, 홍신문화사, 1994.
https://ko.wikipedia.org/wiki/%EC%82%AC%EA%B8%B0_(%EC%97%AD%EC%82%AC%EC%84%9C)

고, 유교적 가치관을 뛰어넘어 다양한 시각으로 공정하게 역사를 기록하고자 노력하였다 평가받는다. 예컨대, 암살자의 전기를 다룬 <자객열전(刺客列傳)>이나 당시 무제와 외척(外戚) 간의 추악한 권력다툼을 묘사한 <위기무안후열전(魏其武安侯列傳)> 등이 그러한데 이들은 역사를 넘어선 인간 백과(百科) 인간탐구의 기록이라 할 수 있다. 또, 전설상의 삼황(三皇)의 존재를 기록하지 않는 등 초자연적이며 비이성적인 사건은 기록하지 않았고, 중국 밖의 흉노를 비롯한 주변 기마민족이나 이민족에 대해서도 담담하게 기록하고 있는 등 고대 세계대백과의 역할도 하고 있다.

≪춘추(春秋)≫(공자)나 ≪국어(國語)≫(좌구명)와 같은 ≪사기≫ 이전의 역사서는 시대별 연월에 따라 역사를 기록한 이른바 '편년체(編年體)' 방식의 기록인데, ≪사기≫는 편년체인 <본기>에 개인적 전기인 <열전>을 더해 역사적 사실을 보충 윤색(潤色)하는 이른바 '기전체(紀傳體)' 방식으로 역사를 기술했다.

사마천은 그의 부친 사마담(司馬談)의 유언으로 BC. 104년 경부터 ≪사기≫ 편찬에 착수해 무제 말년 경인 BC. 86년 경 완성한 것으로 추정된다.

특히 사마천은 집필 중간인 기원전 99년에 흉노에 투항한 자신의 친구 이릉(李陵)을 변호하다 무제의 노여움을 사, 궁형(宮刑: 생식기를 절단하는 형벌)에 처해지는 굴욕을 당하고 책을 완성하는 인간승리를 보여준다.

táo lǐ bù yán, xià zì chéng xī.

63. 桃李不言, 下自成蹊. ≪사기(史記)·이장군열전(李將軍列傳)≫

도 리 불 언, 하 자 성 혜.

번역

복숭아(桃)와 자두나무(李)는 말을 하지 않더라도(不言), 그 아래에 (下) 저절로(自) 길이 난다(成蹊).

한자 음훈

桃(복숭아나무 도), 李(자두나무 리), 不(아닐 불), 言(말씀 언), 下(아래 하), 自(스스로 자), 成(이룰 성), 蹊(지름길 혜).

주석

맛있는 열매가 달린 복숭아와 자두나무는 스스로 뭐라 말하지 않아도 그 아래에는 사람들이 모여들기 때문에 자연히 작은 길이 생긴다.

이 글귀는 사마천이 ≪사기·이장군열전≫의 끝부분에서 이광(李廣) 장군을 평하면서 한 말이다. 사마천의 기록에 따르면, 이광(李廣) 장군은 한(漢)나라 문제(文帝)와 경제(景帝) 그리고 무제(武帝)까지 3대를 섬겼고, 비록 말주변은 없으나 궁술(弓術)이 뛰어나고 용맹하고 지략이 출중한 장군이었다. 특히 부하 병사들을 생각하는 마음이 지극하여 물과 음식이 부족한 사막에서 물을 발견하면 병사들이 다 먹기 전에는 물 근처에 가지 않을 정도였다. 장군의 이러한 위인(爲人)됨에 감복하여 모든 병사들은 그를 진정으로 경애(敬愛)하고 따랐다 하며, 북쪽 흉노와 70번이나 싸워 이겼고, 흉노가 그를 '비장군(飛將軍)'이라고 부르며 두려워했다 한다.

그러나 말년에 대장군 위청(衛青)의 휘하에서 흉노와 결전을 벌이다 그만 길을 잘못 들어 싸움터에 늦게 도착하는 실수를 저질렀고, 그 실수의 추궁을 치욕스럽게 생각한 이광은 명예로운 자결(自決)을 택하게 된다. 평상시 그를 존경하고 따랐던 장졸들과 그의 죽음을 애통(哀痛)해 하는 백성들을 보고 사마천은 바로 이 말로 그의 위대함을 기린 것이다. 즉, 복숭아와 자두나무는 스스로 말하지 않아도 그 아래에 저절로 길이 나듯이 훌륭한 인물은 스스로 공을 떠벌리지 않아도 사람들을 감복시키고 따르게 한다는 말이다.

아이러니한 것은 이광의 손자가 바로 이릉(李陵) 장군인데, 그의 흉노 투항을 변호하다 사마천이 무제의 노여움을 사 궁형(宮刑)에 처해진다는 사실이다.

관련 한사

1. [兆(조)성] 兆(조/조짐 조)-眺(바라볼 조)-窕(정숙할 조)-挑(돋울 도)-桃(복숭아나무 도)-逃(달아날 도)-跳(뛸 도)
   兆朕(조짐 조, 조짐 짐<나 짐>), 眺望(바라볼 망), 窈窕淑女(얌전할 요, 정숙할 조. 얌전할 숙, 계집녀), 挑戰(싸울 전), 桃園結義(동산 원, 맺을 결, 옳을 의), 逃避(피할 피), 跳躍(뛸 약)
2. [奚(해)성] 奚(어찌/종 해)-溪(시내 계)-鷄(닭 계)-蹊(지름길 혜)
   溪谷(골 곡), 鷄卵(알 란)

zhōng yán nì ěr lì yú xíng, liáng yào kǔ kǒu lì yú bìng.

64. 忠言逆耳利於行, 良藥苦口利於病.

≪사기·유후세가(留侯世家)≫

충언역이리어행, 양약고구리어병.

번역

충언(忠言)은 귀에(耳) 거슬리나(逆) 행동에(於行) 이롭고(利), 좋은 약은(良藥) 입에 쓰나(苦口) 병에(於病) 이롭다(利).

한자 음훈

忠(충성 충), 言(말씀 언), 逆(거스를 역), 耳(귀 이), 利(이로울 리), 於(어조사 어), 行(갈 행), 良(좋을 량), 藥(약 약), 苦(쓸 고), 口(입 구), 病(병 병). 留(머무를 류), 侯(제후 후), 世(대 세), 家(집 가).

주석

이 말은 ≪사기·유후세가(留侯世家)≫에 나오는데, '유후(留侯)'는 한고조(漢高祖) 유방(劉邦)의 유명한 책사 '장량(張良)'을 가리킨다.

진(秦)나라 진시황(秦始皇)이 죽자 천하의 영웅호걸들이 봉기(蜂起)하는데, 초(楚)의 항우(項羽)와 한(漢)의 유방(劉邦)이 서로 자웅(雌雄)을 겨루게 된다. BC. 207년 경, 패공(沛公) 유방이 진(秦)의 수도 함양(咸陽)에 입성하고 진왕(秦王) 자영(子嬰)이 항복하자 유방은 호화스런 왕궁의 금은보화와 미녀들에 넋이 나가 성안에 안주하려 했다. 이때 부하 장수인 번쾌(樊噲)가 속히 왕궁을 떠나 적당한 곳에 진(陣)

을 칠 것을 간(諫)했으나 유방은 듣지 않았다. 이에 장량(張良)이 간하길 “진(秦)이 무도(無道)하기에 패공(沛公)께서 여기까지 오셨습니다. 천하를 위해 잔악한 도적을 제거하시려 한다면, 마땅히 흰 상복(喪服)을 입고 민심을 다스려야 합니다(宜縞素爲資). 지금 진(秦)에 들어와 그 즐거움에 안주한다면 걸왕(桀王)의 폭정을 돕는 꼴입니다. 모름지기 충언(忠言)은 귀에 거슬리나 행동에 이롭고, 양약(良藥)은 입에 쓰나 병에는 이롭다 했습니다. 원컨대 패공께서는 부디 번쾌(樊噲)의 충언을 듣도록 하십시요.”라 하니 패공(沛公)이 이에 군대를 돌려 패상(霸上)에 진(陣)을 쳤다고 한다.

이 말은 ≪공자가어(孔子家語)·육본(六本)≫이나 ≪증광현문(增廣賢文)≫ 등에도 나온다.

관련 한자

1. [中(중)성] 中(가운데/맞을 중)-仲(버금/가운데 중)-沖(빌 충)-忠(충성 충)-衷(속마음 충).
   中途(가운데 중, 길 도), 中毒(맞을 중, 독 독), 仲秋節(버금 중, 가을 추, 명절 절), 仲裁(가운데 중, 마를 재), 沖虛(빌 허), 忠誠(정성 성), 苦衷(쓸 고).
2. [利(리)성] 利(이로울/날카로울 리)-梨(배나무 리)-悧(영리할 리)-痢(설사 리)-莉(말리 리)-犁(쟁기 려, 얼룩소 리)-黎(검을 려)
   利益(더할 익), 銳利(날카로울 예, 날카로울 리), 梨花(꽃 화), 怜悧(영리할 령), 痢疾(병 질), 茉莉(말리 말<말리: 쟈스민>), 黎明(밝을 명)

bài jūn zhī jiāng, bù kě yǐ yán yǒng.

65. 敗軍之將, 不可以言勇. ≪사기·회음후열전(淮陰侯列傳)≫

패 군 지 장, 불 가 이 언 용.

번역

전쟁에 진(敗軍) 장수(將)는 '용맹(勇)'이란 말을 입에 올릴(言) 수 없다(不可以).

한자 음훈

敗(패할 패), 軍(군사 군), 之(의 지), 將(장수 장), 不(아닐 불), 可(가히 가/옳을 가), 言(말씀 언), 勇(날랠 용).

주석

전쟁(戰爭)에서 패한 장수(將帥)는 전쟁이나 전술(戰術)에 대하여 말할 자격이 없다는 뜻으로 패배를 솔직히 받아들이는 장수의 겸손함이 깃든 표현이다.

한(漢)나라 유방(劉邦)을 도와 천하통일의 대업을 이루어 나아갈 무렵의 한신(韓信)과 관련된 고사이다. 천하를 통일하기 위해서는 당시 강성했던 조왕(趙王)을 정복해야 했는데, 조(趙)를 공격하기 위해서는 좁은 협곡(峽谷)인 정경(井陘)을 지나가야 했다. 폭이 좁은 협곡에서 기습(奇襲)을 받으면 꼼짝없이 당할 수밖에 없는 상황에 조왕 측의 이좌거(李左車)라는 장군은 이 정경(井陘)에서의 기습 공격을 주장했으나 대장군 진여(陳余)가 기습은 군자의 도리가 아니라는 이유로 반대하여 결국 진여는 전투에 패해 죽고 이좌거 또한 한신에 사로잡혔다. 한신은 이좌거가 명장임을 알고 극진히 대접하며 연(燕)과 제(齊)의 공격 방법을 물었는데, 이때 이좌거의 대답이 "패장은 용기를 말할 수 없고, 망한 나라의 대부는 국가의 보존을 꾀하지 않는다(敗軍之將, 不可以言勇 ; 亡國之大夫, 不可以圖存.)"라고 패배를 인정했다 한다. [57]

관련 한자

1. 부수자 <爿>의 설명- '爿(나무조각 장)'은 갑골문에  로 되어있는데 이것이 무엇인지 두 학설이 있다. 이효정(李孝定)·우성오(于省吾) 등은 '牀(침대 상)'의 원래 글자로[58], ≪한어대자전≫(4: 2374) 등은 '木(나무 목)'자의 반쪽으로 각각 설명한다. 그러나 중요한 것은 이 '爿'자 들어간 자들은 대부분 '장'이라는 음으로 쓰인다는 점이다.
2. [爿(장)성] 壯(씩씩할 장)-莊(장중할/별장 장)-裝(꾸밀 장)-藏(감출 장)-牆(담 장)-臟(오장 장)-將(장수/장차 장)-奬(권면할 장)-漿(미음 장)-醬(간장/젓갈 장)
   壯士(선비 사), 莊嚴(장중할 장, 엄할 엄), 山莊(뫼 산, 별장 장), 裝備(갖출 비), 藏書(책 서), 牆壁(담 장, 벽 벽) ↔ 障壁(막을 장, 벽 벽), 心臟(마음 심), 將軍(군사 군), 將來(장차 장, 올 래), 奬學金(배울 학, 돈 금), 血漿(피 혈), 된醬(젓갈 장).

57 https://qb.zuoyebang.com/xfe-question/question/188e10c6b10d04141acb4e8d151fc704.html

58 ≪甲骨文字詁林≫(4책), 于省吾主編, 中華書局,1999, 3088쪽.

yàn què ān zhī hóng hú zhī zhì zāi.

66. 燕雀安知鴻鵠之志哉. ≪사기·진섭세가(陳涉世家)≫

연 작 안 지 홍 곡 지 지 재.

번역

제비(燕)나 참새(雀) 따위가 어찌(安) 큰 기러기(鴻)나 고니(鵠)의(之) 뜻(志)을 알겠느냐?(知-哉)

한자 음훈

燕(제비 연), 雀(참새 작), 安(어찌 안/편안할 안), 知(알 지), 鴻(큰 기러기 홍), 鵠(고니 곡), 之(의 지), 志(뜻 지), 哉(어조사 재)

주석

'安(안)'자는 여기서 '어찌 안'으로 해석해야 한다.

이 고사는 ≪사기≫에 나오는데, 진(秦) 제국을 무너뜨리는 농민 반란을 처음 주도한 진승(陳勝)이 한 말이다. 평범한 사람이 영웅(英雄)의 큰 뜻을 알 리가 없다는 의미다. 진(秦)나라 진시황이 BC. 221년에 전국(戰國)시대를 끝내고 천하를 통일하였으나 폭정(暴政)으로 민심을 잃어 통일 15년 만에 망하게 된다. 진 멸망의 첫 봉화를 올린 이가 양성(陽城)에서 남의 집 품팔이를 하는 진승(陳勝)이라는 자였다. 그가 밭에서 일하면서 "나중에 우리가 부귀해지면 서로 모른 체 하지 맙시다"라고 말하니 주위에 머슴들이 일제히 비웃으며 "밭 가는 품팔이 주제에 어떻게 부귀해지겠는가?"라고 하니 진승이 탄식하듯 하면서 한 말이 "제비나 참새가 어찌 기러기와 고니의 뜻을 알리오!(燕雀安知 鴻鵠之志哉)" 라 했다고 한다.

후에 진승은 오광(吳廣)가 함께 징발(徵發)되어 장성(長城)을 수비하러 일행 9백 명과 함께 가게 되었는데 대택(大澤)이라는 곳에 와서 큰 비를 만나 기일 내에 목적지까지 도착이 불가하게 되자 명령 불이행죄(不履行罪)로 참형(斬刑)을 당하느니 차라리 봉기하는 편이 낫다 하여 군중(群衆)과 함께 봉기하고, 마침내 나라 이름을 장초(長楚)라 하고 스스로 왕위(王位)에 올랐다. 이것이 세계 최초의 농민봉기이다. 연작(燕雀)은 소인배나 하찮은 사람, 홍곡(鴻鵠)은 군자나 큰 뜻을 품은 사람을 가리킬 때 쓰인다.[59]

관련 한자

1. '鴻(큰기러기 홍)' 자는 '工(공)'으로 소리를 얻는 '工(공성)'계 글자다. 3,000년 전에는 '鴻(홍)'자를 [*glooŋʔ](그롱)이라 읽었는데, 이는 [*gooŋ](고옹)이라 읽었던 '紅(홍)'자 보다도 오히려 [*krooŋ](그롱)이라 읽었던 '江(강)'자의 음에 더 가까웠다. (鄭張尙芳 2013: 334)

3. [工(공)성] 功(공 공)-攻(칠 공)-空(빌 공)-江(강 강)-肛(똥구멍 항)-紅(붉을 홍)-缸(항아리 항)-項(목 항/항목 항)-鴻(큰 기러기 홍)
江邊(가 변), 肛門(문 문), 紅葉(잎 엽), 魚缸(고기 어), 問項(물을 문, 항목 항), '鴻恩(은혜 은)-넓고 큰 은혜'.

59 https://terms.naver.com/entry.naver?docId=1168683&cid=40942&categoryId=32972

17

≪한서(漢書)≫

≪한서(漢書)≫는 ≪전한서(前漢書)≫라 부르기도 하며, 중국 동한(東漢)의 역사학자 반고(班固: 32~92)가 대략 AD.82년 경에 편찬한 역사서로 중국의 첫 번째 기전체(纪傳体) 단대(斷代) 역사서로 중국의 '24사(史)' 중의 하나이며, 후대 중국 정사(正史)의 전형(典型)이 되었다.

반고(班固)의 ≪한서≫는 그의 부친인 반표(班彪)의 도움에 크게 힘입었는데, 반표는 사마천의 ≪사기(史記)≫가 한무제(漢武帝) 때까지의 역사만 기록되어 있고, 그 뒤의 역사가 왕망(王莽) 정권에 의해 왜곡되었음에 분개하여 직접 사료를 찾아 한 무제 이후의 역사인 <후전> 65편을 저술했다. 반고는 이를 더욱 정비하고, 아울러 ≪사기(史記)≫ 기록을 토대로 무제 이전의 한나라 역사도 곁들여, ≪한서≫를 완성하게 된다.

≪한서(漢書)≫는 ≪사기(史記)≫에 이은 중국의 주요 고대사로, ≪사기(史記)≫ · ≪후한서(後漢書)≫ · ≪삼국지(三國志)≫와 더불어 '전4사(前四史)'로 불린다. ≪한서≫는 서한(西漢) 고조(高祖) 원년(元年)(BC. 206年)부터 신(新) 왕망(王莽) 지황(地皇) 4년(AD.23년)까지 총 230年의 역사를 기록하고 있다. ≪한서≫는 제기(帝纪) 12

편, 연표(年表) 8편, 지(志) 10편, 열전(烈傳) 70편, 총 100편으로 구성되어 있고, 후대에 와서 120권으로 나뉘었으며, 글자 수는 총 80만 자에 달한다.

≪한서≫는 사료의 선택이 엄밀(嚴密)하고 문체(文體)가 질박(質樸) 건실(健實)한 것으로 평가받으며, 서한(西漢) 역사를 연구하는 데 중요한 자료가 된다.

관련 한자

漢(한나라 한), 書(책 서), 前(앞 전), 班(나눌 반), 固(굳을 고), 紀(벼리 기), 傳(전할 전), 斷(끊을 단), 代(시대 대), 史(역사 사), 正(바를 정), 典(법 전), 型(본보기 형), 彪(범 표), 武(굳셀 무), 帝(임금 제), 王(임금 왕), 莽(우거질 망), 後(뒤 후), 國(나라 국), 志(기록할/뜻 지), 前(앞 전), 高(높을 고), 祖(할아버지/조상 조), 元(으뜸 원), 年(해 년), 新(새 신), 皇(임금 황), 表(겉/나타낼 표), 烈(매울 렬), 體(몸 체), 健(튼튼할 건), 質(바탕 질), 樸(순박할 박), 實(참될/열매 실).

lín yuān xiàn yú, bù rú tuì ér jié wǎng.

67. 臨淵羨魚, 不如退而結網. ≪한서(漢書)·동중서전(董仲舒傳)≫

임연선어, 불여퇴이결망.

번역

연못에(淵) 임하여(臨)(가서) 물고기를(魚) 부러워만(羨) 하는 것은 물러나 (退而)그물 짜는(結網) 것만 못하다(不如).

한자 음훈

臨(임할 림), 淵(못 연), 羨(부러워할 선), 魚(고기 어), 不(아닐 불), 如(같을 여), 退(물러날 퇴), 而(말이을 이), 結(맺을 결), 網(그물 망).

주석

본 명언은 ≪한서·동중서전≫ 보인다. 그러나 이 말은 ≪한서≫(AD. 82년경)보다 이른 시기에 지어진 ≪회남자(淮南子)·설림훈(說林訓)≫(BC. 139년 작)에 보이는 아래 글귀에서 나왔다고 본다. ≪회남자≫에 이르길

▸ 臨河而羨魚, 不如歸家織網. (임하이선어, 불여귀가직망)

"강에(河) 임(臨而)하여 물고기를(魚) 부러워만 하는(羨) 것은 집에 돌아가(歸家) 그물을 짜는 것(織網)만 못하다(不如)."

두 책의 구절이 다 똑같은 뜻이라 할 수 있는데, 물가(연못이나 강)에 가서 먹음직한 물고기를 보고 군침만 흘리고 있는 것 보다는 차라리 집에 돌아가 물고기를 잡을 수 있는 그물을 짜는 것만 못하다는 말이다.

이 말은 2012年 2月 20日 시진핑(習近平) 중국 국가 주석이 '중국-아일랜드 경제 무역 투자 논단'의 강연 중에서 인용한 말로 더 유명해졌다.

관련 한자

1. [吉(길)성] 吉(길할 길)-結(맺을 결)-詰(따질 힐).
   3,000년전 상고음으로는 위 세 글자들의 음이 유사(類似)했다. 즉, "그리드[*klid](吉)-키드[*kiid](結)-크리드[*khlid](詰)"(鄭張尙芳 2013: 362)
   吉夢(꿈 몽), 結婚(혼인할 혼), 詰難(꾸짖을 난), 詰責(꾸짖을 책)
2. [亡(망)성] 亡(망할/달아날/죽을 망)-妄(허망할 망)-忙(바쁠 망)-忘(잊을 망)-望(바랄/명망/원망할 망)-芒(까끄라기 망)-茫(아득할 망)-罔(없을/속일 망)-網(그물 망).
   亡國(망할 망, 나라 국), 逃亡(달아날 도, 달아날 망), 死亡(죽을 사, 죽을 망), 妄想(생각할 상), 忙中閑(가운데 중, 한가할 한), 備忘錄(갖출 비, 기록할 록), 德望(덕 덕, 명망 망), 責望(꾸짖을 책, 원망할 망), 芒種(까끄라기 망, 씨 종), 茫然自失(아득할 망, 그러할 연, 스스로 자, 잃을 실), 罔極(없을 망, 다할 극), 欺罔(속일 기, 속일 망), 投網(던질 투)

18

≪후한서(後漢書)≫

중국 위진남북조(魏晉南北朝)시대 남조(南朝) 송(宋)의 범엽(范曄)이 편찬한 기전체(紀傳體) 사서(史書)로 광무제(光武帝)에서 헌제(獻帝)에 이르는 후한(後漢)의 13대 196년 역사를 기록하고 있다.

본기(本紀) 10권, 열전(列傳) 80권, 지(志) 30권으로 되어 있다. 광무제(光武帝, 재위 25-57)부터 헌제(獻帝, 재위 189-220)까지 후한(後漢)의 13대(代) 196년의 역사 기록으로, 중국 역대 왕조의 정사(正史)인 '25사(史)' 가운데에서도 사마천(司馬遷)의 ≪사기(史記)≫, 반고(班固)의 ≪한서(漢書)≫, 진수(陳壽)의 ≪삼국지(三國志)≫>와 함께 '4사(四史)'로 꼽힌다.

범엽(范曄)이 ≪후한서(後漢書)≫를 편찬하기 전에도 각기 다른 7종의 ≪후한서(後漢書)≫가 전해지고 있었다. 범엽(范曄)은 432년, 선성(宣城) 태수(太守)로 좌천되면서 7종의 ≪후한서≫와 유진(劉珍) 등이 편찬한 ≪동관한기(東觀漢記)≫, 원굉(袁宏, 328~376)이 쓴 ≪후한기(後漢紀)≫, 진수(陳壽)의 ≪삼국지(三國志)≫ 등을 참고하여 ≪후한서(後漢書)≫를 새로 편찬하였다. 범엽은 사료(史料)들을 새로 폭넓게 수집하고 비교·정리하여 기존의 사서(史書)들의 한계를 극복하려 했다. 범엽(范曄)의 ≪후한서≫가 편찬되면서 기존의

≪후한서≫들은 점차 읽히지 않게 되어 망실(亡失)되었고, 범엽(范曄)의 ≪후한서≫가 후한(後漢)의 정사(正史)로 자리 잡았다.

≪후한서(後漢書)≫는 ≪사기(史記)≫나 ≪한서(漢書)≫의 체례(體例)를 따르고 있으나, 표(表)가 없으며, 본기(本紀)에 황후기(皇后紀)를 따로 수록하였다. 열전(列傳)에 당고(黨錮), 환자(宦者), 문원(文苑), 독행(獨行), 방술(方術), 일민(逸民), 열녀(列女)의 7개 항목을 새로 둔 것도 특징이다. 청(淸, 1636-1912) 시대에는 ≪후한서(後漢書)≫의 표(表), 시(志), 주(注)에 내한 보완 작입이 활빌히 진행되었다.

한편, ≪후한서(後漢書)≫ 85권의 <동이열전(東夷列傳)>에는 부여(夫余), 읍루(挹婁), 고구려(高句驪), 동옥저(東沃沮), 예(濊), 삼한(三韓), 왜(倭)에 관한 기록이 전해진다. 많은 부분이 진수(陳壽)의 ≪삼국지(三國志)·위서(魏書)≫ 30권 <오환선비동이전(烏丸鮮卑東夷傳)>의 내용과 일치하지만, 차이가 있거나 새로운 사실들도 많아 한반도의 고대사(古代史) 연구에 중요한 사료(史料)로 쓰이고 있다.[60]

---

60 이상 내용은 아래 싸이트 참고.
http: //terms.naver.com/entry.nhn?docId=1156222&cid=40942&categoryId=33392

jí fēng zhī jìng cǎo, suì hán jiàn hòu diāo.

68. 疾風知勁草, 歲寒見後凋. ≪후한서(後漢書)≫ · ≪논어(論語)≫

질풍지경초, 세한견후조.

번역

모진 바람이(疾風) 불어야 강한 풀을(勁草) 알 수 있고(知), 날씨가 추워져야(歲寒) (소나무 잣나무 등이 다른 나무보다) 뒤늦게 시드는(後凋) 것을 볼 수 있다(見).

한자 음훈

疾(빠를/병 질), 風(바람 풍), 知(알 지), 勁(굳셀 경), 草(풀 초), 歲(해 세), 寒(찰 한), 見(볼 견), 後(뒤 후), 凋(시들 조).

주석

위 구절은 두 전적(典籍)에서 나온 말을 합쳐 이룬 것이다. 즉, '疾風知勁草(질풍지경초)'는 ≪후한서 · 왕패전(王霸傳)≫에서, '歲寒見後凋(세한견후조)'는 ≪논어(論語) · 자한(子罕)≫에 나온 말이다.

범엽(範曄)의 ≪후한서 · 왕패전(王霸傳)≫에서 '疾風知勁草(질풍지경초)'가 나오게 된 배경은 이러하다. 전한(前漢)의 제위를 찬탈한 왕망(王莽)이 국정을 농단하자 한(漢) 황실의 유수(劉秀-후한의 광무제<光武帝>)도 봉기에 참여한다. 그러나 도중에 하북(河北)으로 쫓기면서 지리멸렬하게 되자 그동안 따르던 무리들이 모두 떠나고 왕패(王

霸)만이 남게 되었다. 이에 유수가 왕패를 두고 아래와 같이 말한다.

▸ 潁川從我者皆逝, 而子獨留努力, 疾風知勁草.

(영천종아자개서, 이자독류노력, 질풍지진초)

"영천에서(潁川) 나를 따르던 이들이(從我者) 모두 떠났는데(皆逝,而), 그대가(子) 홀로(獨) 남아(留) 노력하는구려(努力). 모진 바람이 불고서야(疾風) 비로소 강한 풀을(勁草) 알 수 있네(知)."

즉, 어려운 경지를 견뎌내고서야 비로서 왕패처럼 절개와 의리가 굳은 한 인간의 진가가 드러난다는 말인 것이다.

뒷 구절 '歲寒見後凋'는 ≪논어·자한(子罕)편≫에 나온다.

▸ 歲寒, 然後知松柏之後凋也. (세한, 연후지송백지후조야)

"날씨가 추워진(歲寒) 후라야(然後) 소나무와 잣나무가(松柏之) (다른 나무보다) 뒤(後)에 시든다(凋)는 것을 안다(知)."

관련 한자

1. [風(풍)성] 風(바람 풍)-楓(단풍나무 풍)-諷(욀/빗댈 풍)-瘋(두풍 풍).
   風餐露宿(먹을 찬, 드러낼 로, 잠잘 숙), 丹楓(붉을 단), 諷刺(빗댈 풍, 찌를 자).
2. [周(주)성] 周(두루 주)-週(돌 주)-綢(비단 주)-凋(시들 조)-彫(새길 조)-雕(새길 조)-稠(빽빽할 조)-調(고를/헤아릴 조)-啁(비웃을 조).
   周邊(가 변), 週刊(책펴낼 간), 綢緞(비단 주, 비단 단) ↔ 紬緞(명주 주 비단 단), 凋落(떨어질 락), 彫刻(새길 각), 稠密(빽빽할 밀), 調劑(고를 조, 약제 제), 調査(헤아릴 조, 사실할 사).

pín jiàn zhī zhī bù kě wàng, zāo kāng zhī qī bú xià táng.

69. 貧賤之知不可忘, 糟糠之妻不下堂.

≪후한서(後漢書)·송홍전(宋弘傳)≫

빈천지지 불가망, 조강지처 불하당.

번역

가난하고(貧) 천할 때(賤之) 사귄 친구는(知) 잊어서는 안 되며(不可忘), 술지게미(糟)와 겨(糠)를 먹어가며 고생했던 아내는(糟糠之妻) 집에서 내쫓아선 안 된다(不下堂).

한자 음훈

貧(가난할 빈), 賤(천할 천), 之(의 지), 知(알 지), 不(아닐 불), 可(가히 가), 忘(잊을 망), 糟(술지게미 조), 糠(겨 강), 妻(아내 처), 下(아래 하), 堂(집 당).

주석

'知(지)'는 '지기(知己)' 즉 친구를 의미하며, '下堂(하당)'이란 말은 '집 밖으로(堂) 내쫓다(下)'는 뜻으로, '下'는 '내쫓다'는 동사로 쓰였다. 첫 구절을 일반적으로는 '知(알 지)' 대신 '交(사귈 교)'를 써서 "貧賤之交不可忘(빈천지교불가망)"이라 쓰기도 한다.

이 말은 후한(後漢)의 광무제(光武帝) 때 송홍(宋弘)이 황제에게 한 말이다. 광무제에게는 일찍이 남편을 잃고 홀로 사는 '호양(湖陽)공주'라는 누이가 있었는데, 이 과부 누이가 위인(爲人)이 훌륭한 송홍을 마음에 두고 있었다. 광무제가 어느 날 병풍 뒤에 그 누이를 숨겨 두고 송홍을 불러 이렇게 물었다.

▸ 諺言貴易交, 富易妻, 人情乎? (언언귀역교, 부역처, 인정호)

<諺(상말 언), 言(말씀 언), 貴(귀할 귀), 易(바꿀 역), 交(사귈 교), 富(부자 부), 妻(아내 처), 人(사람 인), 情(마음 정), 乎(어조사 호).>

"항간(諺)에서 말하길(言), 사람이 귀해지면(貴) 사귀던 친구(交)를 바꾸고(易), 부유(富)해지면 아내(妻)를 바꾼다(易) 했는데, (이것이) 인지상정(人情) 아니겠소(乎)?"

그러자 송홍이 아래 같이 말했다.

▸ 臣聞貧賤之知不可忘, 糟糠之妻不下堂. (신문빈천지지불가망, 조강지처불하당)

<臣(신하 신), 聞(들을 문), 貧(가난할 빈), 賤(천할 천), 之(의 지), 知(알 지), 不(아닐 불), 可(가히 가), 忘(잊을 망), 糟(술지게미 조), 糠(겨 강), 之(의 지), 妻(아내 처), 不(아닐 불), 下(아래 하), 堂(집 당)>

"신(臣)이 듣기로는(聞) 가난하고(貧) 천할(賤) 때(之) 사귄 지기(知)(친구)는 잊어서는(忘) 안 되며(不可), 술지게미(糟)와 쌀겨(糠)를 함께 씹어 먹으며 고생했던(之) 아내(妻)는 버려선(下堂) 안 된다(不) 했습니다."

관련 한자

1. [曹(조)성] 曺(성 조)-曹(무리/관리 조)-漕(나를 조)-遭(만날 조)-槽(구유 조)-糟(지게미 조).
   法曹(법 법, 관리 조), 漕運(돌 운), 遭遇(만날 우), 油槽(기름 유)
2. [康(강)성] 康(편안할 강)-慷(강개할 강) 鱇(아귀 강)
   健康(튼튼할 건), 悲憤慷慨(슬플 비, 분할 분, 분개할 개)

zhì shì bù yǐn dàoquán zhī shuǐ, lián zhě bú shòu jiē lái zhī shí.

70. 志士不飮盜泉之水, 廉者不受嗟來之食.

≪후한서(後漢書)·열녀전(烈女傳)≫

지 사 불 음 도천 지 수, 렴 자 불 수 차 래 지 식.

번역

뜻있는 올곧은 선비는(志士) '도천(盜泉-도둑의 샘)'의 물을(之水) 마시지 않으며(不飮), 청렴한 자는(廉者) '자!(嗟) 와서 먹어'라면서 주는 밥(來之食)은 받아들이지 않는다(不受).

한자 음훈

志(뜻 지), 士(선비 사), 不(아닐 불), 飮(마실 음), 盜(도둑 도), 泉(샘 천), 之(의 지), 水(물 수), 廉(청렴할 렴), 者(사람 자), 不(아닐 불), 受(받을 수), 嗟(탄식할 차), 來(올 래), 之(의 지), 食(밥/먹을 식).

주석

의(義)와 청렴(淸廉)을 목숨보다 중요시한 선비의 자세가 아닌가 한다.

≪후한서·열녀전≫에 의하면, 이 말은 낙양자(樂羊子)라는 사람이 길거리에서 금덩어리를 주워 오자 그 아내가 남편을 꾸짖으면서 한 말이라고 한다.

그런데 사실 위 말은 각기 다른 두 고사(故事)에서 기원(起源)한다. 첫 구절은 공자가 '도천(盜泉)-도둑의 물'이라는 이름이 마음에 안 들어 갈증에도 불구하고 '도천'에서 떠 온 물을 마시지 않았다는 다음의 고사에서 기원한다.

▸ 孔子過於盜泉, 渴矣而不飮, 惡其名也. ≪시자(尸子)·권하(卷下)≫[61]

(공자과어도천, 갈의이불음, 오기명야.)

"공자(孔子)가 도천(盜泉)을 지나가는데(過於), 목이 말랐으나(渴矣而) 마시지 않았으니(不飮), 그 이름(其名)을 미워했기 때문이다(惡...也)."

두 번째 구절은 ≪예기(禮記)·단궁하(檀弓下)≫에 나오는 말과 관계있다. 제(齊)나라에 대기근(大飢饉)이 들자, 검오(黔敖)라는 귀족이 길에서 사람들에게 음식을 나눠주고 먹게 했다. 그때 한 굶주린 자가 와서 먹으려 하는데...

▸ 黔敖左奉食, 右執飮, 曰: '嗟！來食.' (검오좌봉식, 우집음, 왈: '차! 래식.')

"검오(黔敖)가 왼손(左)에 음식을 들고(奉食), 오른 손에는(右) 마실 것을 잡고(執飮) 말하길(曰).. "자(嗟)! 와서(來) 먹어(食)."

그러자 이 사람이 화를 내면서 했던 말이 "내가 <자! 와서 먹어>라면서 주는 밥(嗟來之食)을 먹지 않아 이 꼴이 된 거네!"하고는 결국 굶어 죽었다 한다.

관련 한자

樂(즐거울 락), 羊(양 양), 妻(아내 처), 何(어찌 하), 嘗(일찌기 상, 맛볼 상), 得(얻을 득), 遺(남길 유), 餠(떡 병), 還(돌아올 환), 妾(첩 첩), 聞(들을 문), 飮(마실 음), 嗟(탄식할 차), 況(하물며 황), 黔(검을 검), 敖(거만할 오), 蒙(덮을 몽), 袂(소매 몌), 輯(모을 집), 屨(신 구), 貿(눈어두울/무역할 무), 揚(오를 양).

---

61 《尸子(시자)》는 시교(尸佼)가 쓴 책으로 전국(战國)시기 잡가(雜家)의 대표작이다.
https://upimg.baike.so.com/doc/6353940-31344696.html
https://www.kekeshici.com/shicidiangu/yuanqudiangu/83203.html

19

≪삼국지(三國志)≫ 진(晉)·진수(陳壽)

정사(正史) ≪삼국지(三國志)≫는 서진(西晉)의 진수(陳壽)가 쓴 중국 삼국시대의 사찬(私撰) 역사서이다. 후한 말기부터 서진 초까지의 역사를 다루고 있다. ≪사기(史記)≫, ≪한서(漢書)≫, ≪후한서(後漢書)≫와 함께 중국 전사사(前四史)로 불리며 24사(史) 중의 하나이다.

총 65권으로 이루어져 있으며, <위서(魏書)> 30권, <촉서(蜀書)> 15권, <오서(吳書)> 20권으로 구성돼 있다. ≪삼국지≫는 ≪사기≫·≪한서≫의 체계를 따라 기전체(紀傳體)로 구성되어 있고, 연표를 담은 표(表)는 있으나 당시의 경제·문화를 기록한 '지(志)'(혹은 書)가 없다.

≪삼국지≫는 위(魏)나라를 정통 왕조로 보고 쓴 역사서이다. 진수(陳壽)는 황제들의 전기(傳記)인 본기(本紀)를 위(魏)나라의 황제들로 엮었으며, 촉(蜀)과 오(吳)의 황제는 열전에 편입시켰다. 무제(武帝-조조), 명제(明帝-조예) 등의 제호를 붙인 것은 위나라뿐이며, 촉(蜀)의 유비(劉備)와 유선(劉禪)은 각각 선주(先主)와 후주(後主)로, 오(吳)의 제왕들은 주(主)를 붙여 기술하거나 심지어 이름을 그대로 적기도 했다. 진수의 이러한 사관은 훗날 습착치(習鑿齒)의 ≪한진춘추(漢晉春秋)≫나 주희의 ≪자치통감강목≫이 촉(蜀)을 정통

으로 보면서 논쟁을 불러일으켰다.

<위서(魏書)>의 마지막 30권인 <위서 동이전(東夷傳)>에는 우리 민족과 관련 있는 "부여, 고구려, 동옥저, 읍루(挹婁), 예(濊), 한(韓)" 등 조항에 관련 기록이 남아있는데 한국 고대사 연구에 중요 자료가 된다.[62]

≪삼국지연의(三國志演義)≫

명나라 나관중(羅貫中)

≪삼국지연의(三國志演義)≫는 명(明)나라 나관중(羅貫中)이 AD.184년 황건의 난부터 서기 280년까지의 중국의 실제 역사를 배경으로 집필한 중국의 대표적 고전 소설로 진수(陳壽)의 ≪삼국지(三國志)≫와 배송지(裵松之)의 주(注), 원(元)나라의 ≪삼분사략(三分事略)≫·≪삼국지평화(三國志平話)≫를 참고하여 집필되었다.

≪삼국지연의≫(羅貫中)(1330년)는 명나라 시내암(施耐庵)의 ≪수호전(水滸傳)≫(1573년?)·오승은(吳承恩)의 ≪서유기(西遊記)≫(1590년)·난릉소소생(蘭陵笑笑生)의 ≪금병매(金甁梅)≫(1610년) 등과 더불어 명나라 '사대기서(四大奇書)'에 속하며, 후대에는≪금병매≫를 빼고 ≪홍루몽(紅樓夢)≫을 더해 '사대소설(四大小說)'이라 부른다. 주의할 점은 ≪삼국지연의≫는 역사 소설인 관계로 역사에는 없는 가공의 인물도 등장한다는 점이다.[63]

---

62 https://ko.wikipedia.org/wiki/%EC%82%BC%EA%B5%AD%EC%A7%80

63 https://ko.wikipedia.org/wiki/%EC%82%BC%EA%B5%AD%EC%A7%80%EC%97%B0%EC%9D%98

móu shì zài rén, chéng shì zài tiān.

71. 謀事在人, 成事在天.

나관중(羅貫中) ≪삼국연의(三國演義)·103回≫

모 사 재 인, 성 사 재 천.

번역

일을 도모하는 것은(謀事) 사람에게 달려 있으나(在人), 성사 여부는(成事) 하늘에 달려 있다(在天).

한자 음훈

謀(꾀할 모), 事(일 사), 在(있을 재), 人(사람 인), 成(이룰 성), 天(하늘 천).

주석

"A在B"는 "A는 B에 있다"로 해석한다.

이 구절은 "일을 꾸미는 것은 사람이지만 그 일이 이루어지는 것은 하늘에 달려 있다."는 말이다. 촉(蜀)나라의 제갈량(諸葛亮)이 위(魏)나라의 사마의(司馬懿) 부자(父子)와 공방전(攻防戰)을 벌이던 때에 제갈량이 치밀한 계략으로 위나라 대군을 깊은 계곡에 유인해 몰아넣고 입구를 마른 나무로 막고 화공(火攻)을 가하게 되자, 사마의 부자와 군대가 진퇴양난에 빠져 불에 타죽을 수밖에 없는 처지에 놓였다. 그런데 마침 갑자기 소나기가 퍼부어 세찬 불길이 꺼지고 사마의 부자는 구사일생(九死一生)으로 도망치게 된다. 이를 지켜보며 제

갈량이 탄식하며 한 말이 바로

▸ 謀事在人, 成事在天, 不可强也! **(모사재인, 성사재천, 불가강야)**

<不(아닐 불), 可(가히 가), 强(강할 강), 也(어조사 야)>

"일을 도모하는 것은 사람에게 달려 있으나, 성사 여부는 하늘에 달려 있으니, 억지로(强) 할 수 없구나(不可..也)!"

오른쪽 유묵(遺墨) 그림을 보면, 안중근(安重根, 1879-1910) 의사도 이 말을 즐겨 사용한 것 같다. 이는 어쩌면 하얼빈역에서의 이토히로부미 저격 성공도 하늘의 뜻에 있었음을 암시하는 것이 아닌가 한다.

관련 한자

1. 羅(벌일 라, 새그물 라), 貫(꿸 관), 國(나라 국), 懿(아름다울 의), 强(강할 강). 演(펼 연) → 出演(날 출, 펼 연), 演劇(행할 연, 연극 극).
2. [某(모)성] 某(아무 모)-謀(꾀할 모)-媒(중매 매)-煤(그을음 매).
   현재 한자음으로는 '某(모)'와 '媒(매)'가 음이 많이 다르지만 3,000년 전에는 비슷했다. 즉, "므[*mɯʔ](某): 므[*mɯ](謀): 므으[*mɯɯ](媒): 므으[*mɯɯ](煤)"(鄭張尙芳 2013: 425)
3. 某處(곳 처), 謀議(의논할 의), 謀陷(빠질 함), 仲媒(가운데 중), 煤煙(연기 연)

kě huái yǐ dé, nán qū yǐ lì.

72. 可懷以德, 難屈以力. ≪삼국지(三國志)·위서(魏書)·삼소제기(三少帝紀)≫

가회이덕, 난굴이력.

번역

덕으로(以德) 회유(懷)할 수는(可) 있지만, 힘으로(以力) 굴복시키기는(屈) 어렵다(難).

한자 음훈

可(가히 가<옳을 가>), 懷(품을 회), 以(써 이), 德(덕 덕), 難(어려울 난), 屈(굽을 굴), 力(힘 력), 志(기록 지), 魏(위나라 위), 書(책 서), 少(적을 소), 帝(임금 제), 紀(벼리 기).

주석

'可懷以德'은 '可以德懷(之)'의 도치형(倒置形)이며, '難屈以力'은 '難以力屈(之)'의 도치형이라 할 수 있겠다. 직역을 한다면 "덕으로써(以德) 회유(懷)할 수 있지만(可), 힘으로써(以力) 굴복(屈)시키기는 어렵다(難)"가 된다.

이 말은 ≪삼국지≫에 나오는 말로, 마치 행인의 옷을 벗기는 것은 강풍이 아닌 따뜻한 햇볕이듯, 덕으로 사람을 감복(感服)시키기는 쉽지만 힘으로 굴복시키기는 어렵다는 뜻이다.

이 말과 유사한 구절이 ≪맹자(孟子)·공손추(公孫丑)上≫에도 보인다. 즉

▸ 以力服人者, 非心服也, 力不贍也. 以德服人者, 中心悅而誠服也.
(이력복인자, 비심복야, 역불섬야. 이덕복인자, 중심열이성복야)
"힘으로써(以力) 다른 사람을 복종시키는 것은(服人者) 마음으로 복종(心服)하는 것이 아니다(非～也). 힘(力)이 넉넉하지 못함이다(不贍也). 덕으로써(以德) 다른 사람을 복종시키는 것(服人者)은 속 마음(中心)이 기뻐서(悅而) 진실로 복종(誠服)하는 것이다(也)."

관련 한자

1. 倒(거꾸로/넘어질 도), 置(둘 치), 感(느낄 감), 服(옷/복종할/일할/복용할 복), 丑(둘째지지/소 축, 사람이름 추), 者(사람 자), 贍(넉넉할 섬), 悅(기쁠 열), 而(말이을 이), 誠(정성 성), 也(어조사 야),
服裝(옷 복, 꾸밀 장), 服役(복종할 복, 부릴 역), 歎服(감탄할 탄, 복종할 복), 服務(일할 복, 힘쓸 무), 服用(복용할 복, 쓸 용)
2. 懷疑(품을 회, 의심할 의), 懷柔(달랠 회, 복종할 유)
3. [屈(굴)성] 屈(굽을 굴)-窟(굴 굴)-堀(굴 굴)-掘(팔 굴)-崛(산높을 굴)
屈辱(욕보일 욕), 掘鑿(팔 굴, 뚫을 착), 盜掘(훔칠 도), 洞窟(골 동, 굴 굴), 崛起(일어날 기)
4. [難(난)성] 難[*naans](어려울/난리/꾸짖을 난)-漢[*hnaans](한나라 한)-嘆·歎[*nhaan](탄식할 탄)-灘[*nhaan](여울 탄). (鄭張尚芳 2013: 348)
難解(어려울 난, 풀 해), 避難(피할 피, 난리 난), 非難(나무랄 비, 꾸짖을 난), 漢族(겨레 족), 歎息(숨쉴 식).

20

≪자치통감(資治通鑑)≫

북송(北宋) 사마광(司馬光)

동주(東周)의 위열왕(威烈王)이 대국인 진(晉)나라를 한(韓)·위(魏)·조(趙) 세 나라로 나누어 삼경(三卿)을 봉하는 위열왕 23년(BC 403)부터 오대십국의 후주(後周) 세종(世宗) 현덕(顯德) 6년(AD.959)까지 1,362년간의 통사를 ≪춘추(春秋)≫ 필법을 모방하여 편년체(編年體)로 기술한 역사서이다. 편자(編者)는 왕안석(王安石)의 신법(新法)에 반대한 구법당(舊法黨)의 지도자로 유명한 북송(北宋)의 사마광(司馬光)(1019~1086)이다.

≪자치통감(資治通鑑)≫은 북송 때인 1065년에 수많은 역사책을 간단하게 정리하라는 영종의 칙명으로 사마광(司馬光)이 짓기 시작하여 19년의 세월을 들여 1084년 11월에 완성된 책이다. 이 책은 ≪정관정요(貞觀政要)≫(당<唐>·오긍<吳兢>) 등과 더불어 대표적인 제왕학(帝王學) 서적으로 여겨져 왔다.

≪통지≫(8권)라는 이름으로 1064년에 처음 영종에게 바쳐진 이 책은 신종에 이르러, "정치상의 참고에 이바지하는 치정(治政)의 거울"이라는 의미로 ≪자치통감(資治通鑑)≫이라는 이름을 받게 된다. '자치통감(資治通鑑)'이라 함은 "치도(治道)에 자료가 되고(資)

역대를 통하여(通) 거울이 된다(鑑)"는 뜻으로, 곧 역대 사실(史實)을 밝혀 정치의 규범으로 삼으며, 1,362년 간의 정치적 변천을 더듬어 그 정치와 흥망성쇠(興亡盛衰)를 정돈함으로써 대의명분(大義名分)을 밝혀 제왕(帝王)에 치정(治政)의 거울로 삼고자 한 것이다. 따라서 이 책에는 사마광 자신의 역사관이 대의명분에 집약적으로 관철(貫徹)되어 있다. 따라서 사실을 있는 그대로 기술하지 않고 독특한 사관(史觀)에 의하여 기사를 선택하고, 정치나 인물의 득실(得失)을 평론하여 귀감(龜鑑)이 될 만한 사적을 많이 채택하였다. 편년(編年)에 있어서도 3국의 경우에는 위(魏)나라의 연호를, 남북조의 경우에는 남조(南朝)의 연호를 각각 써서 그것이 정통(正統)임을 명시하였다.

전체를 사마광 1인이 도맡아 지은 것은 아니고, 먼저 사마광이 ≪통지≫(通志) 8권을 지어 바치자 영종(英宗)이 편찬국(編纂局)을 개설하여 사마광의 주재(主宰) 하에 유반(劉攽)이 전후한(前後漢)을, 유서(劉恕)가 남북조(南北朝)를, 범조우(范祖禹)가 당(唐)을 맡아 다듬는 형태로 이루어졌는데 이는 시대별로 그 분야의 역사 전문가가 분담하여 각 시대사를 집필하는 당시로서는 가장 선구적이고 체계적인 형태의 역사 편찬 사업이었다.[64]

---

64 위키백과
https://ko.wikipedia.org/wiki/%EC%9E%90%EC%B9%98%ED%86%B5%EA%B0%90

jiān tīng zé míng, piān xìn zé àn.

73. 兼聽則明, 偏信則暗.

사마광(司馬光) ≪자치통감(自治通鑒)·당태종정관2년(唐太宗貞觀二年)≫

겸청즉명, 편신즉암

번역

두루 여러 방면의 의견(兼)을 들으면(聽則) (시비에) 밝아지고(明), 한쪽만을(偏) 믿으면(信則) (어리석어)어둡게 된다(暗).

한자 음훈

兼(겸할 겸), 聽(들을 청), 則(곧 즉), 明(밝을 명), 偏(치우칠 편), 信(믿을 신), 暗(어두울 암).

주석

≪자치통감(資治通鑒)·당태종정관2년(唐太宗貞觀二年)≫에 이르길

▸ 上(唐太宗)問魏徵曰：人主何爲而明, 何爲而暗？

(상<당태종>문위징왈.. 인주하위이명, 하위이암？)

"당 태종(唐太宗)이 위징(魏徵)에게 묻기를(問..曰) : 임금은(人主) 어떡하면(何爲而) 시비를 잘 가릴 수 있으며(明), 어떡하면(何爲而) 어리석어 어두운가(暗)?"

▸ 對曰 : 兼聽則明, 偏信則暗. (대왈: 겸청즉명, 편신즉암)

위징이 대답(对)하여 말하길(曰).. "여러 말을(兼) 잘 들으면(聽) 즉(則) 사리에 밝아지고(明), 한쪽을 편애(偏)하여 믿으면(信) 즉(則) 어둡습니다(暗)."

이 구절과 유사한 말이 한(漢)나라 왕부(王符)가 지은 ≪잠부론(潛夫論)·명암(明暗)≫에도 보인다.

▸ 君之所以明者, 兼聽也 ; 其所以暗者, 偏信也.

(군지소이명자, 겸청야 ; 기소이암자, 편신야)

"임금이(君之) <사리에> 밝은(明者) 까닭은(所以) 여러 방면의 말을 두루 듣기 때문이요(兼聽也), 그(其) 어두운(暗者) 까닭은(所以) 한쪽만을 믿기 때문이다(偏信也)."

관련 한자

1. 自(스스로 자), 治(다스릴 치), 通(통할 통), 鑒(거울 감), 唐(당나라 당), 宗(마루 종), 貞(곧을 정), 觀(볼 관), 魏(위나라 위), 徵(부를 징), 曰(가로 왈), 何(어찌 하), 爲(할 위), 對(대할 대), 漢(한나라 한), 符(부신 부), 潛(잠길 잠), 夫(지아비 부), 論(논할 론), 兢(삼갈 긍)
2. [兼(겸)성] 兼(겸할 겸)-謙(겸손할 겸)-廉(청렴할/값쌀/살필 렴)-簾(발 렴).

"兼相愛, 交相利(겸, 서로 상, 사랑 애, 사귈 교, 서로 상, 이로울 리)", 謙遜(겸손할 손), 廉恥(청렴할 렴, 부끄러워할 치), 低廉(낮을 저, 값쌀 렴), 廉探(살필 렴, 찾을 탐), 垂簾聽政(드리울 수, 들을 청, 정사 정)

21

≪안씨가훈(顏氏家訓)≫

중국 위진남북조(魏晉南北朝) 시대 북제(北齊)의 안지추(顏之推)가 써서 수(隋)나라 초기에 완성한 7권 20편의 책이다. 동란(動亂) 속을 살아가던 한 지식인이 자손에게 남긴 인생과 생활의 지침서이다. 책 제목은 '안씨(顏氏) 집안의 가훈(家訓)'이라는 뜻이다.

남조(南朝)의 귀족(貴族) 출신으로 양(梁)에서 출생한 안지추(顏之推)는 문인(文人) 학자로서 이름이 높았으나, 양(梁)이 멸망한 후 북조(北朝)의 북제(北齊)·북주(北周)에서 벼슬하였고, 수(隋)의 초기에 소명(召命)되어 학사(學士)가 되었다가 얼마 후 병사(病死)하였다.

책의 내용은 남북조시대에 전란(戰亂)·망국(亡國)·포로(捕虜) 생활 등의 고난을 겪으면서 느낀 처세관(處世觀)을 쓴 것이다. 목차는 서치(序致)·교자(教子)·형제(兄弟)·후취(後娶)·치가(治家)·풍조(風操)·모현(慕賢)·면학(勉學)·문장·명실·섭무(涉務)·성사(省事)·지족(止足)·계병(誡兵)·양생(養生)·귀심(歸心)·서증(書證)·음사(音辭)·잡예(雜藝)·종제(終制)의 순으로 되어 있다.

전통적 유교 사상을 기반으로 실학(實學)적 내용과 농(農)·공(工)·상(商)의 기능을 중시하고 수신(修身)·치가(治家)·처세(處

世)·학문 등 제 방면에서 후손에 대한 교육의 목적으로 집필된 책이다. 특히 주목할 만한 점은 서예·회화(繪畫)·음운(音韻)·문자(文字)·전고(典故) 등 내용이 수록되어 있는 것인데, ≪귀심(歸心)≫편에는 불교사상이, ≪서증(書證)≫·≪음사(音辭)≫ 등 편에서는 고서(古書)의 훈고(訓詁)와 음운(音韻)에 대한 내용이, ≪문장(文章)≫에는 문학이, ≪계병(誡兵)≫에는 군사(軍事)의 내용이 들어 있는 등, 자손에 유익한 다양한 내용이 기술되어 있다.

철서한 가족(家族) 제일주의(第一主義)에 입각하여 인간을 기족적인 존재로 파악하는 등 원래 군주에게 녹사(祿仕)하는 계급으로만 존재했던 사대부의 위치가 남북조의 격심한 혼란 속에 흔들리면서, 호신(護身)의 방책이 군신 관계에서 혈연적 가족의 유대로 바뀌었음을 보여주고 있다. 당시의 정치·가족생활·학술·사상·풍속에 걸쳐 지은이의 견해를 표시하고, 중용(中庸)의 풍속인 호신술(護身術)을 설명하고 있다. 또 전통적 유교사상과 불교사상을 절충하여 학문연구의 방법을 제시하고 새로운 시대에 알맞는 유능한 관료가 되는 것을 권장했다. 당시 귀족의 처세방침과 정치·사회·사상·풍속 등에 걸친 남북조의 사회를 묘사하여 사료적 가치가 높다. 후대 주자학(朱子學)이 성행할 때 불교적 색채를 띤 귀심편이 삭제되기도 했다.

당대 이래 가훈류(家訓類)의 비조가 되었으며 평범한 사람들의 살아가는 길을 가르치는 지침서로 전해져왔다.[65]

---

65 http://100.daum.net/encyclopedia/view/b14a3184a

qióng niǎo rù huái, rén rén suǒ mǐn.

74. 窮鳥入懷, 仁人所憫. 안지추≪안씨가훈(顔氏家訓) · 성사(省事)≫

궁 조 입 회, 인 인 소 민.

번역

궁지에(窮) 몰린 새(鳥)가 품 안(懷)에 들어오면(入), 어진 사람(仁人)은 불쌍히 여긴다(所憫).

한자 음훈

窮(궁할 궁), 鳥(새 조), 入(들 입), 懷(품을 회), 仁(어질 인), 人(사람 인), 所(바 소), 憫(불쌍히 여길 민).

주석

(맹금류에 쫓겨) 곤궁에 빠진 새는 다급해지면 사람의 품 안으로 숨어들기도 하는데 이때 어진 사람이라면 이를 불쌍히 여긴다는 말이다.

관련 고사성어

'궁조입회(窮鳥入懷)'와 비슷한 말로 '궁서설리(窮鼠齧狸)'(궁할 궁, 쥐 서, 물 설, 삵 리) 또는 '궁서설묘(窮鼠齧猫)-고양이 묘'가 있다. 즉, "막다른 골목에 몰리면 쥐도 삵괭이(또는 고양이)를 문다"는 말이다. 이 말은 서한(西漢) 환관(桓寬)의 <염철론(鹽鐵論) · 조성(詔聖)>에 나오는 말이다. 즉, 한무제(漢武帝)때 소금(鹽)과 철(鐵)·화폐주조(貨幣鑄造) 등의 국가 전매(專賣) 사업을 시도할 때, 상홍양(桑弘羊) 등이 엄격한 법치(法治)주의를 주장하자 유가들이 예치(禮治)를 주장하면서 나온 말이 '궁서설리(窮鼠齧狸)'다. 즉 진시황처럼 극도의 엄벌(嚴法)주의가 실행되면 궁지에 몰린 쥐가 고양이를 물 듯, 진승(陳勝)·오광(吳廣) 같은 반란이 일어난다는 말이다.

"窮鼠齧狸, 疋夫奔萬乘, 舍人摺弓, 陳勝·吳廣是也."
(공서설리, 필부분만승, 사인접궁, 진승·오광시아)

관련 한자

1. [文(문)성] 文(글월 문)[*mɯn]-紋(무늬문)-蚊(모기문)-紊(어지러울 문).
   文獻(바칠 헌), 波紋(물결 파) ↔ 破門(깨뜨릴 파, 문 문)
2. [閔(민)성] 閔(근심할 민)[*mrɯnʔ]-憫(불쌍히 여길 민)
   憐憫(불쌍히여길 련, 민),
3. [門(문)성] 門(문 문)-問(물을 문)-聞(들을 문)-悶(번민할 민)-閩(종족이름 민). 門外漢(사내 한), 問喪(죽을 상), 醜聞(추할 추), 煩悶(괴로워할 번)
4. 矜恤(불쌍히 여길 긍, 구휼할 휼), 漢(나라 한), 桓(푯말 환), 寬(너그러울 관), 鹽(소금 염), 鐵(쇠 철), 詔(고할 조), 聖(성스러울 성), 貨(재화 화), 幣(비단 폐), 鑄(쇠 부어만들 주), 造(지을 조), 桑(뽕나무 상), 弘(넓을 홍), 禮(예도 례), 治(다스릴 치), 嚴(엄할 엄), 疋(필 필), 奔(달릴 분), 萬(일만 만), 乘(탈 승), 舍(집 사), 摺(접을 접), 陳(늘어놓을 진), 勝(이길 승), 吳(오나라 오), 廣(넓을 광).

22

기타

dé zhě cái zhī zhǔ, cái zhě dé zhī nú.

75. 德者才之主, 才者德之奴.

≪채근담(菜根譚)·전집(前集) 139≫

덕 자 재 지 주, 재 자 덕 지 노.

번역

덕은(德者) 재능의(才之) 주인이요(主), 재능은(才者) 덕의(德之) 종이다(奴).

한자 음훈

德(덕 덕), 者(사람 자), 才(재주 재), 之(의 지), 主(주인 주), 奴(종 노).

주석

≪채근담·전집≫원문에는 이렇게 나와 있다.

▸ 德者才之主, 才者德之奴. 有才無德, 如家無主而奴用事矣, 幾何不魍魎猖狂.

(덕자재지주, 재자덕지노. 유재무덕, 여가무주이노용사의, 기하불망량창광)

<有(있을 유), 無(없을 무), 如(같을 여), 家(집 가), 主(주인 주), 而(말이을 이), 奴(종 노), 用(쓸 용), 事(일 사), 矣(어조사 의), 幾(몇 기), 何(어찌 하), 不(아닐 불), 魍(도깨비 망), 魎(도깨비 량), 猖(미쳐 날뛸 창), 狂(미칠 광)>

"덕은 재능의 주인이요, 재능은 덕의 종이다. 재능만(才) 있고(有) 덕이(德) 없음은(無) 마치 집안에(家) 주인이 없고(無主而) 종(奴)이 일을 휘두름(用

事矣) 같으니(如), 또 어찌(幾何) 도깨비가(魍魎) 함부로 미쳐 날뛰지(猖狂) 않으랴(不)!"

'奴'는 현재 '(남자)종'을 가리키나 갑골자형으로 보면 여자종이었다. 현재 여자종은 '婢'(계집종 비) 다. '用事'는 '일을 처리함' . '幾何(기하)'는 보통 '얼마'의 뜻으로 쓰이나, 여기서는 '幾(기)'를 '어찌 기(豈)'로 보아 '幾何'를 '어찌'로 해석함이 무난하겠다. '魍魎(도깨비 망, 도깨비 량)'은 ≪孔子家語≫의 "목석의 요괴를 망량(魍魎)이라 부른다(木石之怪曰魍魎.)"라 했는데, 단순히 '도깨비'로 해석함이 좋을 듯하며, '猖狂(미쳐 날뛸 창, 미칠 광)'은 '함부로 미쳐 날뛰는 것'을 말한다.

≪자치통감(資治通鑒)·선단(选段)≫에도 이와 유사한 구절이 보이는데..

▸ 才者, 德之資也 ; 德者, 才之帥也. (재자, 덕지자야 ; 덕자, 재지수야)

"재능은(才者) 덕의(德之) 보조(資)이며, 덕은(德者) 재능의(才之) 통솔자다(帥也)."

관련 한자

1. [才(재)성] 才(재주 재)-材(재목 재)-財(재물 재)
   才能(능할 능), "才勝德(재주 재, 이길 승, 덕 덕) : 재주가 덕을 넘어서다", 材料(거리 료), 財産(재물 산)
2. [主(주)성] 主(주인 주)-住(살 주)-注(물댈 주)-柱(기둥 주)-駐(머무를 주)-註(주낼 주)-炷(심지 주).
   民主(백성 민), 居住(살 거), 注射(쏠 사), 電柱(전기 전), 駐車(수레 차)
   脚註=脚注(다리 각).

qīng néng yǒu róng, rén néng shàn duàn.

76. 清能有容, 仁能善斷. ≪채근담(菜根譚)≫

청 능 유 용, 인 능 선 단.

번역

청렴하면서(淸) 용납할(有用) 수 있고(能), 어질면서(仁) 용단(善勇斷)을 잘 내릴 수 있다(能).

한자 음훈

淸(맑을 청), 能(능할 능), 有(있을 유), 容(받아들일/얼굴 용), 仁(어질 인), 善(착할 선), 斷(끊을 단).

주석

본 구절은 명(明)나라 홍응명(洪應明)이 지은 ≪菜根譚≫에 기록된 말로 원문은 다음과 같다.

▸ 淸能有容, 仁能善斷, 明不傷察, 直不過矯.

(청능유용, 인능선단, 명불상찰, 직불과교)

<傷(상처 상), 察(살필 찰), 矯(바로잡을 교)>

"청렴하면서(淸) 용납할(有容) 수 있고(能), 어질면서(仁) 결단을 잘 내릴(善斷) 수 있으며(能), 총명(明)하되 지나치게(傷) 살피지(察) 않으며(不), 곧(直)되 지나치게(過) 바로잡지(矯) 않는다(不)."

▸ 是謂蜜餞不甜, 海味不鹹, 才是懿德.
(시위밀전불첨, 해미불함, 재시의덕)
<謂(이를 위), 蜜(꿀 밀), 餞(전별할 전), 甛(달 첨), 鹹(짤 함), 才(겨우/재주 재), 懿(아름다울 의), 德(덕 덕)>

"이를(是) 일러(謂) 꿀에 담근 과자(蜜餞)가 달지 않고(不甛), 해산물(海味)이 짜지 않다(不鹹)는 것이니, 이것이야 말로(才) 아름다운(懿) 덕(德)이니라(是)."

'蜜餞(꿀 밀, 전별할 전)'에서 '餞(전)'의 원뜻은 '(음식을 대접하여) 전별하다'이나 여기서 '밀전(蜜餞)'의 의미는 '蜜漬(담글 지)' '蜜煎(달일 전)'과 같은 뜻으로 '꿀에 담근 과자'쯤으로 해석함이 좋겠다. '해미(海味)'는 해산물.

관련 한자

1. [容(용)성] 容(얼굴 용)-鎔=熔(녹일 용)
容恕(담을 용), 容器(담을 용, 그릇 기), 美容室(아름다울 미, 얼굴 용, 방 실), 溶液(녹을 용, 진 액), 鎔巖(바위 암), 鎔接(이을 접)
2. 淸貧(맑을 청, 가난할 빈), 淸掃(맑을 청, 쓸 소), 可能(가히 가, 능할 능), 有識(있을 유, 알 식), 善惡(착할 선, 악할 악), 斷食(끊을 단, 먹을 식).
3. 부수 '靑(푸를 청)' : 금문에 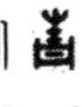 로 되어 있는데, 학자들은 음을 나타내는 '生(날 생)'자와 뜻을 나타내는 '丹(붉을 단)'자의 결합으로 해석한다. 서호(徐灝)는 '丹(붉을 단)'자가 들어간 이유를 돌에서 붉은 단사(丹沙)나 푸른 석청(石靑)이 나오기 때문이라 했다. (王延林 1993:299)
4. [靑(청)성] 靑(푸를 청)-淸(맑을 청)-請(청할 청)-晴(갤 청)-鯖(청어 청)-精(씋을 정)-情(뜻 정)-靖(편안할 정)-睛(눈동자 정)

zhī zhě xíng zhī shǐ, xíng zhě zhī zhī chéng.

77. 知者行之始, 行者知之成. ≪전습록(傳習錄)≫

지자행지시, 행자지지성.

번역

아는 것은(知者) 행하는 것의(行之) 시발점이요(始), 행하는 것은(行者) 아는 것의(知之) 완성이다(成).

한자 음훈

知(알 지), 者(사람 자), 行(다닐/행할 행), 之(의 지), 成(이룰 성).

주석

본 구절은 송(宋)나라 철학가이자 교육가인 왕양명(王陽明: 1472-1528)의 ≪전습록(傳習錄)≫에 나오는 말인데, 원문은 아래와 같다.

▸ 知者行之始, 行者知之成. 聖學只一個功夫, 知行不可分作两事.

(지자행지시, 행자지지성. 성학지일개공부, 지행불가분작량사)

<聖(거룩할 성), 學(배울 학), 只(단지 지), 個(낱 개), 功(공로 공), 夫(사나이 부), 知(알 지), 行(행할 행), 不(아닐 불), 可(가히 가), 分(나눌 분), 作(지을 작), 两(두 량), 事(일 사)>

"아는 것은(知者) 행하는 것의(行之) 시발점이요(始), 행하는 것은(行者) 아는 것의(知之) 완성이다(成). 성인의 학문은(聖學) 단지(只) 한 가지(一個) 방법일(功夫) 뿐, 아는 것과(知) 행하는 것을(行) 둘로(两事) 나눌(分) 수 없

는 것이다(不可)."

이 말은 왕양명(王陽明)·육구연(陸九淵)의 이른바 '양명학(陽明學)'의 대표적 이론인 '지행합일(知行合一)'사상을 나타내는 말로, 송나라 '주자학(朱子學)-정호(程顥)·정이(程頤)·주희(朱熹)'의 '지선행후(知先行後)'사상과 대립한다.

중국 불가(佛家)에 '돈오(頓悟)'[66]와 '점수(漸修)'[67]의 대립이 있다면, 중국 근대 유가(儒家)에는 이처럼 '지행합일(知行合一)'과 '지선행후(知先行後)'의 대립이 있다.

안병욱[68] 선생의 지적대로 조선 500년은 형이상학적(形而上學的) 공리공담(空理空談)에 치중한 주자학만 성행하고 실천을 중시하는 양명학이 발달하지 못한 반면, 근대 일본은 덕천막부(德川幕府)에서 명치유신(明治維新)의 개국공신에 이르기까지 대부분의 국가 신료들이 양명학 신봉자였다는 사실은 양 국가의 근대화에 결정적 영향을 끼쳤다는 사실을 시사(示唆: 보일 시, 부추길 사)한다 하겠다.

관련 한자

부수 '行(다닐 행)'과 '彳(조금걸을 척) : '行(자)'자는 갑골문에  의 형태로 길 네거리를 그린 문자며, '彳(척)'나는 길 네거리 (行)의 반쪽인 를 그린 글자다.

66 '頓悟(갑자기 돈, 깨달을 오)'란 '단번에 깨닫는다'는 의미.

67 '漸修(점점 점, 닦을 수)'란 '천천히 수행한다'는 의미.

68 안병욱, ≪좌우명365일≫, 도서출판 아카데미, 1982.

shéng jù mù duàn, shuǐ dī shí chuān.

78. 繩鋸木斷, 水滴石穿. ≪학림옥로(鶴林玉露)·을편권4(乙編卷四)≫

승 거 목 단, 수 적 석 천.

번역

노끈 톱으로(繩鋸) 나무를 자르고(木斷), 물방울이(水滴) 돌을 뚫는다(石穿).

한자 음훈

繩(줄 승), 鋸(톱 거), 木(나무 목), 斷(끊을 단), 水(물 수), 滴(물방울 적), 石(돌 석), 穿(뚫을 천).

주석

본 구절의 원 출전은 ≪한서(漢書)·매승전(枚乘傳)≫의 다음 글이다.

▸ 泰山之溜穿石, 單極之綆斷幹. 水非石之鑽, 索非木之鋸, 漸靡使之然也.

(태산지류천석, 단극지경단간. 수비석지찬, 삭비목지거, 점미사지연야)
"태산의(泰山之) 작은 물방울(溜)이 돌을 뚫고(穿石), 한 가닥(單極)의 두레박 줄(綆)이 우물가의 난간을(幹) 끊는다(斷). 물(水)이 돌 뚫는 송곳(石之鑽)이 아니고(非), 밧줄(索)이 나무 자르는 톱(木之鋸)이 아니지만(非), 조금씩 거듭하면(漸靡) 그것을 그렇게 만든다(使之然)."

후에 이 말은 송(宋)나라 나대경(羅大經)이 지은 ≪학림옥로≫에 아래와 같이 변형되어 인용되어 있다. 북송(北宋)의 장괴애(張乖崖)가 숭양(崇陽) 현령으로 재직하고 있었을 때, 관아를 순찰하다가 창고에서 황급히 튀어나오는 한 관원을 붙잡아 조사해 보니 상투 속에서 한 푼짜리 엽전 한 닢이 나왔다. 엄히 추궁한 결과, 창고에서 훔친 돈이라는 것을 알아내었다. 이에 별거 아니라는 관원의 항변에 대해

▸ 一日一錢, 千日千錢. 繩鋸木斷, 水滴穿石.

(일일일전, 천일천전. 승거목단, 수적천석.)

"하루(一日)에 1전(一錢)이면, 천 일(千日)엔 천 전(千錢)이요, 노끈에 쓸려(繩鋸) 나무가 잘리고(木斷), 물방울(水滴)이 돌을 뚫는다(穿石)."

라고 판결하고는 목을 베었다는 얘기가 실려 있다.

원래는 바늘 도둑이 소도둑이 된다는 뜻으로 쓰였으나, 후에는 작은 노력이라도 끊임없이 계속하면 큰일을 이루어 낼 수 있다는 것을 비유하는 말로 쓰이게 되었는데, ≪순자(荀子)·권학편(勸學篇)≫의 "鍥而舍之, 朽木不折 ; 鍥而不舍, 金石可鏤." 말과 일맥상통한다.

관련 한자

1. [居(거)성] 居(살 거)-倨(거만할 거)-鋸(톱 거)-踞(걸어앉을 거).

   居室(집 실), 倨慢(거만할 만)

2. [木(목)성] 木(나무 목)-沐(머리감을 목)

   木刻(새길 각), 沐浴(목욕할 욕)

3. 溜(물방울 류), 穿(뚫을 천), 單(홑 단), 綆(두레박줄 경)

jīng chéng suǒ zhì, jīn shí wéi kāi.

79. 精誠所至, 金石爲開. 왕충(王充)의 ≪논형·감허편(論衡·感虛篇)≫

정성소지, 금석위개.

번역

정성(精誠)이 지극(至)하게 되면(所) (화살로) 쇠(金)와 돌(石)도 뚫을(開) 수 있게 된다(爲).

한자 음훈

精(자세할 정), 誠(정성 성), 所(바 소), 至(이를 지), 金(쇠 금), 石(돌 석), 爲(할 위), 開(열 개)

주석

이 말의 직접적 출전(出典)은 한(漢)나라 왕충(王充)이 지은 ≪논형·감허편≫(AD. 86년경)이나 그보다 몇십 년 전에 나온 ≪후한서·광릉사왕류형열전(後漢書·廣陵思王劉荊列傳)≫(약 AD. 57년)이 보다 원전에 가깝다 하겠다.

후한(後漢) 첫 황제 광무제(光武帝) 유수(劉秀)의 아홉 번째 왕자가 바로 양주(揚州)의 광릉왕(廣陵王) 유형(劉荊)이다. 광무제가 죽자 네 번째 왕자인 유장(劉莊)이 제위(帝位)(한 명제-漢明帝)에 올랐는데, 야심이 많은 광릉왕 유형이 맏왕자인 유강(劉彊)에게 함께 반란을 일으키자는 편지를 보낸다. 이때 편지 속에 쓴 말이 바로 '精誠所加, 金石爲開'이다. 그러니까 온갖 정성을 다하고 최선을 다하면(반란을 일으키면) 결국 꼭 (반란에) 성공할 것이니 함께 손잡고 모반을 일으켜 보자는 말이다. 광릉왕이 수차례 모반을 꾀했지만 성품이 어진 황제(명제)는 매번 용서하는데 마지막 반란에 실패하자 실의와 자괴감에 빠진 광릉왕은 결국 자살하게 된다. ≪논형≫의 '精誠所至'와 달리 ≪후한서≫에서는 '精誠所加'로 되어 있다.

그런데 이 구절은 아래와 같은 민간전설에서 기원했다고 본다. 즉, 춘추전국시대 초(楚)나라에 '웅거자(熊渠子)'라는 활 잘 쏘는 사람이 있었는데 어느 날 밤 숲속에서 큰 호랑이를 발견하고는 있는 힘을 다해 활을 쏴 맞혔다. 그런데 날이 밝고 보니 호랑이가 아니라 호랑이 모양의 바위였고, 그 바위 위에 화살이 깊숙이 박힌 것이다. 이에 놀라 다시 쏴 보았지만 번번이 꽂이기는 커녕 화살이 다 부러져버리는 것이었다. 이는 위급하고 절박한 상황에 온 정신과 힘을 집중하여 활을 쏘아 바위조차도 뚫어버린 불가사의한 현상을 말하는 것이다. 이것이 위 구절 형태로 민간에 전승되다 광릉왕 유형에 의해 기록으로 남겨진 것이 아닌가 한다.

이 고사의 주인공을 서한(西漢)의 이광(李廣) 장군으로 기술하기도 하지만, 한(漢)·유향(劉向)의 아래 구절에 따르면 '웅거자(熊渠子)'가 더 신빙성 있다.

"熊渠子見其誠心, 而金石爲之開, 况人心乎?"≪新序·雜事四≫

관련 한자

論(논할 론), 衡(저울대 형), 感(느낄 감), 虛(빌 허), 篇(책 편), 廣(넓을 광), 陵(언덕 릉, 무덤 릉), 思(생각 사), 劉(성 류), 荊(모형나무 형), 列(벌일 렬), 揚(오를 양), 州(고을 주), 莊(엄숙할 장) 帝(임금 제), 彊(굳셀 강), 傳(전할 전), 熊(곰 웅), 渠(도랑 거), 况(하물며 황), 新(새 신), 序(차례 서), 雜(섞일 잡), 事(일 사)

shān bù yàn gāo, hǎi bú yàn shēn, zhōu gōng tǔ bǔ, tiān xià guī xīn.

80. 山不厭高, 海不厭深, 周公吐哺, 天下歸心.

위(魏) 조조(曹操) <단가행(短歌行)>

산불염고, 해불염심, 주공토포, 천하귀심.

번역

산(山)은 높음(高)을 싫어하지(厭) 않고(不), 바다(海)는 깊음(深)을 싫어하지(厭) 않네(不). 주공(周公)이 입안의 음식(哺)을 뱉어가며(吐) 현자들을 맞듯 한다면, 천하(天下)는 모두 진심(心)으로 돌아가리(歸).

한자 음훈

山(뫼 산), 不(아닐 불), 厭(싫을 염), 高(높을 고), 海(바다 해), 深(깊을 심), 周(두루 주), 公(공평할 공), 吐(토할 토), 哺(머금을 포, 먹일 포), 天(하늘 천), 下(아래 하), 歸(돌아갈 귀), 心(마음 심)

주석

여기서의 '哺(머금을 포)'는 '입안에 머금은 음식'을 가리킨다.

위 구절은 위진남북조시대 위(魏)나라 조조(曹操)(155-220)가 적벽대전 직전에 지은 <단가행(短歌行)>의 마지막 구절이다. 산도 바다도 높아지고 깊어질 것을 마다하지 않는 것처럼, 주공이 입의 음식을 뱉어가면서 천하의 훌륭한 인재들을 만나고 등용한 것처럼 자기도 그러하겠다는 정치가로서의 다짐을 시에 읊은 것이다. 조조(曹操)는 최근 '난세의 간웅(奸雄)'에서 통찰력·인재 등용·신상필벌·결단

력·창조력·임기응변력 등을 갖춘 훌륭한 정치가이자 문학가로 재평가 받고 있다.

'山不厭高'란 말은 '山不辭土故能成其高(산불사토고능성기고): 산은 사소한 흙덩이 하나라도 사양하지 않았기에 능히 높음을 이룰 수 있다.'는 말과 같다.

주공(周公)은 주(周) 문왕(文王) 넷째 아들이자 무왕(武王)의 아우다. 무왕을 도와 은의 주왕(紂王)을 토벌했고, 조카 성왕(成王)을 도와 섭정을 하면서 주의 예악(礼樂)을 정비하고 나라의 기틀을 다진 뒤에 성왕에게 나라를 넘겨준 위대한 정치가로서 공자가 가장 존경했던 인물이다. '주공토포(周公吐哺)'란 말은 원래 ≪사기(史記)·노주공세가(鲁周公世家)≫에 나온다. 즉,

▸ 然我一沐三捉髮, 一飯三吐哺, 起以待士, 猶恐失天下之賢人.
(연아일목삼착발, 일반삼토포, 기이대사, 유공실천하지현인)
"그러나 나는 한번 머리 감을 때 세 번이나 머리를 움켜쥐고, 한번 밥을 먹을 때 세 번이나 입의 음식을 뱉으면서, 일어나 손님을 맞았소. 이는 천하의 현자들을 잃을까 두려워 그리했던 것이오."

위 구절 같이 조조(曹操)도 주공(周公)처럼 인재 등용(人材登用)을 위해 최선을 다하겠다는 각오를 나타낸 것이라 하겠다.

관련 한자

1. 魏(나라이름 위), 曹(무리 조, 나라이름 조), 操(잡을 조), 短(짧을 단), 歌(노래 가), 辭(말씀 사, 사양할 사), 故(연고 고), 能(능할 능), 史(역사 사), 記(기록할 기), 卷(책 권), 鲁(노둔할 로, 나라이름 로), 伯(맏 백), 禽(날짐승 금), 沐(머리감을 목). 捉(잡을 착), 髮(터럭 발), 猶(오히려 유, 같을 유), 恐(두려울 공).

wǔ rén bú luàn, zhì rén bú zhà, rén rén bù dǎng.

81. 武人不亂, 智人不詐, 仁人不黨.

≪국어(國語)·진어(晉語)六≫

무 인 불 란, 지 인 불 사, 인 인 불 당.

번역

용맹한 무인은(武人) 난(亂)을 일으키지 않으며(不), 지혜로운 이는(智人) 속임수를 쓰지 않으며(不詐), 어진 이는(仁人) 파당을 짓지 않는다(不黨).

한자 음훈

武(호반/굳셀 무), 人(사람 인), 亂(어지러울 란), 智(슬기 지), 不(아니 불), 詐(속일 사), 仁(어질 인), 黨(무리 당).

주석

용맹(勇猛)이 지나치면 자칫 반란(叛亂)을 일으키게 되고, 지혜가 지나치면 오히려 속임수에 능통(能通)하게 되고, 특정인에 대한 사랑(仁)이 지나치면 편애(偏愛)로 흐를 수 있음을 경계(警戒)한 말이다. 바꿔 말하면, ≪국어≫의 주(注)에도 언급(言及) 했다시피, "용맹하기만 하고 의롭지 않으면 즉 참된 무도(武道)가 아닌(勇而不義, 則不爲武)" 것이니 덕(德)을 갖춘 무(武)를 강조(强調)한 것이다. 지혜도 마찬가지라서 만약 속임수가 있다면 그것은 진정한 지혜가 아닌 것이며, 편애하는 사랑이라면 진정한 사랑(仁)이 아닌 것이다.

관련 한자

1. [武(무)성] 武(호반/굳셀 무)-鵡(앵무새 무).
   武器(그릇 기), 武裝(꾸밀 장), 武藝(재주 예), 鸚鵡(앵무새 앵)
2. [乍(사)성] 乍(잠깐 사)-詐(속일 사)-昨(어제 작)-作(지을 작)-炸(터질 작)-怍(부끄러워할 작)-柞(떡갈나무 작)-窄(좁을 착)-搾(짤 착)-祚(복 조)-酢=醋(초 초).
   詐欺(속일 기), 再昨年(두 재, 해 년), 傑作(뛰어날 걸), 炸裂(터질 작, 찢을 렬)↔ 灼熱(사를 작, 더울 열), 狹窄(좁을 협), 搾取(취할 취)
3. [尙(상)성] 尙(오히려/아직/높을 상)-常(항상 상)-賞(상줄/즐길 상)-償(갚을 상)-裳(치마 상)-嘗(맛볼 상)-堂(집 당)-螳(사마귀 당)-當(마땅할/맡을/대할 당)-棠(팥배나무 당)-黨(무리 당)-掌(손바닥 장).
   尙存(아직 상, 있을 존)↔常存(항상 상), 崇尙(높을 숭, 높을 상), 常綠樹(항상 상, 푸를 녹, 나무 수), 賞罰(상줄 상, 죄 벌), 鑑賞(살펴볼 감, 즐길 상), 補償(기울 보, 갚을 상), 衣裳(옷 의), 臥薪嘗膽(누울 와, 섶 신, 맛볼 상, 쓸개 담), 殿堂(큰집 전), 螳螂(사마귀 랑), 當然(마땅할 당, 그러할 연), 擔當(멜 담, 맡을 당), 典當鋪(저당 잡힐 전, 맡길 당, 가게 포), 抵當(거스를 저, 대할 당), 黨憲黨規(무리 당, 법 헌, 규정 규), 孤掌難鳴(외로울 고, 어려울 난, 울 명)
4. 派(물갈래 파), 勇(날랠 용), 猛(사나울 맹), 叛(배반할 반), 能(능할 능), 通(통할 통), 偏(치우칠 편), 愛(사랑 애), 警(경계할 경), 戒(경계할 계), 注(물댈 주), 言(말씀 언), 及(미칠 급), 道(길 도, 도 도), 義(옳을 의), 則(곧 즉), 德(덕 덕), 强(굳셀 강), 調(고를 조)

wù yǐ shàn xiǎo ér bù wéi, wù yǐ è xiǎo ér wéi zhī.

82. 勿以善小而不爲, 勿以惡小而爲之

유비(劉備) ≪유조(遺詔)≫

물이선소이불위, 물이악소이위지.

번역

선(善)이 작다(小) 해서(以) 안 하지(不爲) 말며(勿), 악(惡)이 작다(小) 해서(而) 그것을(之) 하지는(爲) 말라(勿).

한자 음훈

勿(말 물), 以(써 이), 善(착할 선), 小(작을 소), 而(말이을 이), 不(아닐 불), 爲(할 위), 惡(악할 악), 之(그것 지).

주석

유비(劉備)가 임종 전에 아들 유선(劉禪)에게 했다는 이 말은 후에 ≪명심보감(明心寶鑑)≫에 다음과 같이 기재된다.

▸ 漢昭烈, 將終, 勅後主曰: 勿以善小而不爲, 勿以惡小而爲之.

(한소열, 장종, 칙후주왈: 물이선소이부위, 물이악소이위지)

<劉(성 류), 備(갖출 비), 遺(남길 유), 詔(조서 조), 漢(나라 한), 昭(밝을 소), 烈(매울 렬), 將(장차 장), 終(마칠 종), 勅(조서 칙), 後(뒤 후), 主(주인 주), 曰(가로 왈)>

"한소열(漢昭烈) 황제가 장차(將) 임종(終)하려 할 때, 후주(後主)에게 조칙(勅)을 내려 말하길(曰)..선이 작다(善小) 해서(而) 안 하지(不爲) 말며(勿), 악이 작다(惡小)해도(而) 그것을(之) 하지는(爲) 말라(勿)."

≪명심보감·계선편(繼善篇)≫에는 '선(善)'에 관해 다음과 같은 강태공의 말도 기재되어 있다.

▸ 太公曰: 見善如渴, 聞惡如聾. 又曰: 善事須貪, 惡事莫樂.

(태공왈: 견선여갈, 문악여롱. 우왈: 선사수탐, 악사막락)

<太(클 태), 渴(목마를 갈), 聞(들을 문), 聾(귀머거리 롱), 又(또 우), 事(일 사), 須(모름지기 수), 貪(탐할 탐), 莫(말 막), 樂(즐길 락)>

"태공이 말하길(太公曰) 선한 일을 보거든(見善) 목마른 듯하고(如渴), 악한 일을 듣거든(聞惡) 귀먹은 듯(如聾) 해라. 또 말하길(又曰), 선한 일은(善事) 모름지기 탐하고(須貪), 악한 일은(惡事) 즐기지 말라(莫樂)."

관련 한자

1. "以實直告(써 이, 실제 실, 곧을 직, 알릴 고): 사실(以實) 그대로(直) 알림(告)." 最善(가장 최, 착할/좋을 선) ↔ 最先(먼저 선), 小賣(작을 소, 팔매) ↔ 都賣(모두 도) : 낱개로 팔지 않고 모두(都) 한 번에 팖.

似而非(같을 사, 말이을 이, 아닐 비), 行爲(행할 행, 할 위), 惡談(악할 악, 말씀 담) ↔ 憎惡(미워할 증, 미워할 오)/惡寒(미워할 오, 찰 한)

guó yǐ mín wéi běn, mín yǐ shí wéi tiān.

83. 國以民爲本, 民以食爲天.

사마광(司馬光)≪언축적찰자(言蓄積札子)≫

국이민위본, 민이식위천.

번역

나라는(國) 백성으로써(以民) 근본을 삼고(爲本), 백성은(民) 먹는 것으로써(以食) 하늘을 삼는다(爲天).

한자 음훈

國(나라 국), 以(써 이), 民(백성 민), 爲(할 위), 本(밑 본), 食(먹을 식), 天(하늘 천)

주석

'以A爲B' 문형은 'A로써 B를 삼다'로 해석한다. 본 구절은 "나라는 백성이 근본이요, 백성은 먹는 것이 하늘이다"는 의미인데, 유사한 구절이 중국 문헌에 자주 등장한다.

(1) 사마천(司馬遷)의 ≪사기(史記)·역생육가열전(酈生陸賈列傳)≫에 이르길

▸ 王者以民人爲天, 而民人以食爲天. (왕자이민인위천, 이민인이식위천)

"왕은(王者) 백성으로써(以民人) 하늘을 삼는(爲天)데(而), 백성은(民人) 먹는 것으로써(以食) 하늘을 삼는다(爲天)."

(2) ≪삼국지(三國志)·위지(魏志) 화흡전(和洽傳)≫에는

▸ 國以民爲本, 民以穀爲命. (국이민위본, 민이곡위명)

"나라(國)는 백성으로써(以民) 근본을 삼고(爲本), 백성(民)은 곡식으로써(以穀) 목숨을 삼는다(爲命)."

(3) ≪수서(隋書)·장손평전(長孫平傳)≫에는

▸ 國以民爲本, 民以食爲命. (국이민위본, 민이식위명)

"나라(國)는 백성으로써(以民) 근본을 삼고(爲本), 백성(民)은 먹는 것으로써(以食) 목숨을 삼는다(爲命)."

이와 일맥상통하는 말로 앞에서 토론했던 관중(管仲)의 ≪관자(管子)·목민(牧民)≫에서의 다음 말도 새겨볼만하다.

▸ 倉廩實則知禮節, 衣食足則知榮辱. (창름실즉지례절, 의식족즉지영욕)

"창고가 가득 차면 즉 예절을 알고, 의식이 풍족하면 즉 영욕을 안다."

관련 한자

1. 司(맡을 사), 馬(말 마), 光(빛 광), 蓄(쌓을 축), 積(쌓을 적), 札(패찰), 遷(옮길 천), 酈(땅이름 력), 陸(뭍 륙), 賈(장사 고, 값 가) 列(벌일 렬), 傳(전할 전), 志(기록/뜻 지), 誌(기록할 지), 魏(나라이름 위) 和(화할 화), 洽(젖을/넉넉할 흡) → 洽足(넉넉할 흡, 족할 족), 穀(곡식 곡), 命(목숨 명), 隋(수나라 수), 書(책 서), 長(긴 장), 孫(손자 손), 平(평평할 평), 春(봄 춘), 秋(가을 추), 齊(가지런할/제나라 제), 桓(굳셀 환), 管(대롱 관), 牧(칠 목), 倉(곳집 창), 廩(곳집 름), 實(열매 실), 則(곧 즉, 법칙 칙), 知(알 지), 禮(예도 례), 節(마디 절), 衣(옷 의), 榮(영화 영), 辱(욕될 욕).
2. [食(식)성] 食(먹을/밥 식) – 飾(꾸밀 식) – 蝕(좀 먹을 식)
   食糧(양식 량), 裝飾(꾸밀 장), 腐蝕(썩을 부) ↔ 副食(버금 부, 밥 식)

yí zé rén zhī xīn zé jǐ, yǐ shù jǐ zhī xīn shù rén.

84. 以責人之心責己, 以恕己之心恕人.

송(宋)·범순인(范純仁)≪계자제언(戒子弟言)≫

이책인지심책기, 이서기지심서인.

번역

다른 사람(人)을 꾸짖는(責) 마음으로(以~心) 자신을(己) 꾸짖고(責), 나를(己) 용서(恕)하는 마음으로(以~心) 남을(人) 용서하라(恕).

한자 음훈

以(써 이), 責(꾸짖을 책), 人(사람 인), 之(의 지), 心(마음 심), 己(몸 기), 恕(용서할 서)

주석

같은 잘못이라도 남에게는 엄격한 잣대를 들이대고 자신은 합리화하는 것이 보통인데, 남 탓하는 마음으로 나를 탓하고, 자신의 잘못을 덮고 용서하는 넓은 마음으로 남을 용서하라는 말이다. 이 말은 북송(北宋)의 대 정치가 범중엄(范仲淹)의 둘째 아들 범순인(范純仁)이 ≪계자제언(戒子弟言)≫에서 한 말인데, 후에 ≪명심보감(明心寶鑑)≫에도 실려 전한다. 위 구절 앞에는 아래와 같은 말이 있다.

▸ 人雖至愚 責人則明, 雖有聰明 恕己則昏, ...

(인수지우, 책인즉명, 수유총명, 서기칙혼)

"사람이(人) 비록(雖) 지극히(至) 어리석으나(愚) 남을(人) 꾸짖는(責)데는 즉(則) 밝고(明), 비록(雖) 총명함(聰明)이 있다(有) 해도 자기 자신(己)을 용서(恕)하는 데는 즉(則) 어둡다(昏)."

공자도 ≪논어(論語)·위령공(衛靈公)≫에서 이와 유사한 말씀을 강조했다.

▸ 君子求諸己 小人求諸人. (군자구제기, 소인구제인)

"군자(君子)는 자기에게서(諸己) 구하고(求), 소인(小人)은 남에게서(諸人) 구한다(人)."

여기서 '諸(모두 제)'자는 '모두'로 해석하면 안 되고, 문법적으로 '之於'의 준말이다. 따라서 '君子求諸己'는 바로 '君子求之於己'로 "군자(君子)는 자신(己)에서 그것(之)을 구한다(求)"가 된다. 비록 '구하다(求)'에 대한 해석이 학자에 따라 다양하지만, 모든 일에 대해 남탓을 하지 않고 자신의 문제로 돌린다는 의미는 확실하다 하겠다. 본 구절과 비슷한 뜻으로 중국인들은 아래 속담도 즐겨 말한다.

▸ 嚴以律己, 寬以待人. (엄이률기, 관이대인)

"엄격하게(嚴以) 자신(己)을 절제(律)하고, 관대하게(寬以) 타인(人)을 대한다(待)."

관련 한자

1. 范(거푸집 범), 仲(버금 중), 淹(담글 엄), 宋(송나라 송), 純(순수할 순), 戒(경계할 계), 弟(아우 제), 言(말씀 언), 明(밝을 명), 心(마음 심), 寶(보배 보), 鑑(거울 감), 雖(비록 수), 至(이를 지), 愚(어리석을 우), 責(꾸짖을 책), 則(곧 즉), 有(있을 유), 聰(귀밝을 총), 昏(어두울 혼), 衛(지킬 위), 靈(신령 령), 公(공평할 공), 嚴(엄할 엄), 以(써 이), 律(절제할 /법 률), 己(몸 기), 寬(너그러울 관), 待(대할 대).

yì qín tiān xià wú nán shì, bǎi rěn táng zhōng yǒu tài hé.

85. 一勤天下無難事, 百忍堂中有泰和. <중국속담>

일근천하무난사, 백인당중유태화.

번역

(한결같이) 부지런하면(一勤) 천하에(天下) 어려움이 없고(無難事), 백번 참는(百忍) 집안에는(堂中) 태평과(泰) 화목이(和) 있다(有).

한자 음훈

勤(부지런할 근), 天(하늘 천), 下(아래 하), 無(없을 무), 難(어려울 난), 事(일 사), 百(일백 백), 忍(참을 인), 堂(집 당), 中(가운데 중), 有(있을 유), 泰(클 태), 和(화할 화).

주석

"一勤天下無難事"과 "百忍堂中有泰和"는 서로 짝을 이루는 글귀로 전자는 안중근(安重根) 의사(義士) 순국일(殉國日)인 1910년 3월 26일자 '만주일일신문(滿洲日日新聞)'에 사진본으로 보도되어 안의사 유묵으로는 최초로 세상에 알려졌으나 원본의 전래 여부는 확인되지 않고 있다. 후자는 오른쪽 사진과 같이 1910년 2월의 안중근 의사 옥중 유묵으로 <보물 제569-1호>로 지정되어 있다.

이 두 글귀는 출처가 불분명한 중국의 유명 전래 속담이다.

그러나 '백인당(百忍堂)'에 관한 이야기는 ≪구당서(舊唐書)≫에 자

세히 기록되어 있다. 장공예(張公藝)(577-676년)라는 사람이 9대가 한 집에 화목하게 살고 있었는데, 인덕(麟德) 2년 겨울에 당 고종(高宗)이 황비 무칙천(武則天) 등과 함께 태산(泰山)에 봉선(封禪)을 올렸다. 황제가 환궁할 때, 당시 88세의 장(張)씨 집을 방문하고 집안 다스리는 법을 묻자 이에 장씨가 백 자나 되는 '忍(인)' 자를 쓰고는 한 글자씩 구제적으로 그 내용을 밝혔다. 예를 들면 "父子不忍失慈孝(부자불인실자효)-부자가 참지 않으면 사랑과 효를 잃는다", "兄弟不忍外人欺(형제불인외인기)-형제가 참지 않으면 외부인이 속인다" 등 등... 이에 고종이 감동하여 장공예를 '취향후(醉鄕侯)'에 봉하고 그의 아들 장희달(張希達)을 '司儀大夫(사의대부)'로 삼았으며, 아울러 '百忍義門(백인의문)'이라는 휘호(揮毫)를 하사하였다. 후에 장씨가 죽자 자손들이 집을 짓고 그 집을 '백인당(百忍堂)'이라 불렀다 한다.

관련 한자

1. 唐(당나라 당), 書(책 서), 張(베풀 장), 公(공평할 공), 藝(재주 예), 孝(효도 효), 麟(기린 린), 德(덕 덕), 高(높을 고), 宗(마루 종), 武(호반 무), 則(법 칙, 곧 즉), 封(봉할 봉), 禪(봉선 선), 失(잃을 실), 慈(사랑 자), 欺(속일 기), 居(살 거), 醉(취할 취), 鄕(시골 향), 侯(제후 후), 希(바랄 희), 達(통달할 달), 司(맡을 사), 儀(거동 의), 義(의로울 의), 妯娌(동서 축, 동서 리), 鬧(시끄러울 뇨).

yǐn shuǐ sī yuán.

86. 飮水思源. 유신(庾信)≪징주곡(徵周曲)≫

음 수 사 원.

번역

물을 마실 때에는(飮水) 그 물의 근원을 생각하라(思源).

한자 음훈

飮(마실 음), 水(물 수), 思(생각할 사), 源(근원 원).

주석

김구(金九) 선생의 백범일지(白凡逸志)에도 등장할 뿐만 아니라 박정희(朴正熙) 전 대통령도 정수장학회에 휘호로 써 주었고, 최근에는 이회창 전 총재가 김영삼 전 대통령 조문에 애도(哀悼)의 문구로 사용해서 더 유명해진 말로, 항상 은혜를 잊지 말고 근본을 기억하라는 말이다.

이 말은 중국 남북조(南北朝)시대의 유신(庾信, 513-581)이라는 문인(文人)이 자신의 ≪징주곡(徵周曲)≫에서 한 말이다.

유신은 남북조(南北朝)시대 남조의 양(梁)나라 사람으로서 42세가 되던 해에 원제(元帝)의 명을 받고 서위(西魏)에 사신으로 파견되었는데, 고국을 떠나 있는 동안 조국인 양(梁)나라는 서위(西魏)에게 멸망되었고 유신도 서위에 억류되었다. 서위에서 대장군 등의 벼슬로 회유하였으나 응하지 않았고, 서위를 멸망시킨 북주(北周)에 이르기까지 그는 북조(北朝)에서 28년 동안 머무르며 고국인 양나라를 그리워하였다 한다. 그의 이러한 연민(憐憫)의 정은 많은 시문(詩文)을 통해 후세에 전해지고 있는데, ≪징주곡(徵周曲)≫에 실려 있는 위 구절 관련 원문은 아래와 같다.

▸ 落其實者思其樹, 飮其流者懷其源.

(낙기실자사기수, 음기류자회기원)

<落(떨어질 락), 其(그 기), 實(열매 실), 者(사람 자), 思(생각 사), 樹(나무 수), 飮(마실 음), 流(흐를 류), 懷(품을 회), 源(근원 원)>

"그 과일(其實)을 따(落) 먹는 사람은(者) 그(其) (열매를 맺은) 나무(樹)를 생각하고(思), 그(其) 흐르는(流) 물을 마시는(飮) 사람은(者) 그(其) (물의) 근원(源)을 생각(懷)하라.>

여기서 '落(떨어질 락)'에 대해 오수형 교수는 "열매를 딴다"[69]로 해석하였다.

관련 한자

1. [原(원)'성] 原(근원 원)-源(근원 원)-願(원할 원)

原告(근원 원, 아뢸 고): 원래(原) 고소(告)한 사람 ↔ 原稿(원초 원, 초안/볏집 고), 源流(근원 원, 흐를 류), 發源(비롯할 발, 근원 원), 祈願(빌 기, 원할 원) ↔ 起源(일어날 기, 근원 원) ↔ 紀元(실마리 기, 으뜸 원) ↔ 棋院(바둑 기, 집 원)

69 오수형, 동아일보 2008. 3. 13. "[한자 이야기]<374>".

yǐ lìng shuài rén bú ruò shēn xiān.

87. 以令率人不若身先.

구양수(歐陽修)≪진공신도비명(陳公神道碑銘)≫

이 령 솔 인 불 약 신 선.

번역

명령으로(以令) 사람들을 거느리는 것은(率人) 몸소 앞장서는 것(身先)만 같지 못하다(不若).

한자 음훈

以(써 이), 令(명령할 령), 率(거느릴 솔), 人(사람 인), 不(아닐 불), 若(같을 약), 身(몸 신), 先(먼저 선), 宋(송나라 송), 歐(토할 구), 陽(볕 양), 修(닦을 수), 陳(늘어놓을 진), 公(높일/공공 공), 神(귀신 신), 道(길 도), 碑(비석 비), 銘(새길 명).

주석

권위나 명령으로 타인을 위압(威壓: 위엄 위, 누를 압)하여 거느리는 것 보다는 몸소 솔선수범(率先垂範: 따를 솔, 먼저 선, 드리울 수, 법 범)하는 것이 더 낫다는 말이다.

'以令(이령)'은 '명령(令) 으로써(以)'로 해석하며, '率人'은 '동사+목적어'구로 '타인(人)을 거느리다(率)'의 뜻이다. '若(같을 약)'은 '如(같을 여)'와 같아, '不若'은 '~만 같지(若) 못하다(不)'로 해석한다. 즉, '以令率人(이령솔인-명령으로 타인을 거느리는 것)'이 '身先(신선-몸소 앞장

섬)'만 못하다(不若)는 말이다.

관련 한자

1. [令(령)성] 令(명령/높일/좋을 령)-領(옷깃/목/다스릴/거느릴/받을 령)-嶺(재 령)-玲(옥소리 령)-齡(나이 령)-伶(영리할 령)-怜(영리할 령)-囹(옥 령)-零(떨어질/영 령)-鈴(방울 령)-羚(영양 령)-蛉(잠자리 령)-鴒(할미새 령)-冷(찰 랭).
   令狀(명령 령, 문서 장) ↔ 靈長(신령 령, 어른 장), 令愛(높일 령, 사랑 애): 위 사람의 사랑스런(愛) 딸을 높여(令) 부르는 말), 令譽(좋을 령, 기릴 예) ↔ 榮譽(영화 영, 기릴 예), 巧言令色(공교할 교, 말씀 언, 좋을 령, 빛 색),
   領內(다스릴 령, 안 내) ↔ 營內(병영 영), 領空(거느릴 령, 하늘 공), 領導(거느릴 령, 이끌 도) ↔ 零度(영 령, 정도 도), 領袖(목 령, 소매 수) ↔ 領收(받을 령, 거둘 수),
   嶺南(재 령, 남녘 남), 玲瓏(옥소리 령, 옥소리 롱), 年齡(해 년, 나이 령), 怜悧(영리할 령, 영리할 리) ↔ 營利(꾀할 령, 이로울 리), 囹圄(옥 령, 옥 어) ↔ 營漁(경영할 영, 고기잡을 어), 零細民(떨어질 령, 가늘 세, 백성 민) ↔ 領洗(받을 령, 씻을 세 - 세례<洗禮>를 받음), 零下(영 령, 아래 하), 耳懸鈴鼻懸鈴(귀 이, 매달 현, 방울 령, 코 비), 羚羊(영양 영, 양 양) ↔ 營養(영양지을 영, 양분 양), 冷凍(찰 랭, 얼 동)

gū mò gū yú zì shì.

88. 孤莫孤於自恃. 황석공(黃石公) ≪소서(素書)≫

고 막 고 어 자 시.

번역

고독으로는(孤) 스스로 잘난 체(自恃) 하는 것보다(於) 더 외로운 것은 없다(莫孤).

한자 음훈

孤(외로울 고), 莫(아닐 막), 於(어조사 어), 自(스스로 자), 恃(믿을 시).

주석

'莫(막)'은 '-만한 것이 없다'로, '於(어)'는 '-보다'로 해석한다.

이 말은 진(秦)말 한(漢)초의 도인(道人) 황석공(黃石公-약 BC. 292-BC. 195)이 지은 ≪소서(素書)≫에 나오는 말이다. 황석공은 진말한초(秦末漢初) 사람으로 당시 도교의 오대 도사(道士)중 한 사람이다. ≪史記(사기)·留侯世家(유후세가)≫에 의하면 훗날 유방의 유명 책사가 된 장량(張良)이 진시황을 시해하다 실패한 후, 하비(下邳)에 은거할 때 하비의 다리 위에서 황석공을 만난다. 황석공이 다리 위에서 고의로 신발을 밑으로 떨어뜨리고 주워오도록 세 번 시험을 하고 장량에게 준 책이 ≪소서≫라고 한다. 이와 관련된 고사가 바로 "圯桥

授書(이교수서): 흙다리 이, 다리 교, 줄 수, 책 서)"다.

안중근 의사의 유묵(遺墨)도 전해진다.

≪소서·本德宗道章第四(본덕종도장제사)≫에 보이는 원문은 아래와 같다.

夫志心篤行之術 (대저 '志'란 마음을 굳게 먹고 독실하게 힘써 나아가는 방법이니라:)
長莫長於博謀. (깊이 생각하고 널리 도모하는 것보다 더 좋은 장점은 없으며)
安莫安於忍辱. (평안에는 인욕<忍辱>보다 더한 평안은 없고)
先莫先於修德. (우선함에는 덕을 닦는 일 보다 더 우선적인 것은 없으며)
樂莫樂於好善. (즐거움에는 선을 즐기는 것보다 더한 즐거움은 없으며)
神莫神於至誠. (신비함으로는 정성을 다하는 것보다 더한 신비는 없으며)
明莫明於體物. (물체를 대해 철저히 명찰(明察)하는 것보다 더한 고명은 없으며)
吉莫吉於知足. (길함으로는 만족을 아는 것보다 더 길한 것은 없으며)
苦莫苦於多願. (고통으로는 욕구가 많은 것보다 더한 괴로움은 없으며)
悲莫悲於精散. (마음의 정수가 흩어지는 것보다 더한 슬픔은 없으며)
病莫病於無常. (병증으로는 무상함보다 더한 병증은 없으며)
短莫短於苟得. (노력하지 않고 얻는 것보다 더한 어리석음은 없으며)
幽莫幽於貪鄙. (탐욕과 비루함보다 더한 우매는 없으며)
孤莫孤於自恃. (고독으로는 스스로 잘난 체 함보다 더한 외로움은 없으며)
危莫危於任疑. (위험으로는 함부로 의심하는 것보다 더 큰 위험은 없으며),
敗莫敗於多私. (실패로는 많은 사리사욕 보다 더한 실패는 없다)

liú shuǐ bù fǔ, hù shū bú dù.

89. 流水不腐, 戶樞不蠹. ≪여씨춘추(呂氏春秋)·진수(盡數)≫

유수불부, 호추부두.

번역

흐르는 물은(流水) 썩지 않고(不腐), 여닫는 문지도리엔(戶樞) 좀이 쓸지 아니한다(不蠹).

한자 음훈

流(흐를 류), 水(물 수), 不(아닐 불), 腐(썩을 부), 戶(지게 호), 樞(지도리 추), 蠹(좀 두), 呂(음률 려, 등뼈 려), 盡(다할 진), 數(셀 수, 수 수)

주석

위 구절은 약 2,200년 전 중국 전국(戰國)시대 말기 야사(野史)에서 진시황(秦始皇)의 친아버지라는 진(秦)나라 여불위(呂不韋)가 지은 ≪여씨춘추(呂氏春秋)·진수(盡數)≫에서 유래한 말이다. 당시 재상이었던 여불위가 전국 각지의 유명한 학자들을 초빙하여 백과사전류 저작인 이 책을 편찬했는데, 후세에는 이 책을 잡가(雜家) 서적으로 분류한다.

원문에는 "流水不腐, 戶樞不螻, 動也.(유수불부, 호추불루, 동야)-<흐르는 물이 썩지 않고 여닫는 문지도리가 좀먹지 않는 것은 움직이기 때문이다.>"로 되어 있는데, 뒤에 당(唐)나라 마총(馬總)이 ≪의림

(意林)·권(卷)2≫에서 '戶樞不蠹(호추불두)'로 인용하면서 위 구절이 유행하게 되었다 한다.

관련 한자

1. [區(구)성] 區[*qoo](지경 구)-嘔[*qooʔ](토할 구)-歐(토할/노래할 구)-毆(때릴 구)-鷗(갈매기 구)-驅[*kho](몰 구)-軀(몸 구)-嶇(산 험할 구)-樞[*khjo](지도리 추).
   區域(지경 구, 역), 嘔吐(토할 구, 토), 嘔逆(토할 구, 거스를 역), 歐羅巴(노래할 구, 벌일 라, 땅이름 파), 毆打(때릴 구, 칠 타), 白鷗(흰 백, 갈매기 구) ↔ 白駒(망아지 구) ↔ 白狗(개 구), 驅使(몰 구, 부릴 사), 驅逐(몰 구, 쫓을 축), 驅蟲(몰아낼 구, 벌레 충), 體軀(몸 체, 몸 구), 崎嶇(험할 기, 산 험할 구) ↔ 器具(그릇 기, 갖출 구) ↔ 機構(틀 기. 얽을 구) ↔ 氣球(공기 기, 공 구), 中樞(가운데 중, 지도리 추), 樞機卿(지도리 추, 틀 기, 벼슬 경)
2. [石(석)성] 石[*djag](돌 석)-碩[*djag](클 석)-拓[*tjag][*thaag](열 척, 박을 탁)-橐[*thaag](자루 탁)-蠹[*taags](좀 두) (鄭張尙芳 2013: 464)
   石塔(돌 석, 탑 탑), 碩士(클 석, 선비 사), 開拓(열 개, 척), 拓本(박을 탁, 밑 본)

허신(許愼)의 ≪설문해자(說文解字)≫에는 "蠹(좀 두, du4)는 나무에 기생하는 벌레다(木中蟲). 䖵(벌레 곤)의 뜻을 따르고, 橐(탁)음이다(从䖵, 橐聲)"라 했다.

≪설문≫에 의하면 '橐(자루 탁)'은 또 '石(석성): 음이 石(석)' 글자다.

shèng nián bù chóng lái, yí rì nán zài chén.

90. 盛年不重來, 一日難再晨. 동진(東晉) 도연명(陶淵明) <잡시(雜詩)>

성 년 부 중 래, 일 일 난 재 신.

번역

젊은 시절(盛年)은 거듭 오지 않으며(不重來), 하루에(一日) 두 번(再) 아침(晨) 되기는 어렵다.(難).

한자 음훈

盛(왕성할 성), 年(해 년), 不(아닐 불/부), 重(거듭/무거울 중), 來(올 래), 一(한 일), 日(날 일), 難(어려울 난), 再(다시 재), 晨(새벽 신).

주석

젊은 시절과 하루 중 새벽은 두 번 오지 않으므로 젊은 시절을 헛되이 보내지 말고 가치 있게 써야 할 것이다. 이 구절은 중국 동진(東晉)시기의 전원(田園) 시인인 도연명(陶淵明)의 <잡시(雜詩)>에 나온 말이다.

무릉도원(武陵桃源)과 자연으로 돌아가고 싶다는 <귀거래사(歸去來辭)>로 유명한 도연명은 이른바 전원(田園) 시인이다. 초년에는 관직에도 미련이 있는 듯 했으나 만년에는 안빈낙도(安貧樂道)하며 철학적이며 진솔한 시풍(詩風)의 시를 썼다. 후대의 백거이(白居易)나 소동파(蘇東坡) 등에도 영향을 끼친 시인으로 알려져 있다. 본 구절

뒤에 오는 아래 시구(詩句)는 대구(對句)가 된다.

▸ 盛年不重來, 一日難再晨, (성년부중래, 일일난재신)

"젊은 시절(盛年)은 거듭(重) 오지 않고(不..來), 하루(一日)에 두 번 아침 되기(再晨) 어려워라(難),"

▸ 及時當勉勵, 歲月不待人. (급시당면려, 세월부대인)

<及(미칠 급), 時(때 시), 當(마땅 당), 勉(힘쓸 면), 勵(힘쓸 려), 歲(해 세), 月(달 월), 不(아닐 불), 待(기다릴 대), 人(사람 인). >

"제 때(及時)에 마땅히(當) 힘쓸지니(勉勵), 세월(歲月)은 사람(人)을 기다리지 않네(不待)."

관련 한자

1. 부수 '皿(그릇 명)'-갑골문에 그릇 모양의  로 되어 있다. '皿(명)' 부수자는 대부분 그릇과 관계있다. 盆(동이 분)-盆地(땅 지), 盤(쟁반 반)-盤松(소나무 송).
2. '盛(성할/그릇 성)'자 : 갑골문에  로 되어 있는데 '成(음: 성)+皿(뜻: 그릇)'의 형성자다. 본래 의미는 "그릇의 물이 넘친다"는 의미인데, '풍성하다'는 뜻은 나중에 생긴 의미다.[70]
3. [成聲] 成(이룰 성)-盛(성할 성)-誠(정성 성)-城(성 성) 성
   成功(공로 공), 盛業(일 업), 誠心誠意(마음 심, 뜻 의), 長城(긴 장).
4. 靑年(푸를 청, 나이 년), 重傷(무거울 중, 다칠 상), 重複(거듭 중, 겹칠 복), 來訪(올 래, 찾을 방), 難解(어려울 난, 풀 해), 非難(아닐 비, 꾸짖을 난), 再會(다시 재, 모일 회).

70 馬如森, ≪殷墟甲骨文實用字典≫, 上海大學出版社, 2008, 121쪽.

[참고문헌] (가나다순)

(1) 한국어 문헌

金芳漢, ≪歷史-比較言語學≫, 民音社(대우학술총서), 1988.

金東昭, ≪韓國語와 TUNGUS語의 音韻比較研究≫, 효성여대출판부, 1981.

김동소, ≪한국어특질론≫, 정림사, 2005.

김방한, ≪역사비교언어학≫, 민음사, 1988.

김선기, <한·일·몽 단어비교-계통론의 긴돌>, ≪한글≫(한글학회)142: 7-51, 1968.

김용옥, ≪도올논어≫(총3책), 통나무, 2000.

金炯秀, ≪滿洲語蒙古語比較語彙辭典≫, 螢雪出版社, 1995.

南廣祐, ≪古語辭典≫, 교학사, 2002년 7쇄.

민중서림편집국, ≪漢韓大字典≫, 민중서림, 2009.

서정범, 박재양 편, ≪새국어 어원사전≫, 보고사, 2018.

成百曉 역주, ≪懸吐完譯明心寶鑑≫, 傳統文化研究所, 2004년 8쇄.

成百曉, ≪현토완역 논어집주≫, 전통문화연구회, 2012.

成百曉, ≪현토완역 대학·중용집주≫, 전통문화연구회, 2020.

신용하, ≪고조선 문명의 사회사≫, 지식산업사, 2018.

안병욱, ≪좌우명 365일≫, 도서출판 아카데미, 1982.

양주동, ≪增訂古歌研究≫, 일조각, 1980 증정중판.

오강남, ≪도덕경≫, 현암사, 2003.

오세준, <'解聲'系字 漢-韓 비교로 본 한국어祖語 漢字창제론>, ≪새국어교육≫제83호, 2009a.

오세준, <한국어 祖語의 "秋聲"系 한자 창제론>, ≪새국어교육≫제85호. 2010a.

오세준, <漢-알타이 비교로 본 圭·奚·垚聲'系의 語源>, ≪中國言語研究≫33집, 2010b.

우실하, ≪고조선문명의 기원과 요하문명≫, 지식산업사, 2021.

우실하, ≪동북공정 너머 요하문명론≫, 소나무, 2007.

兪昌均, ≪文字에 숨겨진 民族의 淵源≫, 集文堂, 1999.

이강수, ≪중국 고대철학의 이해≫, 지식산업사, 2007 8쇄.

이남덕, ≪한국어 어원연구≫(1,2,3권), 이화여자대학교 출판부, 1985.

이남덕, ≪한국어 어원연구≫(4권), 이화여자대학교 출판부, 1986.

이병관, ≪漢字天地≫(4책), 보성, 2013.

李樂毅著 朴琪鳳譯, ≪漢字正解≫(4책), 비봉출판사, 1994.

이종구, ≪중국어학개론≫, 한국문화사, 2019.

전광진, ≪우리말 한자어 속뜻사전≫, LBH교육출판사, 2011.

조영언, ≪한국어 어원사전≫, 효성문화사, 2004.

陳泰夏, <漢字는 우리 民族이 만든 契(글)>, ≪書通≫42호, 1994.

陳泰夏, ≪漢字는 우리의 조상 동이족이 만들었다≫, 명문당, 2019.
崔大林, ≪新譯史記(列傳)≫, 홍신문화사, 1994.
崔昌烈, ≪우리말 語源硏究≫, 一志社, 1998 6版.

(2) 중문(中文)·영문 문헌

權少文, ≪說文古均解二十八部字聲系今釋≫, 甘肅岳麓人民出版社, 1987.
藺新建, <先商文化探源>, ≪北方文物≫第2期, 1983.
林　尹, ≪文字學概說≫, 正中書局, 1971년.
馬如森, ≪殷墟甲骨文實用字典≫, 上海大學出版社, 2008.
傅斯年, <夷夏東西說>, ≪傅斯年說中國史≫, 北京理工大學出版社, 2016.
司馬遷(楊家駱主編), ≪新校本史記三家注并附編二種≫, 鼎文書局, 1984.
謝冰瑩 等, ≪新譯四書讀本≫, 三民書局, 1983.
徐中舒 主編, ≪甲骨文字典≫, 四川辭書出版社, 1995.
孙继民, <从青铜礼器看夏家店下层文化与商代文化的关系>, ≪昭乌達蒙族師专學报≫ 第四期, 1990.
楊伯峻, ≪論語譯注≫, 中華書局, 1980.
楊伯峻, ≪孟子譯注≫, 中華書局, 1992.
余培林 註譯, ≪新譯老子讀本≫, 三民書局, 1982.
吳世畯, <‘韋聲’系所見的 ‘漢-韓準同源詞’>, ≪中國言語硏究≫第30輯, 2009b.
吳世畯, <‘旨聲’系相關的 ‘漢-阿準同源詞’>, ≪中國言語硏究≫第48輯, 2013.
吳世畯, <‘漢-阿準同源詞’中的元音對比>, ≪中國言語硏究≫第37輯, 2011.
吳世畯, <≪說文≫ ‘可聲’系所見的 ‘漢-阿準同源詞’>, ≪中國言語硏究≫第55輯, 2014.
吳世畯, <也談上古漢語的音節結構與構擬>, ≪中語中文學≫第35輯, 2004.
吳世畯, <與重紐三等牙喉音字相關的 “漢-韓準同源詞”>, ≪中國語文論叢≫第38輯, 2008.
吳世畯, <從古代韓語看上古漢語帶 r 的複聲母>, ≪中語中文學≫第33輯, 2003.
吳世畯, <從漢-阿爾泰比較看上古漢語喻三母讀法>, ≪中國言語硏究≫第43輯, 2012.
吳世畯, <論 “漢-阿爾泰語準同源詞”>, ≪中語中文學≫第36輯, 2005.
溫端政 等, ≪中國格言大辭典≫, 上海辭書出版社, 2013.
王　力, ≪同源字典≫, 文史哲出版社, 1982.
王延林, ≪常用古文字字典≫, 文史哲出版社, 1993.
王雲五主編, ≪詩經今註今譯≫, 臺灣商務印書館, 1983.
于省吾主編, ≪甲骨文字詁林≫(4冊), 中華書局, 1999.
張舜徽, ≪說文解字約注≫, 木鐸出版社, 1984.
張翠莲, <先商文化, 岳石文化与夏家店下层文化关系考辨>, ≪文物季刊≫第2期, 1997.
錢穆, ≪論語新解≫, 東大圖書公司, 2011.
鄭張尙芳, ≪上古音系≫, 上海教育出版社, 2013.

左民安, ≪細說漢字≫, 九州出版社, 2005.
陳政, ≪字源談趣≫, 新世界出版社, 2006.
陳初生, ≪金文常用字典≫, 復文圖書出版社, 1992.
沈兼士, ≪廣韻聲系≫, 中華書局, 1985.
湯可敬, ≪說文解字今釋≫(上中下), 岳麓書社, 1997.
漢語大字典編輯委員會, ≪漢語大字典≫(全8册), 湖北辭書出版社, 1986.
黃錦鋐 等, ≪新譯莊子讀本≫, 三民書局, 1983.
黃偉嘉 等, ≪漢字部首例解≫, (香港)商務印書館, 2012.
A.D.Alderson(1959), The Concise Oxford Turkish Dictionary, Reprinted Lithographically in Great Britain at the University Press, Oxford, 1968.

(3) 인터넷 자료

• [KCTV 인문강좌] 요하문명의 발견과 동북아 상고사의 재편.
1부https://www.youtube.com/watch?v=8WWDPcAez9M [2022.8.19.검색]
2부 https://www.youtube.com/watch?v=BhCapsqv_no [2022.8.19.검색]
• "유라시아어와 한국어의 기원-한국어의 기원: 유전학 고고학 언어학으로 본 트랜스유라시아어의 농업확산(네이처 논문번역)"
https://blog.naver.com/joonghyuckk/222564968341 [2022.8.19.검색]
• "한국어 기원은 9000년前 중국 동북부 요하의 농경민", ≪조선일보≫, 2021.11.12.
https://www.chosun.com/economy/science/2021/11/11/LVJNRWE6VFBVTDNJKHQ5BLFJ4U/
• <多行不義必自斃>
http: //www.seongdongnews.com/news/articleView.html?idxno=26011[2022.8.20.검색]
• <滿招損> http: //www.chusan.com/zhongkao/89943.html [2022.9.8.검색]
• <無恒産無恒心> https://blog.daum.net/songdk52/8001282 [2022.8.19.검색]
• <燕雀安知鴻鵠之志哉>
https://terms.naver.com/entry.naver?docId=1168683&cid=40942&categoryId=32972 [2022.9.8.검색]
• <중국지형지도> http: //blog.naver.com/imbeauty/221191421350 [2022.9.8.검색]
• <天地不仁, 以萬物爲芻狗>https://blog.naver.com/binaneyo/222829767381 [2022.8.19.검색]
• ≪管子≫ http: //100.daum.net/encyclopedia/view/51XX10100035 [2022.8.19.검색]
• ≪三國志≫[2022.8.19.검색]
https://ko.wikipedia.org/wiki/%EC%82%BC%EA%B5%AD%EC%A7%80
• ≪三國志演義≫
https://ko.wikipedia.org/wiki/%EC%82%BC%EA%B5%AD%EC%A7%80%EC%97%B0%EC%9D%98 [2022.8.19.검색]
• ≪尸子≫ "過于盜泉, 渴矣而不飮"
https://www.kekeshici.com/shicidiangu/yuanqudiangu/83203.html [2022.8.19.검색]

- ≪尸子≫ https://upimg.baike.so.com/doc/6353940-31344696.html [2022.8.19.검색]
- ≪顔氏家訓≫ http: //100.daum.net/encyclopedia/view/b14a3184a [2022.8.19.검색]
- ≪예기≫ https://100.daum.net/encyclopedia/view/b16a0059a [2022.2.22.검색]
- ≪예기≫ https://ko.wikipedia.org/wiki/%EC%98%88%EA%B8%B0 [2022.2.22.검색]
- ≪후한서≫ [2022.9.8.검색]
  http: //terms.naver.com/entry.nhn?docId=1156222&cid=40942&categoryId=33392
- ≪後漢書≫ [2022.9.8.검색]
  http: //terms.naver.com/entry.nhn?docId=1156222&cid=40942&categoryId=33392
- 갑골문 http: //www.soutu123.cn/png/1838471.html [2022.9.8.검색]
- 季羡林148句古詩词意思 [2022.9.8.검색]
  https://zhidao.baidu.com/question/1368429791944181779.html
- 다음백과 ≪논어≫ [2022.9.8.검색]
  https://100.daum.net/encyclopedia/view/b04n0341a
- 두산백과 ≪주역≫ [2022.9.8.검색]
  https://terms.naver.com/entry.naver?docId=1142956&cid=40942&categoryId=31498
- 두산백과 <巧詐不如拙誠>[2022.9.13.검색]
  https://terms.naver.com/entry.naver?docId=3651316&cid=40942&categoryId=32972
- 六國文字2 [2022.9.8.검색]
  https://baijiahao.baidu.com/s?id=1697126719209236697&wfr=spider&for=pc
- 모공정 사진 및 탁본
  http: //www.360doc.com/content/18/0912/20/55228792_786157738.shtml [2022.2.7.검색]
- 반기문의 <上善若水>
  https://www.hankyung.com/international/article/2015080700201 [2022.8.19.검색]
- 여러 갑골문 [2022.9.8.검색]
  https://baijiahao.baidu.com/s?id=1616307348758849539&wfr=spider&for=pc
- 오수형, 동아일보 2008.3.13.. "[한자 이야기]<374>". [2022.9.8.검색]
- 위키백과 ≪資治通鑑≫ [2022.8.19.검색]
  https://ko.wikipedia.org/wiki/%EC%9E%90%EC%B9%98%ED%86%B5%EA%B0%90
- 한국민족문화대백과사전 ≪논어≫
  https://100.daum.net/encyclopedia/view/14XXE0013042 [2022.9.8.검색]
- 한국민족문화대백과사전 ≪서경≫
  https://100.daum.net/encyclopedia/view/14XXE0027577 [2022.9.8.검색]
- 한국민족문화대백과사전 ≪중용≫
  https://100.daum.net/encyclopedia/view/14XXE0053868 [2022.9.8.검색]
- 한국어의 기원은 9,000년 전 서요하지역 농경민이다! '네이처'지에 실린 트랜스유라시아어족의 농경 확산설 https://www.youtube.com/watch?v=Fh6ihH7FjZ0 [2022.8.20.검색]

찾아보기

1. 형성자(形聲字) 설명 찾아보기 (가나다 순)

2. 형성자(形聲字) 설명 찾아보기 (필획순)

3. 부수자 설명 찾아보기 (필획순)

4. 문헌설명 찾아보기 (가나다 순)

5. 명언명구 찾아보기 (가나다 순)

ㄱ

ㄷ

ㄹ

ㅁ

ㅂ

ㅅ

ㅇ

6. 명언명구 찾아보기 (필획순)